Neue Wege der Parapsychologie

Neue Wege der Parapsychologie

Herausgegeben von John Beloff

Mit Beiträgen von

Hans Bender, Charles Honorton, Arthur Koestler,
John L. Randall, K. Ramakrishna Rao,
William G. Roll, J. Gaither Pratt, Helmut Schmidt

Walter-Verlag Olten und Freiburg im Breisgau

Der Titel der bei Paul Elek (Scientific Books) Ltd, London, 1974
erschienenen britischen Originalausgabe lautet:
New Directions in Parapsychology
With a postscript by Arthur Koestler
Edited by John Beloff, B.A., Ph.D.
Department of Psychology, University of Edinburgh
ISBN 0 236 17631 5

Die Übersetzung ins Deutsche besorgte Klaus Kornwachs

Satz und Druck: Freiburger Graphische Betriebe,
Freiburg im Breisgau
Einband: Walter-Verlag, Buchbinderei Heitersheim
Printed in Germany

ISBN 3-530-60710-X

INHALTSVERZEICHNIS

EBERHARD BAUER UND KLAUS KORNWACHS

Vorwort zur deutschen Ausgabe

Parapsychologie '80

«Es gibt nicht nur zwei Einstellungen zur Parapsychologie, die ‹positive› und die ‹negative›, sondern es gibt noch eine dritte: die kritische, und sie allein ist etwas wert» (DRIESCH 1975).

Die Geschichte der Parapsychologie ist die Geschichte ihrer Kontroversen. Dies hat sich auch nach der Veröffentlichung der englischen Originalausgabe der nunmehr vorliegenden Übersetzung nicht geändert – im Gegenteil, die Auseinandersetzungen um die Evidenz des von der Parapsychologie beanspruchten empirischen Materials nahmen an Heftigkeit zu, sowohl im angloamerikanischen wie im deutschen Sprachraum. Gleichwohl signalisiert der vom Herausgeber der englischen Ausgabe gewählte Titel «New Directions in Parapsychology» in antizipatorischer Weise einen Wendepunkt. Dieser ist weniger mit dem Auftreten des berühmt-berüchtigten Starmediums Uri Geller verbunden, sondern hat seinen Ursprung vielmehr in der abseits von unkritischer Sensationsmacherei abgehaltenen Genfer Konferenz im August 1974 über «Quantenphysik und Parapsychologie» (OTERI 1975).
Ausgesprochenes Ziel der vorliegenden Anthologie ist eine unprätentiöse Darstellung des weiten Spektrums von empirischen Daten der Parapsychologie, wobei die einzelnen Beiträge sich theoretischer Spekulationen weitgehend enthalten. Der Wendepunkt innerhalb einer methodisch betriebenen Parapsychologie besteht unseres Erachtens in dem interdisziplinär angelegten Versuch, eine Theorie der Phänomene zu entwickeln, die sich bemüht, abseits jeglicher transzendenter Interpretationsversuche, aufgrund physikalischer Modellvorstellungen empirisch testbare Voraussagen abzuleiten und diese durch kontrollierte Versuchsbedingungen im Labor einer positivistischen Falsifikationskontrolle zu unterwerfen. Eine solche Methode legt nicht mehr ausschließlich das Gewicht auf eine «beweisorientierte» Vorgehensweise, sie strebt vielmehr eine «prozeßorientierte» Untersuchung der

in Frage stehenden Erscheinungsformen paranormaler Phänomene an.

Voraussetzung für eine solche Methode ist jedoch die Beantwortung der Frage, was an den paranormalen Phänomenen eigentlich beobachtbar ist, und das heißt letztlich die Beantwortung der Frage, über welche Geschehnisse und Prozesse einer möglichen Theorie der Parapsychologie überhaupt sinnvolle Voraussagen gemacht werden sollen. Die in der erwähnten – übrigens von Arthur Koestler initiierten – Konferenz behandelten Themen signalisieren einen wissenschaftstheoretischen und methodenkritischen Reflexionsgrad, der in der Geschichte der Parapsychologie ein Novum darstellt. Wir werden auf einige Themen weiter unten zu sprechen kommen.

Unter diesen Umständen bedarf der Entschluß, eine solche, nunmehr den Forschungsstand vor 6 Jahren darstellende Anthologie der deutschsprachigen Leserschaft zu präsentieren, einer Rechtfertigung. Immer wieder erfahren empirische Daten in der parapsychologischen Forschung, die für einen bestimmten Zeitraum als Beweismaterial für die Hypothesen der Telepathie, des Hellsehens, der Präkognition oder der Psychokinese galten, eine Devalidierung: Entweder wird die Methode einer Kritik unterzogen, mittels deren die entsprechenden Daten gewonnen und bewertet wurden – so die Kontroverse um die statistische Methode in der experimentellen Parapsychologie (vergl. Tornier 1959, 1974; Burdick, Kelly 1977; Diaconis 1978; Krengel, Liese 1978; Gatlin 1979 sowie Timm 1979), oder bei Planung, Durchführung und Interpretation der Versuche wurden methodische Mängel oder die Möglichkeit zu betrügerischen Manipulationen nachgewiesen oder behauptet – so z. B. bei den Experimenten mit Uri Geller (Targ, Puthoff 1977; Müller 1977). Mit in diesem Zusammenhang sind der Skandal um den ehemaligen Forschungsdirektor der «Foundation for Research into the Nature of Man» (FRNM) und Nachfolger Rhines, W. J. Levy (Rhine 1974b), und die Kritik an den Soal-Goldney-Experimenten zu nennen (Markwick 1978), bei denen nachträgliche Datenfälschungen nachgewiesen wurden. Diese nachträgliche Erosion der Evidenz scheint ein konstituierendes Merkmal der parapsychologischen Forschung zu sein.

Jedoch können Irrtümer, fehlerhafte Beobachtungen, verfehlte methodische Ansätze, nicht haltbare Spekulationen über die Natur der Phänomene nicht nur Kennzeichen einer im Entstehen begriffenen

Disziplin wie der Parapsychologie sein, die eine «Protoscience» darstellt, sie können auch Kennzeichen einer «Pseudoscience» sein. Beide unterscheiden sich darin, daß die «Protoscience» Daten über in Frage stehende Phänomene mittels einer bereits durch die «scientific community» anerkannten Methode zu ermitteln versucht und sich ein ordnendes Gerüst erst noch schaffen muß, also über keinerlei konzisen «Erklärungsrahmen» verfügt, während die «Pseudoscience» einen spekulativen Erklärungsrahmen bietet, der jedoch mit jedem Datenmaterial verträglich ist und sich mit dem Anspruch, die gängige Wissenschaft zu revolutionieren, gegen eine Kritik immunisiert, ohne jedoch ihren Anknüpfungspunkt an anerkannte Theorien und Gesetze aufzuzeigen. Daß Parapsychologie eine Pseudowissenschaft sei, ist ihr häufig zum Vorwurf gemacht worden (BUNGE 1967; WHEELER 1979) und sie hat sich oft mit unzureichenden Mitteln dagegen gewehrt (STAUB 1979).
Transparenz der Methodik, Wiederholbarkeit der Experimente (was nicht mit Replizierbarkeit ihrer Ergebnisse gleichgesetzt werden darf), sowie die Vermeidung sogenannter Begriffe, die alles erklären (STAUB 1979)*, stellen die ersten Schritte dar, systematisch empirisches Material zur Bildung einer Theorie zusammenzutragen. Ein Schritt in dieser Richtung ist mit der vorliegenden Aufsatzsammlung unter Verwendung psychologischer und naturwissenschaftlicher Methoden getan worden. Von einer Theorie im Sinne einer Erklärung (STEGMÜLLER 1974) ist dieser Band weit entfernt. Will man jedoch die Fortschritte würdigen, die sich gerade auf dem Gebiet der physikalischen Theorienbildung seit 1974 gezeigt haben (eine Übersicht findet sich bei LUCADOU, KORNWACHS 1979), so ist die Kenntnisnahme dieses Stadiums der Forschung für den, der ernsthaft ein Urteil über den Stand der Parapsychologie fällen will, unbedingt erforderlich.
Wir wollen im folgenden den sich nunmehr abzeichnenden Entwicklungsstand in einzelnen, zum Teil durch die vorliegenden Aufsätze angeschnittenen Gebieten skizzieren. Wir tun dies in der Hoffnung, dem kritischen Leser eine Vorstellung davon zu geben, welche Richtung die Parapsychologie in der Zwischenzeit eingeschlagen hat.

*Die üblichen parapsychologischen Termini sind rein deskriptiver Natur. Wenn im folgenden von «Außersinnlicher Wahrnehmung» («Hellsehen», «Telepathie», «Präkognition») und «Psychokinese» gesprochen wird, dann ist damit immer eine uneigentliche Sprechweise gemeint.

DIE WEITERENTWICKLUNG DER EXPERIMENTELLEN METHODIK

Sofern Parapsychologie als experimentelle Naturwissenschaft verstanden wird (oder zumindest auf dem Weg dahin), orientierte sie sich ausgesprochen oder unausgesprochen an dem Vorbild der Physik. Dies galt und gilt sowohl für die Techniken des experimentellen Nachweises als auch für die Grundsätze der Theorienbildung. Letztere bestehen in der Forderung, nur logisch fruchtbare, also operationalisierbare Begriffsbildungen, die zu einer logischen Kohärenz der Theorie führen, zu verwenden, der Möglichkeit der Testbarkeit und Erweiterung sowie einer Angabe darüber, wann die bisherige Theorie gültig ist, als auch in der Forderung nach Einfachheit, also der Möglichkeit von Invarianzaussagen und expliziter Aussagen (MARGENAU 1967). Dies hat für die Methoden und Techniken experimenteller Parapsychologie Konsequenzen, die zu einer Reihe von Forderungen führen. Wir wollen im folgenden einige solcher Mindestanforderungen an ein Psychokinese-Experiment nennen – und diese gelten mutatis mutandis auch für Experimente der Außersinnlichen Wahrnehmung.

- Die Versuchsperson sollte gewissermaßen «naiv» sein, also ihren Lebensunterhalt nicht durch öffentliche Auftritte als Psi-Medium oder Zauberkünstler verdienen (Pavel Stepanek, der als Versuchsperson in Pratts Beitrag eine entscheidende Rolle spielt, erfüllt diese Forderung; Uri Geller und viele andere nicht). Sie darf vor Versuchsbeginn nicht wissen, welche Aufgabe der Experimentator ihr stellen wird, und sie darf, um weitere Betrugsmöglichkeiten auszuschließen, vor Beginn des Experiments keinen Zugang zur Experimentiereinrichtung haben.
- Die Versuchsbedingungen sollen rekonstruierbar sein. Das impliziert außer der Anwesenheit von kompetenten Zeugen eine möglichst vollständige Dokumentation des gesamten Versuchsablaufs mittels verschiedener gleichzeitiger Aufzeichnungsverfahren (Protokoll, Meßprotokoll, Videoaufzeichnung, Film). Die Zuverlässigkeit aller Komponenten einer Apparatur muß vor, während und nach dem Experiment geprüft werden. Diese muß gegen Manipulation, Bedienungsfehler und Versuchsleiterbetrug (doppelte Protokollierung) abgesichert sein. Schließlich muß die Anzahl der Versuchsserien bzw. die Länge des Experiments ein-

schließlich der Auswertungsmethode *vor* Beginn des Experiments festgelegt und dokumentiert werden. Dies gilt ebenso für die Vorbereitung des Testmaterials (Objekte, die beeinflußt werden sollen), das gegen Vertauschung, Manipulation vor, während und nach dem Experiment gesichert werden muß.

– Ein Experiment soll so angelegt sein, daß durch eine Vorhypothese festgelegt wird, welche Größen festgehalten, welche Bedingungen variiert und welche Abhängigkeiten beobachtet werden sollen.

Tatsächlich sind jedoch die in diesem Band beschriebenen Experimente und auch die Untersuchungen in der Folgezeit durch Abstriche von dieser Idealsituation gekennzeichnet. Wenn man von der Arbeitshypothese ausgeht, daß psychische Konditionen der Versuchsperson und auch die Art und Weise, wie der Experimentator mit ihr umgeht, für das Auftreten und den Ablauf eines paranormalen Effektes in wesentlicher Weise bestimmend sind, dann ist die Forderung nach Wiederholbarkeit aller Versuchsbedingungen nur sehr schwer und mit unterschiedlichem Verläßlichkeitsgrad zu verwirklichen. Die Einstellung der Versuchsperson zum Experiment kann durch eine Vielzahl teilweise schwer kontrollierbarer und quantifizierbarer psychologischer Randbedingungen beeinflußt werden. All dies trägt dazu bei, daß solche Randbedingungen nicht in der Weise «einstellbar» und konstant zu halten sind, wie beispielsweise eine Versuchsapparatur präparierbar ist. Im Grunde wäre aber dies eine Voraussetzung für den Nachweis der Reproduzierbarkeit der Meßergebnisse, die zu den Standardforderungen der empirisch vorgehenden Forschung gehört.

Bleibt zumindest demnach die Forderung nach der Rekonstruierbarkeit des experimentellen Ablaufs selbst und die Forderung nach Wiederholung solcher Experimente mit verschiedenen Versuchspersonen durch voneinander unabhängige Versuchsleiter.

Die von Helmut Schmidt skizzierten Versuche in Kapitel 1 gestatten, diese Forderungen noch am ehesten zu verwirklichen. In der Folgezeit sind zahlreiche Replikationen und Modifikationen solcher Experimente durchgeführt worden, die vor allem folgende Einflüsse auf die «Psychokinese-Leistung» untersuchen:

– Hängt die mögliche Beeinflussung der Zufallsverteilung durch die Versuchsperson von der Generierungsart der Zufallsfolgen ab, z.B. quantenmechanischer und thermodynamischer Zufallsgenerator (SCHMIDT 1974)?

– Hat die Generierungsgeschwindigkeit der Zufallsfolgen eine Auswirkung auf die Trefferleistung (Schmidt 1973; Millar, Broughton 1976)?

– Hat die unbeeinflußte Zufallsverteilung und damit die unbeeinflußte Auftretenswahrscheinlichkeit des gewünschten Zufallsereignisses (hit) einen Einfluß auf die Stärke der Beeinflussung (Schmidt 1976)?

– Läßt die Komplexität der internen Verschaltung der Versuchsapparatur (z.B. Verschaltung mehrerer Zufallsgeneratoren miteinander) die Trefferleistung unbeeinflußt (Schmidt 1974)?

– Wie wirkt sich die Art und Weise, wie das Feedback der Versuchsperson präsentiert wird, z.B. in akustischer oder optischer Form, auf das Untersuchungsergebnis aus (Schmidt 1973; Bierman, Houtkooper 1975; Schouten 1977)?

Die unabhängig vorgenommenen Wiederholungen durch andere Experimentatoren zeigen ein uneinheitliches Bild. Allerdings kommt Charles Honorton (Honorton 1978a) in einer Übersicht zum Schluß, daß die Forderung nach Wiederholbarkeit auf diesem Sektor der experimentellen Parapsychologie einen ungleich höheren Stand erreicht hat als in manchen Bereichen der Normalpsychologie.

Eine besondere Erwähnung verdient eine Modifikation des Schmidt-Experiments (Schmidt 1976) mit sogenannten «pre-recorded targets» (PRTs), die zu den einfallsreichsten und ausbaufähigsten Ansätzen innerhalb der Psychokinese(PK)-Forschung gehört.

Die Versuchsperson bekommt als PK-«Aufgabe» eine Zufallsfolge präsentiert, die – ohne ihr Wissen – einige Tage oder Stunden vor Beginn des eigentlichen Experiments durch einen Zufallszahlengenerator erzeugt und fest gespeichert worden ist. Durch mehrfache und verschiedenartige Abspeicherung wird die «direkte» Beeinflussung des Speicherinhalts unwahrscheinlich gemacht. Die Zufallsfolgen werden aus «gleichzeitig» erzeugten *und* den «vorher» gespeicherten Folgen so gemischt, daß weder Versuchsperson noch Experimentator über die tatsächliche «Herkunft» der Targets Bescheid wissen. Das Experiment zeigte, daß unter beiden Bedingungen signifikante Ergebnisse erzielt wurden, während Kontrolläufe, die während des Experiments vorgenommen wurden, keine signifikanten Abweichungen ergaben. Wenn die vorher abgespeicherte Zufallsfolge der Versuchsperson (wiederum ohne deren Wissen) mehrfach präsentiert wurde, wich die Trefferfolge signifikant stärker ab. Aus theoretischen

Gründen (vgl. KORNWACHS, LUCADOU 1977) ist der Hinweis wichtig, daß *vor* Abschluß des Experiments niemand die Zufallsfolgen kennen darf. Wenn man die unwahrscheinliche Annahme ausschließt, daß Versuchsperson oder Versuchsleiter bei Generierung der PRTs einen „direkten" PK-Einfluß ausüben, ist die Interpretation plausibel, daß der PK-Effekt in gewissem Rahmen als «zeitunabhängig» aufgefaßt werden kann bzw. eine «retroaktive PK» («backward causation», «rückwirkende Verursachung») möglich ist.
Der Vorteil dieser experimentellen Anordnung besteht angesichts der vorhergenannten Forderungen darin, daß innerhalb eines Experiments quantitativ definierte psychologische Variablen, z.B. die Präsentationszeit der Targets, und physikalische Variablen, z.B. die Abweichung von der zu erwartenden Zufallsverteilung des quantenmechanischen Prozesses (radioaktiver Zerfall), gemessen werden können. So läßt sich die Abhängigkeit der «PK-Leistung» von der Dauer der Zwischenspeicherung der Zufallsfolgen und dem Grad der Kenntnis, den eine andere Versuchsperson vom Inhalt des Zwischenspeichers hat, untersuchen. Aufgrund des «Interventionsparadoxes» (BELOFF 1976) (das besagt, inwieweit sich der durch Präkognition «gewußte» zukünftige Vorgang durch ebendasselbe Wissen «verhindern» läßt) würde man bei einer vollständigen Kenntnis der zwischengespeicherten Zufallsereignisse keinen PK-Effekt mehr erwarten. Diese Fragestellung, die im allgemeinen erhebliche logische Verwirrung stiftet, kann mittels dieser Versuchsanordnung experimentell getestet werden. Diese Hypothese hängt eng mit Überlegungen darüber zusammen, wann ein quantenmechanischer Meßprozeß als abgeschlossen angesehen werden kann (vgl. weiter unten und KORNWACHS, LUCADOU 1977).
Parallel zu dieser durch die Schmidt-Experimente gekennzeichneten Weiterentwicklung und Verschärfung der experimentellen Methodik unter Laborbedingungen setzte im Jahre 1974 das Auftreten Uri Gellers die «Renaissance» auf dem Gebiet des «Physikalischen Mediumismus», die Anfang der sechziger Jahre mit Nina Kulagina (KEIL, HERBERT, ULLMAN, PRATT 1976; PRATT 1977) begann, fort. Die von ihr berichteten Phänomene, ebenso die von Ted Serios (EISENBUD 1967), ließen die säkulare Kontroverse um Echtheit oder Betrug wiederaufleben und führten zu teilweise emotional getönten Auseinandersetzungen (vgl. PROKOP, WIMMER 1976). Die Frage nach der Möglichkeit eines Beweises paranormaler Phänomene, insbesondere

psychokinetischer Effekte, wurde jedoch erst mit Uri Geller zu einem öffentlich breit diskutierten Thema.
1974 markierten die Auftritte des 28jährigen Israeli Uri Geller im Fernsehen der meisten westlichen Länder und seine Demonstrationen – angeblich allein durch «psychische» Fähigkeiten Besteckteile zu verbiegen oder zu zerbrechen und defekte Uhren wieder in Gang zu bringen – den Beginn einer weltweiten Publikumsreaktion, die als Unikum in der Geschichte der «psychischen Epidemien» bezeichnet werden kann. In der Bundesrepublik Deutschland behaupteten Tausende von Fernsehzuschauern, solche Phänomene auch bei sich beobachtet zu haben. Diese sozialpsychologisch auffallende Massenreaktion wurde in einer Interview- und Fragebogenaktion erfaßt (vgl. BENDER u. a. 1975, 1976), ohne daß sich dadurch definitiv entscheiden ließ, inwieweit «echte» paranormale Phänomene bei den Zuschauern aufgetreten waren.
Bei einer dreißig Personen umfassenden Stichprobe von Berichterstattern, die 1974 «Geller-Effekte» bei sich beobachtet haben wollten, wurden 1978 qualitative Psychokinese-Experimente durchgeführt. Sie verliefen weitgehend negativ (KEIL 1979).
Angesichts der Tatsache, daß Geller ein professioneller Zauberkünstler ist und auch bei Tricktäuschungen ertappt wurde, wird eine Beurteilung seiner «Fähigkeiten» naturgemäß äußerst erschwert. Während auf der einen Seite eine ganze Reihe von Beobachtungen (darunter auch von Trickexperten) und Experimenten, größtenteils von Naturwissenschaftlern, vorliegen, die sich mehr oder weniger deutlich für eine PK-Hypothese aussprechen (vgl. die Zusammenstellung bei PANATI 1976), gibt es auf der anderen Seite den systematischen Versuch, jeden «Geller-Effekt» auf Leichtgläubigkeit der tricktechnisch nicht genügend versierten Experimentatoren und geschickten Betrug zu reduzieren (vgl. RANDI 1975; CHRISTOPHER 1976). Die beiden Physiker vom «Stanford Research Institute», Russell Targ und Harold Puthoff, die 1973 mit Geller längere Versuchsreihen durchführen konnten, berichteten zwar von eindrucksvollen ASW-Experimenten mit ihm (vgl. TARG, PUTHOFF 1977; zur Kritik vgl. WILHELM 1976), sahen sich jedoch außerstande, einen PK-Effekt Gellers zweifelsfrei zu dokumentieren, im Unterschied etwa zu ihren Experimenten mit dem New Yorker Maler Ingo Swann, der offenbar einen supraleitend abgeschirmten Magnetometer psychokinetisch beeinflussen konnte (vgl. PUTHOFF, TARG 1974).

Im Anschluß an die Geller-Auftritte meldeten sich zahlreiche jugendliche «Nacheiferer», die vorgaben, absichtlich und wiederholbar die «Geller-Effekte» hervorbringen zu können. Eigene Beobachtungen an solchen «Mini-Gellers» führte eine ganze Reihe von Physikern dazu, sich persönlich von der Realität solcher «makrophysikalischer» PK-Effekte zu überzeugen, so z. B. Betz (BETZ 1975) angesichts der Verbiegung von präparierten Metallstreifen unter «erwartender» Beobachtung, Mattuck (MATTUCK 1977a) bei der Beobachtung des unerklärlichen Anstiegs der Quecksilbersäule eines Fieberthermometers (das einer Temperaturerhöhung von 36 auf 40 Grad entsprach) oder Taylor (TAYLOR 1975), der eine Fülle von Metallbiegeeffekten bei Kindern unter allerdings teilweise fragwürdigen Kontrollbedingungen (vgl. ANDERS 1976) berichtete; insofern ist es nicht überraschend, daß sich Taylor vor kurzem genötigt sah, seine Position hinsichtlich der Echtheit von PK-Effekten gänzlich zu revidieren (vgl. BALANOWSKI, TAYLOR 1978; TAYLOR, BALANOWSKI 1979).
Erfolg und Mißerfolg mit teils betrügerischen, teils kapriziösen, teils «naiven» Versuchspersonen intensivierten die Suche nach einer Experimentiermethodik, die trotz der angedeuteten Schwierigkeiten den erwähnten Forderungen an ein gutes parapsychologisches Experiment nahekommen sollte.
Der bisher erfolgreichste Experimentator auf diesem Gebiet ist ohne Zweifel der bekannte Atomphysiker J. B. Hasted, der seit 1973 an der systematischen physikalischen Erforschung des «Metallbiegeeffektes» arbeitet und dazu folgende experimentelle Anordnung entwickelt hat: Normale Sicherheitsschlüssel werden durch Einbau eines Dehnungsmeßstreifens präpariert. Ein oder mehrere Schlüssel werden an der elektrischen Zuleitung des Dehnungsmeßstreifens an der Zimmerdecke aufgehängt, wobei sorgfältig darauf geachtet wird, daß Störungen mechanischer, akustischer, thermischer, atmosphärischer, elektrostatischer und elektromagnetischer Art ausgeschlossen werden. Die Experimente finden meist in der Wohnung der Versuchspersonen oder im Labor statt. Versuchspersonen sind ungefähr ein Dutzend Kinder im Alter von 7–17 Jahren. Zur Aufzeichnung der Signale wird ein Mehrkanalschreiber verwendet. Verstärkung der Signale und Aufzeichnung geschehen, soweit wie möglich, netzunabhängig. Vor den eigentlichen Versuchen werden Schlüssel und Aufzeichnungsgerät in Nulläufen auf ihr korrektes Funktionieren getestet, ferner überprüft man die verschiedenen Ausprägungsmuster

der Signale, die sich bei manueller Berührung der Schlüssel ergeben, bei Deformierung durch mechanische Einwirkung und dergleichen. Bei dem eigentlichen Experiment werden Zeugen herangezogen und der gesamte Ablauf auf Video dokumentiert. Die Versuchsperson darf in der Regel die Schlüssel vor und während des Versuchs nicht berühren. Es kommt dabei weniger auf die sichtbare Deformation des Schlüssels an als auf die Ausprägung der Signale (z. B. hinsichtlich ihrer Feinstruktur) auf dem Schreiber.

Hasted berichtet über folgende Effekte: Es konnten zahlreiche, meist synchrone Signale der Dehnungsmeßstreifen registriert werden, die sich von solchen Signalmustern, die durch manuelle Behandlung erzeugt werden, deutlich unterscheiden (HASTED 1976). In weiteren Serien wurden drei Dehnungsmeßstreifen auf einem Metallstück angebracht und das Verhältnis der aufgezeichneten Dehnungs- und Biegungssignale analysiert, das ungefähr linear von der Dicke des Metallstreifens abhing (HASTED 1978; HASTED, ROBERTSON 1979). Durch eine unterschiedliche räumliche Anordnung der Sensoren wurde der «PK-Einfluß» auf seine geometrische Charakteristik (z. B. Distanzabhängigkeit) hin untersucht, wobei sich aber kein einheitliches Bild ergab (HASTED 1977). Zur Erklärung nimmt Hasted (HASTED 1978) eine Art unsichtbare «Aktionsoberfläche» an, die vertikal nach vorne und hinten von der Versuchsperson ausgeht. Besonderen Wert legt er auf solche Experimente, die eine «impossible task» («unmögliche Aufgabe») darstellen, d. h. die Erzeugung eines Effekts, den man auf «normale» Art nicht hervorbringen kann, wie z. B. das Verbiegen eines Metallstabes in einer zugeschmolzenen Glasröhre oder eine partielle Veränderung des Härtegrades in einem Metallstab (vgl. HASTED 1976).

Obwohl dies fast eine Trivialität ist, muß doch immer wieder betont werden, daß eine apparative Ausrüstung auf der Höhe der Zeit eine notwendige, aber keine hinreichende Bedingung für ein aussagekräftiges Experiment ist. Die berechtigte Forderung, beim Experimentieren nichts dem Zufall zu überlassen, muß jedoch mit der Tatsache in Einklang gebracht werden, daß der parapsychologischen Forschung in der Regel nur sporadisch die Einrichtungen der anerkannten und etablierten Wissenschaften zur Verfügung stehen und daß sich die Versuchspersonen erst im Laufe der Zeit an Laborbedingungen zu gewöhnen pflegen. So befindet sich ein Experimentalprogramm immer im Spannungsfeld zwischen dem Versuch, alle experimentellen Mög-

lichkeiten auszuschöpfen und dem Respekt vor der Person des Mediums, das nicht als Objekt eines Experiments oder einer Theorie betrachtet werden darf.
Das Freiburger Institut für Grenzgebiete der Psychologie begann 1975 eine längerfristige Untersuchung mit einer einzelnen Versuchsperson, dem damals 34jährigen Bauzeichner Silvio. Eine bis März 1976 dauernde exploratorische Phase bestand hauptsächlich aus Selbstversuchen, bei denen Silvio vor der laufenden Videokamera aus versiegelten Glasröhren Besteckteile entnahm und die Objekte verbog oder zerbrach. Diese Versuche wurden ohne Unterbrechung aufgezeichnet (vgl. BENDER, VANDREY 1976). Eine wesentliche Absicht dieser Anordnung bestand darin, Silvio an Dokumentationsbedingungen zu gewöhnen. In einem späteren Stadium wurden die Experimente mit Silvio von einer Berner Arbeitsgruppe unter Leitung von B. Wälti weitergeführt. Von den zwischen 1976 und 1977 veröffentlichten Experimentalsitzungen betrachten die Untersucher 22 als erfolgreich im Sinne der PK-Hypothese (vgl. WÄLTI 1978). Zu den berichteten Effekten gehören u.a. wiederholte Änderungen des elektrischen Widerstands eines Löffels während der Biegung, selektive Bewegung von Bleistiften, Rotation von einer auf einer Nadel gelagerten Pappscheibe und Kompaßnadeln. Ein unabhängig vorgenommenes Experiment von Betz (BETZ 1978) betrifft ebenfalls die Veränderung eines elektrischen Widerstandes durch Silvio und ist insofern bedeutsam, als die Versuchsperson völlig unvermutet mit der experimentellen Anordnung konfrontiert wurde. Im Unterschied zu den meisten anderen bekanntgewordenen «Metallbiegern» wird bei Silvio ein enger Zusammenhang zwischen kreativen und psychokinetischen «Fähigkeiten» offenkundig, was sich z. B. in seinen Bildern mit surrealistisch verfremdeten Motiven des «Löffelbiegens» ausdrückt.
Das Bild wäre unvollständig, wenn wie bei den meisten Medien auch, Silvio sozusagen als das «ideale Medium» der Parapsychologie erschiene; auch bei ihm gingen später selbsteingestandene oder von unabhängigen Beobachtern registrierte Trickmanöver mit strenger kontrollierten und daher besser zu validierenden Experimenten Hand in Hand.* Angesichts der auf den ersten Blick wissenschaftstheoretisch plausiblen Forderung nach Devalidierung eines Experiments im Fall des Nachweises auch nur eines Betrugs darf man die genauso berech-

* Vergleiche die diesbezügliche Dokumentation in Z.P.G.P. 22 (1980) Nr. 1/2.

tigte Notwendigkeit nicht aus dem Auge verlieren, sich durch zunächst einmal mehr gelockerte experimentelle Bedingungen einen Überblick über das Spektrum der behaupteten Effekte zu verschaffen. Dies ist der erste Schritt auf dem Weg einer von mehr Rigorosität bestimmten experimentellen Vorgehensweise, an deren Ende das den genannten Forderungen entsprechende und demnach validierbare parapsychologische Experiment steht.

Der unter Erwartungshaltung ungeduldiger Observanten provozierte Druck, dem «Phänomen» etwas nachzuhelfen, darf aber auch dem rigorosesten Experimentator nicht den Blick dafür verstellen, daß seine Versuchsperson keine «präparierbare Maschine» ist, sondern eine individuell zu respektierende Persönlichkeit (siehe dazu die Bemerkung von Pratt in Kap. 5). Man wird von daher versuchen, Kriterien für die Validität eines Experiments aus dem Verlauf des Experiments selbst abzuleiten – die Kontrollierbarkeit der Randbedingungen gehört dann zu den selbstverständlichen Voraussetzungen und nicht mehr zu den eigentlichen Validierungskriterien. Solche Kriterien setzen aber bereits eine Theorie voraus, die angibt, unter welchen Bedingungen sich paranormale Phänomene einstellen und unter welchen nicht, und von einer solchen Theorie ist die Parapsychologie noch weit entfernt.

Das Gesagte gilt entsprechend für die Methode bei Experimenten auf dem Gebiet der Außersinnlichen Wahrnehmung und ihren Unterkategorien (vergl. die Einführung von J. Beloff auf S. 38). Ein intrinsisches Kriterium für die Validität eines telepathischen oder Hellseh-Experiments stellt z.B. der «Fokussierungseffekt» dar, den Pratt im Kap. 5 beschreibt, weiterhin der bekannte «Absinkeffekt» der Trefferleistungen, den Rhine und seine Schule als das eigentlich entscheidende Merkmal paranormaler «Leistungen» ansehen (Rhine 1974a), sowie die merkwürdige Unschärfe bei der Wiedergabe von Bildinhalten, wie sie die Maimonides-Versuche zeigen (vergl. das Kapitel 2 von Honorton in diesem Band). Die Methode des Vergleichs von verbalen Aussagen der Versuchsperson mit dem Zielmaterial im Doppelblindversuch durch unabhängige Beurteiler («free response experiment») hat sich auch in der Folgezeit bei den Experimenten mit der sogenannten «Fernwahrnehmung» (remote viewing, vergl. hierzu Targ, Puthoff 1977) als Standard durchgesetzt. Freilich kann dieses Verfahren mit dem Hinweis kritisiert werden, daß eine Quantifizierung von Übereinstimmung von Zielmaterial mit freier verbaler Äußerung durch Mittel intuitiver Anschauung noch keine Quantifizierung von Inhalten und deren Vergleich darstellt. Die Übereinstimmung deckt nicht den Begriff der Spezifität ab, die für die Konstatierung der Fernwahrnehmung oder auch telepathischer Trauminhalte notwendig ist.

Man kann die Frage auch darauf zuspitzen, ob Außersinnliche Wahrnehmung im Sinne einer Methode durch Vergleich von Aussage oder Reaktion der Versuchsperson mit anderen Aussagen oder Situationen (Zielmaterial) nachweisbar ist. Eine abweichende Trefferrate bei einem statistischen Kartenexperiment ist sicher kein Beweis, da Statistik keine Beweismethode ist, sondern Hinweise dafür gibt, in welcher Richtung neue Fragestellungen sinnvoll sind. Da in der Regel eine Versuchsperson nicht unterscheiden kann, ob die von ihr geschilderten Eindrücke und Empfindungen aus der assoziativ gesteuerten «freien Phantasie» oder aus einer paranormalen «Informationsquelle» stammen, ergeben selbst operationalisierbare Verfahren der Inhaltsanalyse (content analysis) aus den Disziplinen der Sprachanalyse, der Psychologie und der künstlichen Intelligenz keine Aussage über eine Übereinstimmung oder Nichtübereinstimmung im Sinne einer entscheidbaren Alternative. Freilich kann der Grad der Übereinstimmung, wie immer man ihn auch skaliert, in Abhängigkeit von psychologischen und physikalischen Parametern einen Hinweis liefern, welche Modellvorstellung weiterführen könnte. Mittlerweile ist die geschilderte «free response»-Methodologie einer ausführlichen Kritik unterzogen worden (Kennedy 1979(a), 1979(b), Honorton 1979). So geht denn auch der Trend auf diesem Forschungsgebiet in Richtung auf prozeßorientierte Untersuchungen und weg von den «klassischen» beweisorientierten Verfahren (vergl. Teil III in Wolman 1977; sowie Strauch 1979).

Die von Honorton in Kap. 2 geschilderten Traumexperimente sind Teil eines in den letzten Jahren zunehmend intensiv betriebenen Forschungsprogramms geworden, das unter dem Oberbegriff «veränderte Bewußtseinszustände» (altered states of consciousness) Korrelationen zwischen ASW-Trefferleistungen und unterschiedlichen psycho-physiologischen Zustandsänderungen abzuklären versucht. Zur Induktion solcher veränderter Bewußtseinszustände werden Versuchspersonen hypnotisiert, durch Drogen beeinflußt, einer sensomotorischen Reizüberflutung oder ihrem Gegenteil, einem systematischen Reizentzug (sensorische Deprivation), ausgesetzt, erlernen durch Biofeedbacktraining den Alphawellenzustand zu kontrollieren oder beginnen zu meditieren. Hinter den genannten Verfahrensweisen, das «normale» Wachbewußtsein zu verändern, steht das Konzept von «psi conductive states»; dabei handelt es sich um ein Syndrom verschiedener Faktoren, deren Zusammenspiel die «innere Empfänglichkeit» für ASW-vermittelte Information fördern soll. Aufgrund des seither vorliegenden Materials (vergl. die Übersichten bei Braud 1978, Honorton 1978b) schließen diese Faktoren eine reduzierte Aufmerksamkeit gegenüber äußeren Reizen ein, eine tiefe körperliche Entspannung und die Lenkung des Bewußtseinsstroms nach «innen».

Eine weitere Entwicklung auf diesem Gebiet setzt mit einer fundamentalen Kritik am Begriff der «Außersinnlichen Wahrnehmung» an. Generell wird in Zweifel gezogen, daß Telepathie oder Hellsehen so etwas wie Informationsübertragungsprozesse darstellen oder daß sich auch die Psychokinese letztlich auf irgendwelche Wirkungen oder Kräfte reduzieren lasse, wenngleich von jetzt noch unbekannter Natur. Die unbekannten Informationskanäle setzten begrifflich einen «Sender» und einen «Empfänger» voraus, ebenso wie die Annahme, Psychokinese sei eine unbekannte energetische Einwirkung der Psyche auf die Materie, was eine Trennung von Subjekt und Objekt impliziert. Das von Stanford (Stanford 1977, 1978) entwickelte Modell des «konkordanten Verhaltens» (concordance behavior) verneint diese Trennung, die in der Tat genau dem Wissenschaftsverständnis der klassischen Physik und der Nachrichtenübertragungstheorie entspricht. So bleibt festzustellen, daß die früheren Experimentiertechniken sich an den Standardverfahren orientierten, die klassische Physik und kausal-reduktionistisch orientierte Psychologie als nicht hintergehbar vorschrieben. Die neuere Entwicklung trägt auch den Veränderungen des physikalischen Weltbildes durch die Quantentheorie und durch eine mehr systemtheoretisch orientierte Psychologie Rechnung. Dies ist nicht nur an den geänderten und revidierten experimentellen Methoden ersichtlich, es wird noch deutlicher an den Versuchen der Theorienbildung – denn schließlich bestimmt eine Theorie, was überhaupt beobachtet werden soll und damit auch die Richtung des zukünftigen experimentellen Programms.

GRUNDZÜGE DER NEUEREN THEORIENBILDUNG

Ob in der Parapsychologie Theorienmangel oder Theorienüberfluß herrscht, kann man differenzierter damit beantworten, daß Theorien, die experimentelle Voraussagen gestatten, äußerst selten und Spekulationen äußerst vielfältig in der parapsychologischen Literatur zu finden sind. Jede Theorie, die von der offiziellen Wissenschaft anerkannt wird, z.B. in der Physik, war einmal im Stadium der Spekulation und wurde geringschätzig behandelt. Dieser Prozeß, wonach die Spekulation die Beweislast zu tragen hat und für den sich in der Wissenschaftsgeschichte viele Beispiele beibringen lassen (KUHN 1973), hat durchaus seine Berechtigung – ein guter Schuß Konservatismus bewahrt vor dem begrifflichen Chaos.

Man kann, ähnlich wie an die experimentelle Methode, an eine Theorie bestimmte Forderungen stellen. Sie sind schon als Prärequisit zu den experimentellen Forderungen genannt worden, aber wir wollen sie an dieser Stelle noch einmal schärfer fassen.

Zu einer Theorie gehört, daß man den Bildungsprozeß von Begriffen nachvollziehen kann, d.h. daß er operationalisierbar ist. Meist verwenden parapsychologische Vermutungen und Aussagen Begriffsbildungen, die sich auf der klassifikatorischen Stufe bewegen (CARNAP 1969), was einer verbalen Etikettierung von Klassen ähnlicher oder vergleichbarer Ereignisse und Erscheinungsmuster paranormalen Geschehens gleichkommt. Benötigt werden jedoch quantitative Begriffe, die sich durch die Angabe ihres Gültigkeitsbereichs, durch eine Meßvorschrift (d.h. das Verfahren, das zu einer Beobachtung führt) und durch eine Skalierung (Maßstab und durch Definition festgelegte Einheit) auszeichnen. Die Begriffe sollen innerhalb der Theorie kohärent sein, was Widerspruchsfreiheit und die Möglichkeit von wahrheitsdefiniten Aussagen mit Hilfe dieser Begriffe miteinschließt. Bereits diese genannten Forderungen stoßen bei der Theorienbildung in der Parapsychologie und speziell auf dem Gebiet der Psychokinese auf Schwierigkeiten, weil die beobachtbaren Daten sowohl physikalischer wie psychologischer Natur sind. Physikalische und psychologische Begriffe haben von ihrem Gegenstandsbereich her jedoch verschiedene Meßvorschriften. Die Möglichkeit der Testbarkeit einer Voraussage hängt dann davon ab, ob man eine Voraussage für den Verlauf eines parapsychologischen Experiments über eine physikalische oder psychologische Observable macht. Die Schwierigkeit, zwei methodisch und begrifflich verschiedene Gegenstandsbereiche in *einer* Theorie zu behandeln, würde zur Lösung eine Vorstellung darüber erfordern, ob beide Gegenstandsbereiche, nämlich Physik und Psychologie, ein gemeinsames Substrat aufweisen. Damit ist man bei der Frage nach dem Verhältnis von Psyche und Materie angelangt und damit im Spannungsfeld des immer noch kontrovers diskutierten Themenkreises um das Leib-Seele-Problem (z. B. FEIGL 1972).

Damit werden auch die anderen Forderungen an eine Theorie, die Forderung nach Einfachheit und nach der Möglichkeit von Invarianzaussagen, zu fast unüberwindlichen Hindernissen auf dem Weg zur Theorienbildung. Die Forderung nach Angaben darüber, wann eine Theorie gültig ist oder nicht, führt in der Parapsychologie zunehmend dazu, keine umfassende Theorie aller Phänomene einschließlich Psychokinese und Außersinnlicher Wahrnehmung mehr anzustreben, sondern für einzelne Erscheinungsarten vorläufige Theorien zu entwickeln. Dies gilt vor allem für die Psychokinese und die seit der erwähnten Genfer Konferenz über «Quantenphysik und Parapsychologie» verstärkt eingesetzten Bemühungen um experimentelle Vorhersagen.

Das Weltbild der Physik hat nach Anfang dieses Jahrhunderts entscheidene Korrekturen hinnehmen müssen, was die wissenschaftlichen Voraussetzungen, wie die Begriffe von Kausalität, Raum und Zeit, beeinflußte, und die Kontroversen um die Begründung der Physik dauern an (JAMMER 1974). Von einer modernen, naturwissenschaftlichen geprägten Theorie erwartet man nicht unbedingt Anschaulichkeit, dafür aber eine qualitative Erklärung aller in Frage kommenden Phänomene und quantitative Aussagen soviel wie möglich, die nachprüfbar und im Sinne von Popper falsifizierbar sein sollten (POPPER 1971). Die Reproduzierbarkeit muß im Bereich der Parapsychologie zumindest für den Versuchsaufbau und -ablauf gelten. Die klassische Unterteilung in Hellsehen, Telepathie, Präkognition und Psychokinese stellt keine physikalische Begriffsbildung dar, enthält aber implizit den Begriff der Wechselwirkung. Diese Unterteilung ist vorläufig und braucht von einer Theorie nicht unbedingt übernommen zu werden. Die Reduktion dieser Begriffe auf ein einziges erklärendes Prinzip wäre wünschenswert, braucht aber nicht gefordert zu werden. Bei Psychokinese sind die Verhältnisse insofern am einfachsten, als ein von psychologischen Bedingungen abhängiger physikalischer Effekt vorliegt, der mit physikalischen Methoden gemessen werden kann. Schwieriger sind die subjektiven Aussagen von Versuchspersonen zu bewerten, wie sie bei qualitativen Hellseh- und Telepathieversuchen vorkommen. Bei Präkognition ergibt sich zusätzlich ein Konflikt mit dem grundlegenden Begriff der klassischen Kausalität und damit mit der Richtung von zeitlichen Abläufen. Bei den drei Grundmodalitäten der Außersinnlichen Wahrnehmung werden im Experiment Bewußtseinsinhalte miteinander in Beziehung gebracht, wobei implizit von der Voraussetzung ausgegangen wird, daß ein wie auch immer gearteter Informationsaustausch stattfindet; der Trägerprozeß, bisher völlig ungeklärt, wäre dann Gegenstand einer physikalischen Theorie. Diese Vorstellung ist im wesentlichen auf das Rhinesche Paradigma zurückzuführen, das die ASW-Forschung seit den dreißiger Jahren nachhaltig beeinflußt hat (NILSSON 1977). Ob die psychologischen Faktoren beim parapsychologischen Experiment auch Gegenstand physikalischer Begriffsbildung sein können, ist eine das Reduktionismusproblem anschneidende Frage – so führen einige Physiker in Biologie und Psychologie Faktoren ein, die nicht durch physikalische Begriffe abgedeckt werden können. Die meisten Physiker halten dies für unzweckmäßig und glauben an eine prinzipielle Reduzierbarkeit von Biologie und Psychologie auf die Physik (BÜCHEL 1975).

Einen vollständigen Überblick über die zur Zeit diskutierten Theorien und Hypothesen zu geben kann nicht Aufgabe dieses Vorworts sein. Wir dürfen uns daher nach der Skizzierung der grundsätzlichen Schwierigkeiten und dem Verweis auf andere, mehr vollständige Darstellungen (vgl. LUCADOU, KORNWACHS 1979; BAUER, LUCADOU 1979) auf zwei Zugangsweisen zur Psychokinese beschränken, einer quantentheoretischen und einer systemtheoretischen.

Die Grundannahmen einer quantentheoretischen Beschreibung der Psychokinese gehen vom quantentheoretischen Meßprozeß aus. Die Grundgleichung der Quantentheorie, die Schrödingersche Gleichung, beschreibt den zeitlichen Verlauf der Wellenfunktion eines physikalischen Systems, die Wellenfunktion liefert die Information darüber, welche Zustände ein solches System in Abhängigkeit von Randbedingungen potentiell annehmen kann. Gleichzeitig macht die Quantentheorie eine Voraussage darüber, wie sich die Wahrscheinlichkeit, das System in einem ganz bestimmten Zustand bei einer Messung anzutreffen, verhält. Sie kann daher über den Ausgang eines einzelnen

Meßprozesses keine Aussage machen. Verbunden damit ist die Tatsache, daß die Schrödingergleichung den eigentlichen Meßprozeß in der Quantentheorie in seinem zeitlichen Verlauf nicht beschreiben kann: Die Wellenfunktion eines quantenmechanischen Systems (z.B. ein radioaktiver Atomkern) ist *vor* der Messung im allgemeinen eine Linearkombination von Wellenfunktionen, die zu allen möglichen Zuständen des Systems gehören, *nach* der Messung besteht sie jedoch in einer einzigen solchen Wellenfunktion, nämlich derjenigen, die zu dem tatsächlich gemessenen Eigenwert gehört. Diese Reduktion der Wellenfunktion ist der Ausgangspunkt der Überlegungen von Walker (WALKER 1975). Da unbestimmbar und unbestimmt ist, in welchen Zustand sich das System bei der Messung begibt, jede Messung aber letztlich von einem Beobachter mit Bewußtsein registriert wird, kommt Walker zu der Annahme, daß es der Eintritt des Meßsignals in das menschliche Bewußtsein ist, was zur Entscheidung führt, welcher Meßwert angenommen wird. Somit wird dem Bewußtsein eine Wirkung auf materielle Prozesse zugesprochen. Diese Annahme hatte schon Wigner geäußert (WIGNER 1967). Walker führte diese Idee weiter, indem er die Hypothese formulierte, daß der menschliche Geist durch sogenannte verborgene Parameter repräsentiert wird und demnach auf den quantenmechanischen Meßprozeß durch willentliche Akte Einfluß nehmen kann.

Die Theorie der verborgenen Parameter (BOHM, BUB 1966) ist bei dem Versuch entwickelt worden, die begrifflichen Schwierigkeiten zu umgehen, die entstehen, wenn die Reduktion der Wellenfunktion beim Meßprozeß determiniert verlaufen soll. In der Quantentheorie hat sich gezeigt, daß die Begriffe Determiniertheit und Kausalität nicht mehr, wie in der klassischen Physik, deckungsgleich sind. Die noch heute anhaltende Kontroverse um die Interpretation der Quantentheorie läßt aber ihre experimentellen Vorhersagen unberührt. Tatsächlich widerspricht auch die Verschiebung der Häufigkeitsverteilung der Zerfallsraten pro Zeiteinheit des radioaktiven Präparats bei den Schmidt-Versuchen den Gesetzen der Physik nicht, allerdings ist sie durch die gegenwärtige Quantentheorie ohne Zusatzannahmen im Sinne einer Vorhersage nicht erklärbar.

Ausgehend von einem Informationstransfer zwischen Gehirn und dem durch Psychokinese zu beeinflussenden Objekt, wird von Walker eine Veränderung der quantenmechanischen Wellenfunktionen ψ zu ψ' beschrieben, wobei die Übergangswahrscheinlichkeit $P(\psi \rightarrow \psi')$

mit der Informationsrate des Gehirns bei willentlichen Vorgängen übereinstimmen soll. Die daraus abgeleiteten Größenordnungen entsprechen den PK-Effekten mit Würfeln aus verschiedenem Material bei den Forwaldschen Experimenten (FORWALD 1959, 1969). In der Beeinflussung der Wahrscheinlichkeitsverteilung molekularer Vorgänge in den Synapsen wirkt sich nach dieser Auffassung das als selbständige Entität aufgefaßte menschliche Bewußtsein aus; diese dualistische Sichtweise wird auch von einigen Neurophysiologen vertreten (WALKER 1970; ECCLES 1970).

Abgesehen von der Schwierigkeit, psychologische Variablen in eine solche Theorie einzubringen, erschwert die dualistische Sichtweise die Konstruktion von empirischen Begriffen, die zu nachprüfbaren Aussagen führen sollten. Weiterhin besteht bei allen Theorien, die mit verborgenen Parametern arbeiten, die Schwierigkeit, das Geschehen unbeobachteter Prozesse zu verstehen. Andernfalls müßte man beispielsweise einer Photoplatte bei einem Zweistrahlexperiment menschliches Bewußtsein zuordnen. Trotz der angedeuteten Schwierigkeiten stellt diese Theorie in der Geschichte der Parapsychologie insofern eine erstmalige Leistung dar, als quantitatives experimentelles Beobachtungsmaterial mit quantitativen Voraussagen einer Theorie verglichen worden ist. So hat der Walkersche Ansatz zu einer ausgedehnten Diskussion und zum Versuch geführt, die Theorie weiter auszubauen (MATTUCK, WALKER 1979).

Die in diesen Ansätzen immer wieder behandelte Änderung der Wahrscheinlichkeitsverteilung einer physikalischen Observablen kann formal immer als Information interpretiert werden – die Organisation der Energie, die im Rauschen des Systems steckt, geschieht durch diese Information, die mit einer Entropieabnahme verbunden ist. Im Formalismus der Dichtematrix schlägt sich diese Annahme durch geänderte Erwartungswerte eines quantenmechanisches Prozesses nieder und dient als Erklärungsgrundlage für die sog. Noise-Theorie der Psychokinese (MATTUCK 1977b). Um die Größenordnungen beobachteter psychokinetischer Effekte zu errechnen, genügt die vom Gehirn erzeugte mittlere Informationsrate nicht, vielmehr muß eine gepulste Informationsübertragung angesetzt werden. Dabei wird über die zeitliche Richtung dieses Informationstransfers nichts ausgesagt, während ein Angriff auf die Konvention, Irreversibilität für die Zeitrichtung als wesentlich anzusehen, bei anderen Ansätzen dazu dient, den strengen Begriff der Kausalität zu unterlaufen, um «backward causation» (rückwirkende Verursachung) (BELOFF 1977) und/oder Präkognition erklären zu können (DONALD, MARTIN 1976).

Mit weiteren Ansätzen, die einer anderen Interpretation der Quantentheorie zugrunde liegen – so die Interpretation der Quantentheorie (EVERETT et al 1973; HASTED 1977) –, faßt man mittlerweile diese Auffassungen mit dem Schlagwort «Observational Theories» zusammen (MILLAR 1978; BRAUDE 1979).

Die Notwendigkeit, bei Hypothesen über Psychokinese psychologische und physikalische Variablen kohärent verknüpfen zu müssen, führt zu Überlegungen, die sich systemtheoretischer Methoden bedienen. Systemtheoretische Zugänge zur Erklärung paranormaler Phänomene abstrahieren vom physikalischen Trägerprozeß der Informationsübertragung und versuchen, paranormale Effekte und Prozesse unter einem gemeinsamen Aspekt zu beschreiben, der z.B. auch die neuronale Ebene einschließen kann. Da in der Systemtheorie keine kausalen Zusammenhänge konstatiert, sondern Aussagen auf Korrelationen beschränkt werden, erübrigen sich Fragen wie die nach der Kausalitätsverletzung und der Zeitumkehr. So kann man sich ein informationelles Netzwerk vorstellen, das Ereignisse, Inhalte und Prozesse akausal verknüpft (CHARI 1966, 1977). Ein zunächst intuitiver Zugang zum Begriff der Komplexität des menschlichen Gehirns und der damit verbundenen Prozesse führte zur Annahme einer Interaktion zwischen komplexen Systemen aufgrund ihres Komplexitätsgrades oder aufgrund eines «Komplexitätsfeldes» (SMYTHIES 1971; RUSH 1976). Um mit dem Begriff Komplexität systemtheoretisch arbeiten zu können, muß er hinreichend präzisiert werden. Dabei stellt sich heraus, daß komplexe Systeme nur hierarchisch strukturiert dargestellt werden können und eine Beschreibung komplexer Systeme aufgrund des Gödelschen Satzes nicht vollständig möglich ist (KORNWACHS, LUCADOU 1976). Daher wird eine probabilistische Beschreibung des Systems nötig, die mit der probabilistischen Beschreibung in der Quantenmechanik interferiert, so daß auf diese Weise auch eine Änderung der Wahrscheinlichkeitsverteilung atomarer und molekularer Prozesse, soweit sie innerhalb eines komplexen Systems Gehirn – Objekt angesiedelt sind, vorstellbar wird. Hier besteht auch die Möglichkeit zur Einbeziehung psychologischer Variablen (LUCADOU 1974; KORNWACHS, LUCADOU 1977). Damit verträglich ist ein phänomenologisches Modell von H. Schmidt (SCHMIDT 1975;

SCHMIDT 1978), das die Zielorientiertheit, die raum-zeitliche Unabhängigkeit sowie die Unabhängigkeit der Stärke der paranormalen Wirkung von der Kompliziertheit des Versuchsaufbaus annimmt; weiterhin wird in diesem Modell eine Additivität der sog. «psi-sources» postuliert.

Es ist eminent schwierig, eine Validierung solcher theoretischer Ansätze zu geben, da sich die Diskussion in vollem Gange befindet. Deshalb soll auch nicht verschwiegen werden, daß die «Observational theories» nicht nur in der Parapsychologie (BRAUDE 1979), sondern auch von Vertretern der «normalen» Physik einer harten Kritik unterzogen werden. Vor allem der Physiker J. A. Wheeler hat in Briefen gegenüber der «American Association for the Advancement of Science» (AAAS) seiner Auffassung Nachdruck verliehen, daß die Parapsychologen die Diskussion um den quantenmechanischen Meßprozeß und um das Einstein-Rosen-Podolsky-Paradoxon in wissenschaftlich nicht zu rechtfertigender Weise «mißbrauchen», da es, physikalisch gesehen, keine Notwendigkeit gebe, so etwas wie «Bewußtsein» in den Meßprozeß einführen zu müssen. Wheelers Hauptkritik zielt auf die Postulierung prinzipiell unbeobachtbarer Größen wie verborgener Parameter und deren Gleichsetzung mit dem menschlichen Bewußtsein: «Ein elementares Phänomen wird erst dann zu einem Phänomen, wenn es beobachtet wird» (no elementary phenomenon is a phenomenon until it is an observed phenomenon) (WHEELER 1979).

Der Fall Wheeler* zeigt, daß auch die Hypothesenbildung von renommierten Physikern im Gebiet der Parapsychologie Gegenstand von Kontroversen ist, die ihren Hintergrund in der von diesen Hypothesen postulierten Paradigmenverletzung oder ihrer Folgenlosigkeit hinsichtlich experimenteller Voraussagen haben. Man kann getrost behaupten, daß es keine Theorie der Psychokinese gibt, die alle Ansprüche, die man an eine Theorie stellen darf, befriedigen würde. Dieser Theoriemangel dürfte es letztlich sein, der der Parapsychologie als empirischer Disziplin den Zugang zur Anerkennung als «normaler» Wissenschaft verwehrt hat und noch verwehrt.

*Verbunden mit der fachlichen Kritik war die Forderung Wheelers, die «Parapsychological Association» aus der AAAS auszuschließen. Zum Kontext des Falles vergleiche auch den Briefwechsel zwischen Wheeler und Rhine (WHEELER, RHINE 1979).

VON DEN CHANCEN EINER ZUKÜNFTIGEN PARAPSYCHOLOGIE

In den Beiträgen des vorliegenden Bandes ist, trotz ihrer zum großen Teil durchgängigen Sachlichkeit, ein Optimismus festzustellen, was die zukünftige Validierung des präsentierten experimentellen Materials betrifft. Dieses gute Recht der Autoren wird von der immer wieder feststellbaren Erosion der Evidenz überschattet und der Durchbruch im Sinne einer breiten wissenschaftlichen Anerkennung des in Anspruch genommenen Erfahrungsmaterials ist auch in der Folgezeit ausgeblieben. Das führt zur berechtigten Frage, unter welchen Bedingungen sich die Parapsychologie als etablierte Disziplin je wird durchsetzen können.

Die methodische Bestimmung des Vorgehens der Parapsychologie ist eher durch negative Einschränkungen als durch einen positiven Ausweis der Verfahren und der Phänomene gekennzeichnet; d.h. Regeln in der Parapsychologie bedeuten mehr die Angabe darüber, was man nicht tun darf oder wie man nicht vorgehen sollte, als die positive Angabe darüber, was man tun darf und tun kann. Das hängt nicht allein mit dem schon lange hypostasierten «evasiven Charakter» der Phänomene zusammen, sondern auch mit der «Sozialisation» der Parapsychologie innerhalb der wissenschaftlichen Gemeinschaft (KORNWACHS 1975).

Parapsychologische Forschung ist kaum institutionell abgesichert; ihre Vertreter rekrutieren sich aus verschiedenen Disziplinen der Natur- und Sozialwissenschaften. Da eine wissenschaftlich geregelte Ausbildung zum «Parapsychologen» im universitären Rahmen so gut wie nicht existiert, ist der Anteil von Laien und Amateurforschern auf diesem ohnehin uneinheitlichen Gebiet sehr groß, was seitens der «etablierten» Wissenschaften zum vorherrschenden Eindruck von Unseriosität und Dilettantismus parapsychologischer Forschungspraxis führt: Jedermann kann sich als «Parapsychologe» bezeichnen. Infolge dieser fehlenden Professionalisierung gibt es in der Parapsychologie auch keine «Autoritäten», die von der breiten Zustimmung interessierter Wissenschaftler unterstützt würden; es gibt allenfalls «Experten», deren Bedeutung unterschiedlich validiert wird, je nachdem, ob man die Rolle des Experimentalpsychologen oder -physikers, des Trickexperten oder des Kriminalisten bei der Untersuchung paranormaler Phänomene als kompetent ansieht.

Die Parapsychologie findet sich immer da, wo sie Ansprüche auf wissenschaftliches Gehör erhebt, was mit einem Anspruch auf öffentliche finanzielle Förderung ihrer Forschung verbunden ist, einem Legitimationszwang ausgesetzt, so daß sie – trotz ihrer vergleichsweisen Isolierung von den «mainstream»-Wissenschaften – auf die Einhaltung wissenschaftlicher Spielregeln legen muß. Man kann dies deutlich an der stereotypen Struktur der Kontroversen ablesen (BAUER 1979). Unter den Parapsychologen hat McConnell (MCCONNELL 1966) als erster die kontroverse Situation der Parapsychologie am einflußreichen Modell der Wissenschaftsentwicklung im Sinne von Thomas Kuhn (KUHN 1973) interpretiert. Parapsychologische Daten werden dann zu «Anomalien», die mit den herrschenden «Paradigmen» der Natur- und Sozialwissenschaften nicht vereinbar sind und erwartungsgemäß die bekannten Kritiken provozieren. Die Merkmale gegenwärtiger Parapsychologie – ungeordnete und zufällige Beobachtungen, widersprechende experimentelle Befunde, das Fehlen klarer Begriffe, allgemeiner Arbeitshypothesen und verbindlicher Theorien, der Zerfall in sich befehdende Schulen, Skandale um Betrug und Täuschung, die Emotionalisierung der Kontroversen – all dies sind auch Merkmale einer unreifen, «prä-paradigmatischen» Wissenschaftsphase, die auf einen «Einstein der Parapsychologie» (PRATT 1974) wartet, der das Gebiet in die «Normalwissenschaft» überführt. Inwieweit diese Situationsanalyse im Sinne Kuhns trägt, vielleicht zu optimistisch ist, bildet selbst Gegenstand laufender Diskussionen (vgl. SHAPIN, COLY 1977). Ohne Zweifel sind aber solche «Meta-Perspektiven» für die Standortbestimmung einer «Proto-Wissenschaft» von großem Wert. Die Parapsychologie, als Einübung in eine «relativistische Wissenssoziologie» (RAO 1977) genommen, zeigt auf, bis zu welchem Ausmaß die Frage des wissenschaftlichen Akzeptiertwerdens vom Konsensus einer Gruppe abhängt, der wechselnden historischen Maßstäben unterliegt; sie entlastet weiter die Parapsychologie von der existentiellen Zuspitzung um das «ja» oder «nein» ihrer Phänomene, als deren Folge Psi von den einen periodisch neu entdeckt und von den anderen notorisch zu Grabe getragen wird – kurz, für diese Auffassung wird der Streit um die Parapsychologie zum Prüfstein für verborgene und anthropologische Voraussetzungen unserer Wissenschaftsauffassungen, für die Belastbarkeit unseres Wissenschaftsbetriebs. Auch darin liegt eine Herausforderung der Parapsychologie an die wissenschaftliche Gemeinschaft.

Wie die wissenschaftliche Gemeinschaft in der Zukunft auf diese Herausforderung reagieren wird, läßt sich kaum absehen. Die Bedingungen für eine solche Anerkennung sind genannt, aber ob die Parapsychologie diese Bedingungen je erfüllen können wird, bleibt schon von der Definition ihres eigenen Gegenstandsbereichs her fragwürdig. Man kann sich mit Recht fragen, ob die Parapsychologie sich nicht selbst aufgibt, wenn sie versucht, ihre behaupteten Effekte z.B. im Rahmen der Physik und Systemtheorie oder im Rahmen einer erweiterten Physik erklären zu wollen. Ist sie dann nicht mit ihrem Anspruch, unerklärliche Effekte zu untersuchen, genau dann zu einer anderen Disziplin geworden, wenn sie eine Erklärung geleistet hat? Wenn die Parapsychologie einen Erklärungsrahmen für diese Phänomene finden sollte, sei es durch eine Reduktion auf reinen Betrug und fehlerhafte Methoden oder durch ein wie immer geartetes nachprüfbares physikalisches Modell, dann ist sie in der Tat entweder in eine neue Disziplin der Täuschungskunst und der Fehlbarkeit menschlicher Beobachtung oder in die Physik aufgegangen. Welchen Weg sie nehmen wird, wird von der experimentellen Erfahrung und nicht vom Wunschdenken der Gläubigen oder der Skeptiker abhängen.

Nicht zuletzt hat die Parapsychologie, sofern sie wirklich kritisch betrieben wird, eine gesellschaftliche Aufgabe. Die Flut der «okkulten» Bücherwelle und eine Reihe journalistisch mehr oder weniger professionell aufgemachter Periodika hat sich im kommerziellen Interesse sowohl an das Informationsbedürfnis breiter Bevölkerungsschichten angepaßt als auch an die uneingestandenen Heilserwartungen, die viele Menschen zu «okkulten» Praktiken greifen lassen. Eine solche Darstellungsart ist verantwortungslos, wenn subjektiv als evident empfundene paranormale Erlebnisse als wissenschaftlich «bewiesen» hingestellt werden und dadurch in der Öffentlichkeit ein überzogenes Bild von den institutionellen Randbedingungen der Parapsychologie entstanden ist. Hier ist eine Reduktion falscher Erwartungen und eine leidenschaftslose Darstellung der Pro- und Kontraargumente oberstes Gebot.

In der Hoffnung, daß dieser Band zum Abbau eines weitverbreiteten Informationsdefizits beitragen kann, wird eine bewußt kritische Lektüre empfohlen.

BIBLIOGRAPHISCHE NACHBEMERKUNG

Über den aktuellen Stand der parapsychologischen Forschung, unter Einschluß der in der vorliegenden Anthologie angeschnittenen Themenbereiche, informiert umfassend das von B. B. WOLMAN edierte «Handbook of Parapsychology» (Van Nostrand Reinhold, New York 1977, 967 Seiten); besonders wichtig sind die Teile II («Research methods in parapsychology»), III («Perception, communication, and parapsychology»), IV («Parapsychology and physical systems»), V («Parapsychology and altered states of consciousness») sowie IX («Parapsychological models and theories»). – Eine wesentliche Ergänzung des WOLMAN-Handbuchs stellt die Reihe «Advances in Parapsychological Research» (Plenum Press, New York, London) dar, in der bisher zwei Bände erschienen sind: KRIPPNER, S. (Hrsg.): «Psychokinesis» (1977, 235 Seiten) sowie KRIPPNER, S. (Hrsg.): «Extrasensory Perception» (1978, 308 Seiten). – Experimentelle und theoretische Fragestellungen der oben genannten Genfer Konferenz über «Quantum Physics and Parapsychology» (August 1974) wurden von der «Frontiers of Physics Conference» (Reykjavik, November 1977) wieder aufgenommen, deren Beiträge soeben unter dem Titel «The Iceland Papers» (Essentia Research Associates, Amherst, Wisconsin, 1979, 191 Seiten) publiziert wurden. – Wer sich für die jeweils neueste Entwicklung der parapsychologischen Forschung interessiert, sei – abgesehen von den im Literaturverzeichnis aufgeführten Fachzeitschriften – ausdrücklich auf die jährlich erscheinenden Tagungsberichte «Research in Parapsychology» der «Parapsychological Association» verwiesen, die seit 1972 ff. bei Scarecrow Press, Metuchen, N. J., London herauskommen, sowie auf die ebenfalls jährlich publizierten «Proceedings» der «Parapsychology Foundation» (New York).

Freiburg i. Br., im Dezember 1979

LITERATURHINWEISE

Häufig verwendete Abkürzungen, die auch in den Literaturhinweisen der Beiträge in diesem Band Verwendung finden:

Int. J. Parapsychol.	=	International Journal of Parapsychology (New York, 1959–1968)
J.A.S.P.R.	=	Journal of the American Society for Psychical Research (New York, 1907ff.)
J. Parapsychol.	=	Journal of Parapsychology (Durham, N.C., 1937ff.)
Proc./J.S.P.R.	=	Proceedings/Journal of the Society for Psychical Research (London, 1882ff.)
Z.P.G.P.	=	Zeitschrift für Parapsychologie und Grenzgebiete der Psychologie (Olten/Freiburg i. Br., 1957ff.)

Anders, J.: Rezension (zu Taylor 1975). Z.P.G.P. *18* (1976) S. 93–95

Balanowski, E., Taylor, J.: Can electromagnetism account for extrasensory perception? Nature *276* (1978) S. 64–67

Bauer, E.: Kritik und Kontroversen der Parapsychologie. In: Condrau, C. (Hrsg.): Transzendenz, Imagination und Kreativität. Die Psychologie des 20. Jhd. Bd. XV. Kindler, Zürich 1979, S. 546–559

Bauer, E., Lucadou, W.v.: Methoden und Ergebnisse der Psychokinese-Forschung. In: Condrau, C. (Hrsg.): Transzendenz, Imagination und Kreativität. Die Psychologie des 20. Jhd., Bd. XV. Kindler, Zürich 1979, S. 494–512

Beloff, J.: Backward causation. In: Shapin, B., Coly, L. (Hrsg.): The Philosophy of Parapsychology. Parapsychology Foundation, New York 1977, S. 37–46

Bender, H., Hampel, R., Kury, H., Wendlandt, S.: Der „Geller-Effekt" I. Z.P.G.P. *17* (1975) S. 219–240

Bender, H., Hampel, R., Kury, H., Wendlandt, S.: Der „Geller-Effekt" II–III. Z.P.G.P. *18* (1976) S. 1–20 und S. 105–116

Bender, H., Vandrey, R.: Psychokinetische Experimente mit dem Berner Graphiker Silvio. Z.P.G.P. *18* (1976) S. 217–241

Betz, H. D.: Experimentelle Untersuchung ungewöhnlicher Metallbiege-Effekte. Z.P.G.P. *17* (1975) S. 217–244

Betz, H. D.: Unerklärliche Beeinflussung eines elektrischen Schaltkreises durch Silvio. Z.P.G.P. *20* (1978) S. 47–50

Bierman, D., Houtkooper, J. M.: Exploratory PK tests with a programmable high speed random number generator. Europ. Journal of Parapsychol. *1* (No. 1, 1975) S. 3–14

Bohm, D., Bub, J.: A proposed solution of the measurement problem in quantum mechanics by a hidden variable theory. Review of Modern Physics *38* (1966) S. 453–467

Braud, W.: Psi conducive conditions: explorations and interpretations. In: Shapin, B., Coly, L. (Hrsg.): Psi and States of Awareness. Parapsychology Foundation, New York 1978, S. 1–34

Braude, S. E.: The observational theories in parapsychology: a critique. J.A.S.P.R. *73* (1979) S. 349–366

Büchel, W.: Naturphilosophische Überlegungen zum Leib-Seele-Problem. Philosophia Naturalis *15* (1975) S. 308–343

Bunge, M.: Scientific Research. Bd. I. Springer, Berlin–Heidelberg 1967.

Burdick, D. S., Kelly, E. F.: Statistical methods in parapsychological research. In: Wolman, B. B. (Hrsg.): Handbook of Parapsychology. New York 1977, S. 81–130

Carnap, R.: Einführung in die Philosophie der Naturwissenschaften. Nymphenburger Verlagshandlung, München 1969

Chari, C. T. K.: On information-theoretic approaches to ESP. Int. J. Parapsychol. *8* (1966) S. 533–553

Chari, C. T. K.: Quantenmechanischer Meßprozeß, nicht-boolsche Logik und „Psi-Paradigmen". Z.P.G.P. *19* (1977) S. 49–75

Christopher, M.: Mediums, Mystics and the Occult. Crowell, New York 1975. (Deutsch: Geister, Götter, Gabelbieger. Die Tricks der PSI-Begabten. Econ, Düsseldorf, Wien 1977)

Diaconis, P.: Statistical problems in ESP research. Science *201* (1978) S. 131–136

Donald, J. A., Martin, B.: Time-symmetric thermodynamics and causality violation. Europ. Journal of Parapsychol. *1* (No. 3, 1976) S. 17–34

Driesch, H.: Parapsychologie. Kindler Taschenbücher, München 1975 (Erstauflage 1932)

Eccles, J.: Facing Reality. Springer, New York 1970 (Deutsch: Wahrheit und Wirklichkeit. Springer, Berlin–Heidelberg–New York 1975)

Eisenbud, J.: The World of Ted Serios. Morrow, New York 1967. (Deutsch: Gedankenphotographie. Die PSI-Aufnahmen des Ted Serios, Aurum, Freiburg i. Br. 1975)

Everett, H., Wheeler, J. A., Graham, N.: The Many-World Interpretation of Quantum Mechanics. (Hrsg. von De Witt und N. Graham). Univ. Press Princeton 1973

Feigl, H.: The Mental and the Physical. In: Minnesota Studies in the Philosophy of Science, Vol. II. Minneapolis 1972, S. 320–497

Forwald, H.: An experimental study suggesting a relationship between psychokinesis and nuclear conditions of matter. J. Parapsychol. *23* (1959) S. 97–125

Forwald, H.: Mind, Matter and Gravitation. Parapsychology Foundation, New York 1969

Gatlin, L. L.: A new measure of bias in finite sequences with applications to ESP data. J.A.S.P.R. *73* (1979) S. 29–43

Hasted, J. B.: An experimental study of the validity of metal-bending phenomena. J.S.P.R. *48* (1976) S. 365–383

Hasted, J. B.: Physical aspects of paranormal metal bending. J.S.P.R. *49* (1977) S. 583–607

Hasted, J. B.: Merkmale paranormaler Metallbiege-Phänomene. Z.P.G.P. *20* (1978) S. 173–181

Hasted, J. B., Robertson, D.: The detail of paranormal metal-bending. J.S.P.R. *50* (1979) S. 9–20

Honorton, C.: Replicability, Experimenter Influence and Parapsychology (AAAS-Paper, February, 17, 1978) (a)

Honorton, C.: Psi and internal attention states: Information retrieval in the Ganzfeld. In: Shapin, B., Coly, L. (Hrsg.): Psi and States of Awareness. Parapsychology Foundation, New York 1978, S. 79–90 (b)

Honorton, C.: Methodological issues in free-response psi experiments. J.A.S.P.R. *73* (1979) S. 381–394
Jammer, M.: The Philosophy of Quantum Mechanics. Wiley, New York 1974
Keil, H. H. J.: Field experiments with 30 possible PK subjects. Europ. Journal of Parapsychol. *3* (1979) S. 21–35
Keil, H. H. J., Herbert, B., Ullman, M., Pratt, J. G.: Directly observable voluntary PK effects. Proc. S.P.R. *56* (1976) S. 197–235
Kennedy, J. E.: Methodological problems in free-response ESP experiments. J.A.S.P.R. *73* (1979) S. 1–15 (a)
Kennedy, J. E.: More on methodological issues in free-response psi experiments. J.A.S.P.R. *73* (1979) S. 395–401 (b)
Kornwachs, K.: „Parascience" und Wissenschaftstheorie. Z.P.G.P. *16* (1975) S. 125–142
Kornwachs, K., Lucadou, W.v.: Beschreibung und Entscheidbarkeit. Grundlagenstudien aus Kybernetik und Geisteswissenschaft *17* (1976) S. 79–86
Kornwachs, K., Lucadou, W. v.: Beitrag zur systemtheoretischen Untersuchung paranormaler Phänomene. Z.P.G.P. *19* (1977) S. 169–194
Krengel, U., Liese, M.: Begründung und Kritik der statistischen Auswertung parapsychologischer Experimente. Z.P.G.P. *20* (1978) S. 185–212
Kuhn, T.: Die Struktur wissenschaftlicher Revolutionen. Suhrkamp, Frankfurt 1973
Lucadou, W.v.,: Zum parapsychologischen Experiment – eine methodologische Skizze. Z.P.G.P. *16* (1974) S. 57–62
Lucadou, W.v., Kornwachs, K.: Parapsychologie und Physik. In: Condrau, C. (Hrsg.): Transzendenz, Imagination und Kreativität. Die Psychologie des 20. Jhd. Bd. XV, Kindler, Zürich 1979, S. 581–590
Margenau, H.: ESP in the framework of modern science. In: Smythies, J. R. (Hrsg.): Science and ESP. Routledge & Kegan Paul, London 1967, S. 209–224
Markwick, B.: The Soal-Goldney experiments with Basil Shackelton: New evidence of data manipulation. Proc. S.P.R. *56* (1978) S. 250–277
Mattuck, R.: Probable psychokinetic effects produced in a clinical thermometer. Psychoenergetic Systems *2* (1977) S. 31–37 (a)
Mattuck, R.: Random fluctuation theory of psychokinesis: Thermal noise model. In: Morris, J.D., Roll, W. G., Morris, R. L. (Hrsg.): Research in parapsychology 1975. Scarecrow, Metuchen, N. J. 1977, S. 191–195 (b)
Mattuck, R., Walker, E. H.: The action of consciousness on matter: A quantum mechanical theory of psychokinesis. In: Puharich, A. (Hrsg.): The Iceland Papers. Essentia Research Assc., Amherst (W.) 1979, S. 111–159
McConnell, R. A.: ESP research at three levels of method. J. Parapsychol. *30* (1966) S. 195–207
Millar, B.: The observational theories: A primer. Europ. Journal of Parapsychol. *2* (1978) S. 303–332
Millar, B., Broughton, R.: A preliminary PK experiment with a novel computer-linked high speed random number generator. In: Morris, J. D., Roll, W. G., Morris, R. L. (Hrsg.): Research in Parapsychology 1975. Scarecrow, Metuchen, N. J. 1976, S. 83–84

Müller, L.: Parapsychologie und Täuschungskunst. Diss. phil., Freiburg i. Br. 1977
Nilsson, I.: Das Paradigma der Rhineschen Schule. Z.P.G.P. *19* (1977) S. 101–128
Oteri, L. (Hrsg.): Quantum Physics and Parapsychology. Parapsychology Foundation, New York 1975
Panati, C. (Hrsg.): The Geller Papers. Houghton-Mifflin, Boston 1976
Pratt, J. G.: Some notes for the further Einstein of parapsychology. J.A.S.P.R. *68* (1974) S. 133–155
Pratt, J. G.: Soviet research in parapsychology. In: Wolman, B. B. (Hrsg.): Handbook of Parapsychology. Nostrand, New York 1977, S. 883–903
Prokop, O., Wimmer, W.: Der moderne Okkultismus. Parapsychologie und Paramedizin. G. Fischer, Stuttgart 1976.
Puthoff, H., Targ, R.: Psychic research and modern physics. In: Mitchell, E. D., White, J. (Hrsg.): Psychic Exploration. A Challenge for Science. Putnam's, New York 1974, S. 524–542
Popper, K.: Logik der Forschung. J.C.B. Mohr (Siebeck), Tübingen 1971
Randi, J.: The magic of Uri Geller. Ballantine Books, New York 1975
Rao, K. R.: Some frustrations and challenges in parapsychology. J. Parapsychol. *41* (1977) S. 119–135
Rhine, J. B.: Security versus deception in parapsychology. J. Parapsychol. *38* (1974) S. 99–121 (a)
Rhine, J. B.: A new case of experimenter unreliability. J. Parapsychol. *38* (1974) S. 215–225 (b)
Rush, J. H.: Physical aspects of psi phenomena. In: Schmeidler, G. (Hrsg.): Parapsychology. Scarecrow, Metuchen, N. J. 1976, S. 6–39
Schmidt, H.: PK tests with a high-speed random number generator. J. Parapsychol. *37* (1973) S. 105–118
Schmidt, H.: Comparison of PK action on two different random number generators. J. Parapsychol. *38* (1974) S. 47–55
Schmidt, H.: A logical consistent model of a world with psi interaction. In: Oteri, L. (Hrsg.): Quantum Physics and Parapsychology. Parapsychology Foundation, New York 1975, S. 205–228
Schmidt, H.: PK effect on a pre-recorded targets. J.A.S.P.R. *70* (1976) S. 267–291
Schmidt, H.: Can an effect precede its cause? A model of a noncausal world. Foundation of Physics *8* (1978) S. 463–480
Schouten, S. A.: Testing some implications of a PK observational theory. Europ. Journal of Parapsychol. 1 (No. 4, 1977) S. 21–31
Shapin, B., Coly, L. (Hrsg.): The philosophy of parapsychology. Parapsychology Foundation, New York 1977.
Smythies, J. R.: Is ESP possible? In: Smythies, J. R. (Hrsg.): Science and ESP. Routledge & Kegan Paul, London 1971, S. 1–14
Stanford, R.: Conceptual framework of contemporary psi research. In: Wolman, B. B. (Hrsg.): Handbook of Parapsychology. Nostrand, New York 1977, S. 823–858
Stanford, R.: Toward reinterpreting psi events. J.A.S.P.R. *72* (1978) S. 197–214
Staub, W.: Beobachten, Beschreiben und Erklären in der Parapsychologie II. Z.P.G.P. *21* (1979) S. 23–39

Stegmüller, W.: Wissenschaftliche Erklärung und Begründung. Springer, Berlin–Heidelberg–New York 1974, insbesondere S. 462ff.
Strauch, I.: Telepathie und Traum im Experiment. In: Condrau, C. (Hrsg.): Transzendenz, Imagination und Kreativität. Psychologie des 20. Jhd. Bd. XV, Kindler, Zürich 1979, S. 618–625
Targ, R., Puthoff, H.: Jeder hat den 6. Sinn. Kiepenheuer & Witsch, Köln 1977, insbes. Kap. 7, S. 214ff.
Taylor, J.: Superminds. Macmillan, London 1975.
Taylor, J., Balanowski, E.: Is there any scientific explanation of the paranormal? Nature *279* (1979) S. 631–633
Timm, U.: Zur statistischen Auswertung paranormaler Experimente. Z.P.G.P. *21* (1979) S. 53–75
Tornier, E.: Die Arbeitshypothese «Antizufallswahrscheinlichkeit». Z.P.G.P. *3* (1959) S. 90–119
Tornier, E.: Der „Rhine-Fall" der Parapsychologen. Privatdruck im Selbstverlag des Verfassers. o. D. (ca. 1974)
Wälti, B.: Die Silvio-Protokolle 1976–1977. Z.P.G.P. *20* (1978) S. 1–46
Walker, E. H.: The nature of consciousness. Mathematical Biosciences *7* (1970) S. 131–178
Walker, E. H.: Foundations of paraphysical and parapsychological phenomena. In: Oteri, L. (Hrsg.): Quantum Physics and Parapsychology. Parapsychology Foundation, New York 1975, S. 1–53
Wheeler, J. A.: Drive the Pseudos out of the Workshop of Science. In: The New York Review of Books, Vol. XXVI Nr. 8 vom 17. Mai 1979, S. 40f.
Wheeler, J. A., Rhine, J. B.: Parapsychology – A correction (letters). Science *205* (1979) S. 144
Wigner, E.. Symmetries and Reflexions. Indiana University Press, Bloomington 1967.
Wilhelm, J. L.: The Search for Superman. Pocket Books, New York 1976
Wolman, B. B. (Hrsg.): Handbook of Parapsychology. Nostrand, New York 1977.

JOHN BELOFF

Einführung

GRUNDBEGRIFFE UND METHODOLOGISCHE AUSWAHL

Parapsychologie bedeutet das wissenschaftliche Studium des «Paranormalen», das heißt der Phänomene, die in einer oder mehreren Beziehungen mit der akzeptierten wissenschaftlichen Auffassung, was physikalisch möglich sei, in Widerspruch stehen. Die Klasse der paranormalen Phänomene, an denen die Parapsychologen hauptsächlich interessiert sind, beziehen als kritischen Bestandteil ein menschliches oder tierisches Subjekt mit ein, ebenso gehört dazu die Vermutung, daß der Geist [mind] in irgendeiner Weise instrumental für das Zustandekommen dessen ist, was auf andere Weise unmöglich wäre. Solche Phänomene werden verschiedentlich als «parapsychologisch», «parapsychisch», im Englischen als «psychical» oder «psychic» bezeichnet; in diesem Buch jedoch folgen wir der mittlerweile in der Fachliteratur weit verbreiteten Konvention und benutzen die Abkürzung «Psi».

Psi-Phänomene lassen sich in zwei Hauptkategorien einteilen: Psi-Information [psi cognition], besser bekannt als ASW (außersinnliche Wahrnehmung) und Psi-Handlung, besser bekannt als PK (Psychokinese). Psi-Information oder ASW kann weiter unterteilt werden danach, ob man annimmt, daß sie von einer anderen Person (dem Agenten) abhängig ist, dessen normale kognitive Prozesse eine Quelle der Information darstellen – in diesem Falle spricht man von Telepathie –, oder ob man annimmt, daß die Information unabhängig von jeglicher Vermittlung ist, so daß die Information auf direkte Weise vom Zielobjekt oder Ereignis kommt – in diesem Falle spricht man von Hellsehen. Wird zusätzlich von ASW angenommen, daß sie unabhängig von den physikalischen Parametern Raum und Zeit stattfindet, dann kann das Ziel [target], theoretisch gesehen, entweder in der Vergangenheit, in der Gegenwart oder in der Zukunft liegen, so daß die Psi-Information, entsprechend dem vorliegenden Fall, entweder retrokognitiv, gleichzeitig oder präkognitiv sein kann. Dies erlaubt eine sechsfache Einteilung der verschiedenen Arten von ASW, wie sie Tabelle 1.1 zeigt.

Tabelle 1.1: Typen der Außersinnlichen Wahrnehmung (ASW)

vermutete Bedingung für das Eintreten	Angenommene zeitliche Lage des Ziels		
	Vergangenheit	Gegenwart	Zukunft
Agent notwendig	retrokognitive Telepathie	gleichzeitige Telepathie	präkognitive Telepathie
Agent nicht notwendig	retrokognitives Hellsehen	gleichzeitiges Hellsehen	präkognitives Hellsehen

Die Einteilung in der Tabelle 1.1 ist jedoch als ziemlich akademisch anzusehen, denn sobald man beginnt, die praktischen Probleme im Zusammenhang mit der Demonstration eines spezifischen Typs von ASW näher zu betrachten, gibt es kein Mittel, um ganz sicher zu gehen, daß dieser Typ allein als entscheidend für das Ausschließen aller anderen Typen angesehen werden kann. Im besonderen ist es prinzipiell unmöglich, die Existenz von «reiner Telepathie» eindeutig zu demonstrieren, da es an irgendeinem Punkt des Verfahrens notwendig wird, irgendein physikalisches Zielobjekt mit ins Spiel zu bringen, und dieses könnte, theoretisch gesehen, durch irgendeine Spielart des Hellsehens bewußt werden. Weiter könnten, selbst ohne physikalisches Zielobjekt, gewisse physikalische Vorgänge im Gehirn, die die Gedanken des Agenten begleiten, wiederum theoretisch, ein Ziel für Hellsehen liefern.

Aus technischen Gründen wird daher der populäre Ausdruck «Telepathie» zugunsten der weniger vertrauten «AASW» (Allgemeine Außersinnliche Wahrnehmung) vermieden, der «Telepathie und/oder Hellsehen» bedeuten soll. Dies ist jedoch ein etwas pedantischer Gebrauch, und wenn der Aufbau eines Experiments so ausgelegt ist, daß die Rolle des Agenten als wesentlich angenommen werden kann, dann ist es kein Schaden, wenn man in diesem Falle von einem telepathischen Experiment spricht. Man beachte, daß beim Aufzeigen des «reinen Hellsehens» ähnliche Schwierigkeiten nicht auftauchen, da bei der Durchführung des Tests durch eine Apparatur und bei alleiniger Wiedergabe der gesamten Trefferleistung niemand sonst den korrekten Zielzustand für jeden Versuch zu kennen braucht.

Die verschiedenen Ausprägungen der Psychokinese [PK] sind weniger leicht aufzuzählen. Unterscheidungen werden jedoch je nach der Art des Targets gemacht – ob es sich nun um belebte oder unbelebte Zielobjekte, um mikroskopische oder makroskopische Objekte handelt. Der Einfluß mentaler Ereignisse auf das Pflanzenwachstum oder die Regeneration von tierischem Gewebe wären Beispiele von Psychokinese an belebten Zielobjekten; ähnlich würde ein mentaler Einfluß auf die Emission eines Elektrons aus einer radioaktiven Quelle ein Fall von PK mit einem mikroskopischen Target darstellen. Jedoch können wir nicht immer sicher sein, ob wir es mit PK oder ASW zu tun haben. Wenn zum Beispiel von der Versuchsperson verlangt wird, das Ergebnis irgendeines Zufallsprozesses vorherzusagen – verläßt sie sich dann auf ihre präkognitive ASW oder versucht sie, den Zufallserzeuger mittels PK zu beeinflussen? Ähnliches gilt, wenn der Agent versucht, eine Information auf telepathischem Wege zu übermitteln – beeinflußt er dann nicht möglicherweise einfach die Motorik der Versuchsperson, besonders dann, wenn die Versuchsperson ein Tier ist? Es ist jedoch nicht so schwierig, ASW als Erklärung für einen PK-Effekt auszuschließen, da im standardisierten PK-Experiment der Versuchsperson von vornherein gesagt wird, was als richtiges Target zu gelten hat und der Erfolg daher nur durch eine Art von «Willen», weniger durch «Raten» erzielt werden kann.

Bei den gegenwärtigen Umständen ist es jedoch ziemlich bedeutungslos, ob wir nun die genaue Beziehung zwischen Telepathie und Hellsehen oder zwischen ASW und PK spezifizieren können. Was zählt, was allein entscheidend für das Überleben der Parapsychologie als einer besonderen Wissenschaft ist, ist die Beantwortung der Frage, ob auf irgendeine Art eine Kommunikation zwischen dem Individuum und seiner Umwelt durch andere als die bekannten sensomotorischen Kanäle möglich ist. Würde man in diesem Stadium jedoch weitergehen und versuchen, eine ausgefeilte Einordnung der Psi-Vorgänge zu leisten, hieße dies einem fruchtlosen Dogmatismus zu frönen. Nur im Zusammenhang mit den standardisierten methodologischen Paradigmen der Psi-Prüfprozeduren wird diese Art der Unterscheidung, die wir diskutiert haben, wichtig. So ist es ein Test für Präkognition per definitionem, wenn in einer typischen Ratesituation, in der die Versuchsperson eine zufällige Folge alternativer Zustände rät, die Ratefolge *vor* der Abwahl des Targets für den jeweiligen Versuch aufgezeichnet wird. Registriert die Versuchsperson ihre

Ratefolge, *nachdem* das Target ausgewählt worden ist, jedoch bevor irgend jemand es zu Gesicht bekommt, handelt es sich um einen Hellsehversuch. Wenn schließlich die Versuchsperson ihre Ratefolge *nach* der Auswahl des Targets *und* nach der Kenntnisnahme durch irgendeine Person (pro Versuch) festlegt, dann hat man einen sogenannten AASW-Test vorliegen.

Der typische Psi-Versuch, sei es der des Ratens oder der willentlichen Beeinflussung, basiert auf einem Vorgehen der «erzwungenen Wahl» [forced choice]; das heißt, daß die möglichen Antworten, die die Versuchsperson geben kann, von vornherein festgelegt sind. Ein alternatives Vorgehen, dem wir im Laufe des Buches ebenfalls begegnen werden, ist der Versuch der «freien Wahl» [free response test]. Hier ist die Versuchsperson solchen Zwängen nicht unterworfen. Sie mag zum Beispiel die allgemeine Bezeichnung des Targets, das sie durch ASW zu ermitteln hat, kennen, also ein Bild, ein Gegenstand, eine Person, eine Inschrift, ein Zustand des Gefühls usw., aber sie ist darin frei, die Eindrücke zu schildern, die ihr im Bewußtsein auftauchen und die sie für relevant erachtet. Solch ein Versuch kann nur durch Zuhilfenahme eines Beurteilers bewertet werden, der nicht weiß, welches Target für welchen Versuch verwendet wurde, und der eine so gegebene Antwort einem Target zuordnet, abhängig vom Grade der Ähnlichkeit, den er zwischen den beiden ausmachen kann. Obgleich jede einzelne Beurteilung, die er durchführt, zu einem gewissen Grade subjektiv ist, kann die Zuordnung, die er möglicherweise vornimmt, in strengen quantitativen Ausdrücken bewertet werden und die exakte Wahrscheinlichkeit, daß diese Zuordnung zufällig ist, kann ebenso berechnet werden, als ob es sich um einen Versuch mit forcierter Wahl gehandelt hätte.

Der Gebrauch des Versuchs der freien Wahl hat die experimentellen Parapsychologen in die Lage versetzt, ihr Repertoire zu erweitern, denn es gibt verschiedene Situationen, in denen das Vorgehen der forcierten Wahl einfach nicht praktikabel ist, und es gibt Gründe, dabei gerade an solche Situationen zu denken, die das Psi-Geschehen wahrscheinlich am ehesten fördern. Ich denke hierbei besonders an die sogenannten veränderten Bewußtseinszustände, Hypnosen, Träume, Trancezustände, Rauschzustände durch Drogen usw., die sich nicht zu wiederholbaren Entscheidungen eignen, aber reich an Produktionen spontaner, lebhafter Schilderungen sind. Vorausgesetzt, daß ein Protokoll von der Versuchsperson während oder unmittelbar nach

einem solchen Zustand zu erhalten ist, kann eine geeignete Zuordnungsprozedur durchgeführt und der Versuch ordnungsgemäß ausgewertet werden. Dieser Ansatz wird von Honorton im zweiten Kapitel mit einer Fülle von Beispielen erläutert.
Eine andere Unterscheidung, die beachtet werden sollte, ist die zwischen spontanen Psi-Phänomenen des alltäglichen Lebens und den kontrollierten Phänomenen im Laboratorium. Die ersteren, insofern sie spontan sind, können nicht experimentell untersucht werden, zumindest können sie genau beobachtet und wiedergegeben werden. Und da der vorliegende Band sich überwiegend mit der Parapsychologie als einer experimentellen Wissenschaft befaßt, liegt der Nachdruck ganz klar auf den Phänomenen der letzteren Art. Nichtsdestoweniger müssen wir uns daran erinnern, daß jeder der klassischen Typen der Psi-Phänomene, die wir betrachtet haben, sein Gegenstück im alltäglichen Leben hat, wo er schon lange bekannt war, bevor die Möglichkeit einer experimentellen Parapsychologie ins Gesichtsfeld rückte. Darüber hinaus übersteigen das natürliche Interesse und die dramatischen Qualitäten von spontanem Psi sowie die relative Überfülle an Daten bei weitem all das, was im Laboratorium herausgefunden werden kann, so daß es viele Parapsychologen in großem Maße der Mühe für wert erachten, sich dem Studium solcher Fälle zu widmen – trotz der wohlbekannten Schwierigkeiten und Zufälle, die Authentizität solcher Fälle festzustellen. Weiterhin hoffen sie von der sorgfältigen Sichtung und Sammlung zahlloser spontaner Fälle, daß gewisse wiederkehrende Muster und Beziehungen auftauchen, die dann für experimentelle Versuche brauchbare Hypothesen liefern können.
Ein schlagendes Beispiel für ein Psi-Phänomen, für das es über viele Jahrhunderte und in vielen Ländern eine ungewöhnlich starke Evidenz gibt, stellt der sogenannte «Spuk» dar. Dieser gehört ganz eindeutig zu der Kategorie der Psychokinese, da zu ihm physikalische Störungen und Bewegungen von Objekten auf paranormale Weise gehören. W. G. Roll, eine Autorität auf diesem Gebiet, hat an anderer Stelle vorgeschlagen, daß der ungebräuchliche Ausdruck «WSPK» (wiederkehrende spontane Psychokinese) [engl.: RSPK Recurrent spontaneous PK] in diesem Zusammenhang gebraucht werden sollte. Es ist jedoch bei Fragen der Nomenklatur schwierig, einen schon allseits geläufigen Ausdruck zu ersetzen, und es ist unwahrscheinlich, daß das vertraute Wort «Spuk» ebenso wie das im Englischen geläufige

Wort «poltergeist» ersetzt werden wird. Obwohl das krampfartige und unvorhersagbare Auftreten eines Spuks den Untersuchungsgegenstand nicht gerade zur reinen Freude werden läßt, sichert doch die bemerkenswerte Beharrlichkeit, mit der sich solche Geschehnisse zu unregelmäßigen Zeiten und an vereinzelten Orten fortlaufend wiederholen, und die vielen gemeinsamen Merkmale, die sich sowohl auf die physikalischen Manifestationen als auch auf die Persönlichkeit des «Spukauslösers» (d. h. der Person, um die herum sich die Störungen zu drehen scheinen) beziehen, diesen Phänomenen einen wichtigen Platz in der parapsychologischen Literatur. Denn obwohl viele berichtete Fälle als Trick oder als natürliche Ursachen wie unterirdische Wasseradern abgetan werden können, bleibt ein harter Kern von Evidenz, der Kopfzerbrechen bereitet. Im sechsten Kapitel schildert Hans Bender eine Reihe neuerer Fälle aus Deutschland, mit denen er zu tun hatte und in denen mit Hilfe moderner Technologie und Nachweisapparaturen die bloße Beobachtung wesentlich unterstützt wurde.

Innerhalb des experimentellen Gebietes sind zwei gut durchgetestete alternative Strategien verfügbar. Die eine besteht in einer intensiven Untersuchung eines einzelnen Individuums, von dem man annimmt, daß es einige besondere Psi-Fähigkeiten habe, die andere besteht in der breit angelegten Untersuchung einer großen Zahl von nicht ausgewählten freiwilligen Versuchspersonen. Beide Strategien haben ihre jeweiligen Vor- und Nachteile, und beide werden im folgenden Kapitel erläutert. Für die erste Strategie stellt J. G. Pratts umfangreiche Langzeitstudie des tschechischen Ratemediums Stepanek (siehe Kapitel 5) ein hervorragendes zeitgenössisches Beispiel dar. Es gab eine Zeit, in der die Forscher sich fast ausschließlich mit je einer speziellen Versuchsperson beschäftigten, die ebensooft wie nicht mediumistische Ansprüche erhoben. Heutzutage hat sich das Gleichgewicht jedoch entschieden zugunsten der Gruppentests verschoben, und die Inhalte dieses Bandes spiegeln diese Neigung wider. Es gibt verschiedene Gründe, weshalb dies so sein sollte. Zum ersten ist da die harte Tatsache, daß gute Versuchspersonen im strengen Sinne kaum aufzufinden sind. Es ist zweifelhaft, ob früher jemand, dessen Repertoire so beschränkt war wie das von Stepanek und dessen Trefferrate so mittelmäßig war, einer so lang sich hinziehenden Untersuchung für würdig erachtet worden wäre, während heute Parapsychologen sich darauf eingerichtet haben, um die halbe Welt zu reisen, nur um eine solche Versuchsperson testen zu können. Zum zweiten macht der Wunsch, die Parapsychologie enger an die allgemeine Psychologie und mehr speziell an die Persönlichkeitstheorie anzuschließen, den Vergleich großer Gruppen von Versuchspersonen notwendig, die sich in einigen relevanten psychologischen Dimensionen unterscheiden. Und zum dritten erschien es vielen Parapsychologen – und ganz besonders J. B. Rhine – nicht plausibel anzunehmen, daß Psi-Fähigkeiten nur bei gewissen bevorzugten Vertretern der menschlichen Gattung vorhanden sein sollen und bei anderen nicht. Die Arbeit von K. R. Rao (siehe Kapitel 3), der Kinder als Versuchspersonen heranzog, unterstützt diese Annahme, wonach Psi eine allgemeine Funktion des Geistes ist.

Das jüngste Eindringen der Parapsychologie in das Feld der Tierexperimente stellt vielleicht die letzte Entwicklung einer methodologischen Befreiung von der Abhängigkeit einer besonderen Versuchsperson dar. Aus der Sicht der dominierenden Rolle, die das Tier in der modernen Experimentalpsychologie spielt, vornehmlich in der modernen Lerntheorie, mag es überraschend erscheinen, daß es bei der Parapsychologie so lange gedauert hat, bis sie diese Entwicklung mitmachte. Zweifelsohne hat dies etwas mit dem Umstand zu tun, daß die Verwendung von Tieren eng mit dem behavioristischen Ansatz der Psychologie verbunden war, gegen den die Parapsychologie seit jeher revoltierte. Die traditionellen Vorstellungen haben jedoch immer an Tieren mit psychischen Kräften verschiedenster Art geglaubt, selbst, wenn die in Frage kommenden Tiere gewöhnliche Katzen, Hunde oder Pferde waren; Tiere also, die Begleiter des Menschen waren und die bis zu einem bestimmten Grade seine Sorgen teilten und deren psychische Kräfte ihren Herren zu Diensten waren. Die Idee, daß Nagetiere, Insekten und andere niedere Organismen autonome Psi-Fähigkeiten, vergleichbar mit denen einer menschlichen ratenden Versuchsperson, besitzen könnten, rief einen merklichen Umschwung in einigen Forschungszentren hervor, als ob dies irgendwie der Würde von Psi als einer besonderen Eigenschaft der menschlichen Seele Abbruch tun könnte. Im Lichte der Ergebnisse, die von John Randall in Kapitel 4 diskutiert werden, in welchem er neuere automatisierte Experimente mit kleinen Säugetieren und ähnliche Experimente beschreibt, scheint es jedoch so auszusehen, daß wir damit beginnen müßten, uns Psi als eine universale Eigenschaft des tierischen Lebens vorzustellen. Sicherlich werden jene, die noch an der

Idee hängen, daß die Ergebnisse über tierisches Psi [animal psi] als indirekte Manifestationen der Psi-Prozesse des menschlichen Experimentators erklärbar seien, wenig Unterstützung durch die Evidenz, die Randall darlegt, finden. Von einem methodologischen Standpunkt aus sollte diese neue Richtung, die die Parapsychologie genommen hat, erfreulich sein. Das notorisch listige Ausweichen von Psi war zu guter Letzt teilweise eine Konsequenz seiner Abhängigkeiten von solchen temperamentsmäßig individuellen und unvorhersagbaren Versuchsobjekten, wie es menschliche Wesen nun einmal sind. Tiere, im besonderen solche für Laborzwecke, sind verhältnismäßig ausgeglichen und, selbst wenn man bei gutem Glück gerade ein einzelnes invidividuelles Tier finden würde, das eine außergewöhnliche Befähigung für Psi-Tests zeigte, dürfte es kein besonderes Problem darstellen, eine Kolonie oder eine Art solcher Tiere zu züchten, wenn sich solch eine Eignung als vererbbar bedingt erweisen sollte.

Ein entscheidendes Problem sollte in dieser Einführung erwähnt werden, das Problem des Überlebens nach dem Tode. Die kritische Frage ist hier, ob Psi-Kommunikation irgendwelcher Art einen Platz zwischen einer lebenden menschlichen Versuchsperson und dem entkörperlichten Geist einer verstorbenen Person einnehmen kann. Dies war natürlich das Problem, das vor allen anderen die Begründer der parapsychologischen Forschung beschäftigte, und für Männer wie Frederic Myers oder Oliver Lodge, die tiefdurchdrungen von ihrem spiritistischen Glauben waren, gab es keine wichtigere Frage, die sich die neue Wissenschaft selbst hätte stellen können. Aber die Zeit bringt Änderungen mit sich, und heutzutage werden manche Parapsychologen durch dieses Vermächtnis in Verlegenheit gebracht. Daher mag es fremdartig erscheinen, daß wir uns entschieden haben, dies in ein Buch, das den «neuen Wegen» gewidmet ist, aufzunehmen. Aber das Problem weigert sich zu verschwinden und hat in den letzten Jahren eben damit begonnen, frische Zeichen von Lebenskraft zu zeigen. Die wissenschaftliche und umfangreiche Untersuchung von Ian Stevenson über Fälle des wiedergeburtlichen Typus ist eine Illustration, worum es geht. Abgesehen jedoch von seinem Interesse, das im Problem selbst liegt, stellt das Problem einige der herausforderndsten und kompliziertesten Fragen, mit denen Parapsychologen konfrontiert werden. Nehmen wir zum Beispiel die verschiedenen Ausprägungen der ASW, wie sie in Tabelle 1.1 aufgelistet sind, und nehmen wir die Tatsache als gegeben, daß ihre Grenzen und ihre Reichweite unbekannt sind.

Wie muß man prinzipiell vorgehen, um den Beitrag der überlebenden Entität – so irgendeine solche existiert – zu einer vorliegenden mediumistischen Kommunikation von dem des Mediums selbst zu unterscheiden? Einige haben eingewendet, daß das Problem unüberwindlich sei, bis man mehr über ASW wisse. Aber selbst wenn wir keine definitive Schlußfolgerung finden können, heißt das nicht, daß wir nicht die relative Plausibilität der einen Interpretation des Beweismaterials gegen eine andere ausspielen können. In Kapitel 7 trägt W. G. Roll die interessante Anregung vor, wonach in der Zwischenzeit das Problem vom anderen Ende, als es sonst der Fall ist, her aufgerollt werden könnte, d.h. wir könnten versuchen, die lebende Versuchsperson nach Hinweisen irgendeiner Form von mentaler Aktivität zu überprüfen, die nicht abhängig vom physikalischen Organismus oder vom Nervensystem ist und die so möglicherweise ihren Tod und ihre Auflösung überleben könnte. Er glaubt, daß einige solcher Anzeichen sich bereits beim Studium der out-of-body-Erfahrungen und der Zustände, die er transpersonales Bewußtsein nennt, zeigen. Sei dies, wie es sei, es erscheint wahrscheinlich, daß für eine lange vor uns liegende Zeit die Frage, was mit uns geschieht, wenn wir sterben – ob wir in irgendeiner Form fortfahren zu existieren –, die Forscher narren und neugierig machen wird, wie sie es immer getan hat, seit Sokrates diese Frage mit seinen Schülern erörterte.

DER GEGENWÄRTIGE STAND DER PARAPSYCHOLOGIE

Trotz dem weitverbreiteten öffentlichen Interesse, das das Thema immer hervorgerufen hat, muß zugestanden werden, daß die Parapsychologie sich in verhältnismäßiger Isolation von den Hauptströmungen der modernen Wissenschaft und Philosophie entwickelt hat und insofern wenig Einfluß auf die Richtungen gehabt hat, die sie eingeschlagen haben. Ein Historiker der Ideen – schriebe er über das 20. Jahrhundert – könnte leicht entschuldigt werden, wenn er vergäße, sie überhaupt zu erwähnen. Der Fortschritt ist so langsam und unsicher gewesen, Rückschläge und trügerische Morgendämmerungen waren so häufig, daß Außenstehende natürlich zögerten, sich mit einer Materie zu befassen, über die selbst die Experten nicht einer Meinung waren. Es ist bemerkenswert, daß solche intellektuellen Größen der vergangenen Generation wie Bertrand Russell oder Karl Popper, um nur zwei zu nennen, die nicht irgendeiner Einengung ihres Interesses oder ihrer Perspektive zu bezichtigen sind, sich damit zufrieden gaben, so zu denken und zu schreiben, als ob das Paranormale nicht etwas wäre, was ein rational denkender Mensch in Erwägung zu ziehen genötigt sei. Der Umstand, daß eine enorme Anzahl sorgfältiger Beobachtungen im Laufe des vorhergehenden Jahrhunderts angehäuft worden war, zählte nichts. Soweit es sie betraf, hatte sich in dieser Beziehung seit dem 18. Jahrhundert nichts geändert, als Hume seinen berühmten Essay über Wunder schrieb. Die Beweiskraft war niemals klar genug erkennbar, um das Mißtrauen, das sie unverändert umgab, auszugleichen. Die auffälligeren Behauptungen konnten als Trickserei angesehen werden, während die am Rande liegenden als experimenteller Irrtum abgetan wurden.

Und doch, wenn es parapsychologische Beweise gibt, so ist es, denke ich, keine Übertreibung zu sagen, daß nichts in der Wissenschaft oder Philosophie jemals wieder ganz das gleiche sein wird. Zum einen sollten wir anerkennen, daß unsere Unkenntnis über uns selbst und über das Universum, das wir bewohnen, weitaus umfangreicher ist, als wir durch das gegenwärtige wissenschaftliche Weltbild anzunehmen verführt worden sind. Noch stellt es irgendeine Ausflucht dar, auf die extreme Vereinzeltheit solcher Psi-Effekte – wie sie demonstriert worden ist – zu verweisen. Kleine Anomalien in der Wissenschaft können weitreichende Folgen haben, und in sich triviale Phänomene können manchmal wohl etablierte Annahmen über den Haufen werfen. Wie extrem weit die Kritik an der Parapsychologie zu gehen bereit ist, um ihr Beweismaterial zu diskreditieren, wobei sie nicht davor haltmacht, die Ehrlichkeit des Experimentators anzufechten, bezeugt ihre zerstörerische Art und macht darauf aufmerksam, was auf dem Spiel steht. Denn wenn die Realität von Psi jenseits allen vernünftigen Zweifels angesiedelt werden könnte, so daß es sich kein gebildeter Mensch länger leisten könnte, die Tatsache zu übersehen, wären die einflußreichen Denker der nächsten Generation gezwungen, sich damit zu versöhnen, was auch immer die Konsequenzen wären.

Einige der Autoren in diesem Band würden sagen, daß dieser Punkt bereits erreicht sei, daß es nicht länger irgendeine Entschuldigung für jemanden gibt, der genügend mit Mathematik vertraut ist, um die Bedeutung der statistischen Signifikanz zu verstehen, an der Authentizität der Art des Beweismaterials zu zweifeln, das zwischen diesen beiden Buchdeckeln gefunden werden kann. Nur solche, die sich bereits von vornherein festgelegt haben, könnten noch unüberzeugt bleiben. Und doch wäre eine solche Schlußfolgerung, glaube ich, verfrüht. Sie beruht auf einer zu einfachen und zu ungeduldigen Sicht, wie Erkenntnis in der Wissenschaft gewonnen wird. Sie ignoriert in erster Linie den ubiquitären «Faktor X», gegen den selbst das auch sorgfältigst geplante Experiment nicht immun ist. Ich spiele hier auf die unbekannte hypothetische Variable an, die der Versuchsleiter zu kontrollieren vernachlässigt (er kann schließlich nur eine endliche Zahl von Variablen in Betracht ziehen), die aber nach allem, was wir wissen, für die kritischen Effekte verantwortlich ist. Die Wissenschaft war schon Zeuge von so vielen unechten Behauptungen, die ein brillantes anfängliches Versprechen nicht halten konnten – man braucht in diesem Zusammenhang nur an das Gebiet der Medizin zu denken –, daß die Möglichkeit für eine vorliegende Behauptung, auf einem Artefakt zu beruhen, nur zu ihrem Schaden ignoriert werden kann. Es ist klar, daß hier etwas mehr verlangt wird als kompetente und mit guten Absichten ausgestattete Experimentatoren oder statistisch unfehlbare Resultate.

Ich will nun versuchen klarzumachen, auf was dieses ‹etwas› hinausläuft. Bevor eine aufgestellte Behauptung, sei sie gewichtig oder nicht, definitiv als eine Tatsache akzeptiert werden kann, muß zum mindesten die eine oder andere der folgenden Bedingungen gestellt werden: Entweder müssen wir in der Lage sein, das in Frage stehende Phänomen bis zu einem solchen Grade zu erklären, daß wir vorhersagen können, wann es auftreten soll und wann nicht, oder wir benötigen, falls irgendein solches theoretisches Verstehen fehlschlägt, überwältigende induktive Gründe, daran zu glauben, daß solche und solche Vorgänge zuverlässig aufeinander bezogen werden können, um solche und solche Effekte hervorzurufen, obwohl eben niemand sagen kann, warum dies so sein soll. Nur dann können die einzelnen Beobachtungen und Experimente, auf denen die Behauptung aufbaut, aufhören, von nur mehr als historischem Interesse zu sein, und die Streitigkeiten über die Ehrbarkeit oder Kompetenz des Experimentators hören dann auf, von Belang zu sein. Denn an diesem Punkt ist es dann jedem Kritiker oder Zweifler freigestellt, die Ergebnisse für sich selbst zu replizieren.

Nun scheint wenig Ähnlichkeit mit der ersten unserer beiden Bedingungen vorhanden zu sein, die innerhalb der vorhersehbaren Zukunft gestellt werden. Nicht, daß Parapsychologen jemals etwas gegen das Theoretisieren gehabt hätten, aber ihre Anstrengungen sind niemals sehr weit über eine sehr allgemeine spekulative oder metaphysische Ebene hinausgelangt, welche wenig Beziehung zur Spitze der Forschung gehabt hat. Die von Science-fiction-Begeisterten heißgeliebte Idee, daß wir an der Schwelle einer wissenschaftlichen Revolution stünden, nach der alles denkbar würde und die Psi-Phänomene das Stigma des Paranormalen verlören und sie als nicht weniger natürlich als andere Arten von psychologischen Erscheinungen akzeptiert wären, kann als ein ziemliches Wunschdenken fallengelassen werden. Das ist eine Aussicht für das nächste Jahrtausend, nicht aber für das nächste Jahrzehnt. Andererseits liegt mit Hinblick auf die zweite unserer zwei Bedingungen nichts sehr utopisches in dem Gedanken, daß sich die Parapsychologie ihren Weg zu einer Lösung des Problems der Wiederholbarkeit bahnt.

Es ist natürlich möglich, daß ich die Zeichen falsch gedeutet habe. Einige Parapsychologen wenden eindringlich ein, daß die inhärente Instabilität und der ausweichende Charakter von Psi, die Tatsache, daß Psi nicht unter der bewußten Kontrolle der Versuchsperson steht, jedes Reden von strenger Wiederholbarkeit vergeblich macht. Waren jedoch genügend Scharfsinn und Einfallsreichtum vorhanden, hat es die Wissenschaft in der Vergangenheit noch immer verstanden, selbst mit der ausweichendsten Entität fertig zu werden: Man bedenke, was alles dazugehörte, um die Existenz des Neutrinos nachzuweisen. Auf jeden Fall ist bei dem, was auf dem Spiel steht, das Ziel sicherlich erstrebenswert, und im Blick auf den schon gemachten Fortschritt wäre es Fahnenflucht, bei diesem Stand der Dinge aufzugeben. Die wichtigsten der neuen Wege in der Parapsychologie sind nach meiner Sicht genau jene, die sie näher zu diesem Ziele bringen. Damit übereinstimmend liegt der Akzent dieses Buches auf der konkreten und sorgsam empirischen Forschung, die voranschreitet und sich von Spekulationen und akademischen Kontroversen abwendet.

Die Beweiskraft der Art und Qualität des hier Gebotenen beginnt bereits eine Wirkung auf das akademische, wissenschaftliche und medizinische Establishment auszuüben, indem sie eine tolerantere Haltung hervorruft. So wurde z.B. im Dezember 1969 die Parapsychological Association (die einzig professionelle Organisation auf diesem Gebiet) zur Mitgliedschaft in der AAAS (American Association for the Advancement of Science) zugelassen.* Immer mehr Universitäten und Colleges, besonders in den Vereinigten Staaten, bieten Kurse über Parapsychologie an. Die neuesten Ausgaben der Standardlehrbücher der Psychologie ignorieren dieses Thema nicht mehr länger, noch behandeln sie es mit Gespött. Eine wachsende Anzahl von Publikationen, wie der vorliegende Band, können sich nun selbst an den ernsthaften Leser wenden und brauchen sich nicht um den populären oder okkulten Büchermarkt zu sorgen. Es ist bemerkenswert, daß alle hier vertretenen Autoren in der Lage sind, ihren Interessen unbehindert entweder in einer akademischen oder medizinischen oder erzieherischen Institution oder aber in einem privaten Forschungsinstitut an der Peripherie der Universität nachgehen zu können.

Ein Haupthindernis zur größeren Anerkennung in der Gegenwart ist die schiere Dürftigkeit des ersten Datenmaterials und der im Verhältnis unbedeutende Grad, in dem die Forschung vorangetrieben wird, so daß eine Bestätigung durch unabhängig Arbeitende eher die Ausnahme als die Regel ist. Umgekehrt ist dies teilweise eine Funktion des Mangels an offizieller Anerkennung, welche die Parapsychologie daran hindert, ihren Anteil an Geld und Personal zu erhalten, den so manch andere Wissenschaft als gesichert ansehen kann. Mittlerweile bedroht eine neue Gefahr die Parapsychologie, die – ironischerweise – nicht von der Feindseligkeit der offiziellen Wissenschaft, sondern von der unkritischen Begeisterung der Massen herrührt. Der Rückzug von der Vernunft verwandelt sich rasch in eine wilde Flucht; das «Wiederaufleben des Okkulten», um das gängige Klischee zu gebrauchen, droht sogar unsere Lehrstühle mit in den Abgrund zu reißen. Kein Thema, so scheint es, ist so töricht und intellektuell verrufen genug, als daß es auf dem modernen Universitäts-Campus nicht breite und begeisterte Zuhörerschaft anzöge, vorausgesetzt, es wird durch jemanden angeboten, der über die richtige Art des Charismas verfügt. Unter diesen Umständen ist die kommerzielle Auswertung und Verschlechterung der Parapsychologie ebenso unvermeidlich wie die Verbreitung von Pornographie in einer sexuell permissiven Gesellschaft. Schon gewinnt dieser Trend an Boden, und er könnte, wenn er sich unkontrolliert fortsetzt, die unsicheren Versuche, den Stand und das Ansehen der Parapsychologie zu stärken, zunichte machen. Parapsychologie hat durch ihre ganze Geschichte hindurch an der fa-

* Anmerkung des Übersetzers: Vergleiche hierzu das Vorwort zur deutschen Ausgabe, insbesondere die Fußnote auf Seite 27.

talen Anziehungskraft auf Personen gelitten, die mit unausgeglichenem Gemüt in ihr eine persönliche Rettung sahen; mit jeder Lokkerung des Standards der Strenge und Objektivität muß der Schaden, den solche Leute anrichten können, notgedrungen schlimmer werden. Das Paradoxe an der gegenwärtigen Situation liegt darin, daß manche der greifbaren Erfolge, die die Parapsychologie in den letzten Jahren gehabt hat – solche, wie wir sie schon erwähnt haben –, teilweise der größeren intellektuellen Permissivität, die nun die Gesellschaft durchdringt, zuzuschreiben sind, während gerade diese Permissivität, sollte sie zu weit gehen, für die Parapsychologie verheerend wäre.

So notwendig es ist, diese Dinge zum gegenwärtigen Zeitpunkt zu sagen, so ist es ebenso notwendig, daran zu erinnern, daß die Parapsychologie ihre Bastard-Ursprünge nicht verleugnen kann. Es ist eine Tatsache, daß alle Wissenschaften Wurzeln haben, die zurück zu magischen und okkulten Glaubensvorstellungen und Gebräuchen führen; im Falle der Parapsychologie liegen diese weit näher an der Oberfläche. Viele der finanziellen Unterstützungen für die Parapsychologie kommen immer noch aus spiritistischen Quellen, und die religiöse Motivation ihrer Anhänger und Befürworter wird nur wenig verhehlt. Akademische Parapsychologen mögen es vorziehen, mit fügsamen Ratemedien in der hygienischen Atmosphäre eines Laboratoriums zu arbeiten, aber seltene und launenhafte Individuen, die zu spektakulären Kunststücken fähig sind, werden immer ihre Faszination behalten, auch wenn dies gleichwohl peinlich oder mit Ärger verbunden ist. Jeder zu eifrige Versuch, die Parapsychologie geradlinig und unschädlich im Interesse ihres Ansehens zu betreiben, neigt dazu, in der Erstickung ihrer schöpferischen Elemente zu münden. Parapsychologen sollten keine Angst vor einem gewissen Grad an intellektueller Unsauberkeit haben und sollten bereit sein, Ideen in Betracht zu ziehen, von welcher Quelle diese auch immer kommen mögen und wie unvereinbar sie mit dem gesunden Menschenverstand auch sein mögen. Dies kann ohne Kompromittierung des eigenen Standards an Einsicht getan werden, obwohl es einen ungewöhnlichen Geisteshorizont verlangt, der ein kritisches Vorgehen mit der Eigenschaft verbindet, angesichts der Fakten nicht gerade ein verwöhnter Feinschmecker zu sein. Jene, die sich dem Glauben an die Rationalität der Natur oder an die Kohärenz des Wissens anheimgeben, sind besser beraten, bei mehr orthodoxen Disziplinen zu bleiben; Parapsychologie ist für jene, die keine andere Treue als die zur Wahrheit kennen.

HELMUT SCHMIDT

Zur Ausrüstung im parapsychologischen Laboratorium

ÜBERBLICK

Schon in den letzten Jahren haben die automatisierten Techniken der Messung, Aufzeichnung und der mittels Computer durchgeführten Verarbeitung des Datenmaterials einen weitreichenden Einfluß auf fast alle Wissenschaften gehabt. Die Parapsychologen haben sich jedoch Zeit gelassen, sich diese neuen technologischen Möglichkeiten zunutze zu machen, indem sie bei der zu ihrer Zeit wohlgeachteten mechanischen Vorgehensweise des Kartenmischens und des Werfens von Würfeln blieben. Der Autor, der von einem physikalischen Hintergrund zur Parapsychologie kam, ist eine leuchtende Ausnahme. Dank eines nicht unbeträchtlichen Teils seiner Arbeit, die bereits weithin Anerkennung gefunden hat, ändert sich diese Situation rasch, und das parapsychologische Laboratorium nimmt umgehend ein neues Aussehen an.
Die Überlegung, einen Automaten für einen ASW-Test zu verwenden, ist als solche nicht neu, da G. N. Tyrrell, wie der Autor uns erinnert, mit seinen elektrischen Geräten schon vor dem Zweiten Weltkrieg einen Präzedenzfall schuf. Jedoch haben die hier beschriebenen Schmidtschen Maschinen dank ihrer Handlichkeit, Kompaktheit und Transportierbarkeit etc. sowie dem Umstand, bei allen Absichten und Verwendungszwecken betrugssicher zu sein, die ganze Kunst der apparativen Ausrüstung auf diesem Gebiet auf ein neues Niveau gebracht. Zum Beispiel ermöglichen sie es bei den direkt auf Lochstreifen aufzuzeichnenden Daten, alle jene zufälligen dazwischen liegenden Schritte, die menschliches Eingreifen miteinbeziehen, zu eliminieren.
Der Verfasser beginnt mit der Diskussion einiger spezieller Probleme, die bei jedem Versuch auftreten, eine rein objektive Messung eines Psi-Effekts zu erhalten: Ist, ex hypothesi, die Natur des Phänomens paranormal oder unbekannt, so können wir, selbst im Falle der Echtheit, nicht immer sicher sein, ob die Versuchsperson allein dafür verantwortlich ist. Er schließt daraus, daß «das Hauptverdienst der Automatisierung bei der Psi-Forschung nicht die technische Handhabbarkeit oder Eleganz [ist], sondern die Möglichkeit, aus dem Erscheinungsbild den menschlichen Einfluß außer dem der Versuchsperson so weit wie möglich heraus zu halten», ein Punkt, der bei der Diskussion der Tierforschung in Kapitel 4 klarer werden dürfte.
Er geht dann zur Betrachtung einiger zufallserzeugender Systeme über, die bei der Konstruktion von Rategeräten benutzt worden sind, und er weist darauf hin, daß die sehr schnellen elektronischen Ringzähler, die nunmehr verfügbar sind, im Erzeugen fast ideal zufälliger Folgen verläßlich sind. Er selbst jedoch bevorzugt es, natürliche zufällige Prozesse auszunutzen, wie sie zum Beispiel in gewissen Quantenprozessen

vorkommen. So wurde sein ursprüngliches Gerät, mit dem er solch beeindruckende Ergebnisse erzielte, so konstruiert, daß es durch Elektronen angesteuert wurde, die bei radioaktivem Zerfall von Strontium-90-Atomen emittiert wurden.

Als Nächstes wendet er seine Aufmerksamkeit der Überprüfung von PK zu und erörtert verschiedene Anordnungen, die in diesem Zusammenhang Verwendung gefunden haben, von der automatischen motorgetriebenen Glückstrommel mit Würfeln von J. B. Rhine (1943) bis hin zu von den selbst entwickelten elektronischen raffinierten Vorrichtungen. Letztere benutzen subatomare Teilchen als Targets. Hier ist seine eigene Anzeige eines zufälligen Irrwegs [random walk] von besonderem Interesse, die von einem binären Zufallszahlengenerator (RNG) gesteuert wird, wobei die Aufgabe der Versuchsperson darin besteht, die Richtung, die von einem bewegten Licht eingeschlagen wird, zu prüfen und zu beeinflussen. Ein erfolgreiches Experiment, das diesen Aufbau benutzt, wird hier illustriert und beschrieben. Es rührt nicht zuletzt vom verwirrenden Aspekt eines solchen Aufbaus her, daß die Versuchsperson nichts über die Wirkungsweise des Systems weiß, das sie zu beeinflussen versucht, sondern sich vielmehr ausschließlich auf die Anzeigetafel konzentriert.

Die Frage nach der Rückkopplung in einem PK-Experiment wird dann mit besonderem Bezug auf die eigenen Versuche des Autors mit einem RNG behandelt, der es ermöglicht, die Frequenz der einzelnen Versuche weit jenseits der Rate zu erhöhen, bei der sich die Versuchsperson noch bewußt jedem Einzelversuch widmen kann. Durch die Umsetzung der Treffer in hörbare Klicks kann die Versuchsperson statt dessen auf die Änderungen in der raschen Abfolge von Klicks achten, von denen sie dann aussagen kann, ob ihre Trefferrate in jedem Augenblick zu- oder abnimmt. umgekehrt kann eine optische Rückkopplung dadurch ergänzt werden, daß die Treffer die Bewegungen eines Schreibstiftes steuern. Diese Technik hat sich schon als außerordentlich wirksam beim Erzeugen hochsignifikanter Gesamttrefferraten innerhalb einer sehr kurzen Zeitspanne erwiesen.

In seinem letzten Abschnitt schneidet der Verfasser bestimmte theoretische Fragen an, die auf die Natur von Psi und ihr Verhältnis zu den bekannten physikalischen Gesetzen Bezug nehmen. Besonders stellt er die Frage, ob Psi nur durch die Änderung von gewissen statistischen Gesetzen in der Physik wirksam wird oder ob Psi auch die Erhaltungssätze für die Energie und den Impuls aufhebt. Ersteres mag als eine «schwache Verletzung» eines physikalischen Gesetzes, das letztere als eine «starke Verletzung» gelten. Sollte PK eine schwache Verletzung beinhalten, so gibt er zu bedenken, wie dies im Falle des Einstein-Podolsky-Rosen-Paradoxons Anwendung finden könnte. Leser, die mit den Mysterien der Quantentheorie nicht allzugut vertraut sind, sollten sich jedoch nicht zu enttäuscht fühlen, wenn sie dies als doch ziemlich schwierig empfinden. Vielleicht ist der nicht zuletzt wichtige Punkt, der über den Inhalt dieses Kapitels zu bemerken ist, darin zu sehen, daß die Evidenz für Psi weiter ansteigt, wenn die größtmöglichste Automatisierung zum Tragen kommt und daher die Bedingungen am strengsten sind.

Der Herausgeber

EINFÜHRUNG

Die Parapsychologie beschäftigt sich mit einer neuen Art von Wechselwirkung zwischen dem menschlichen Geist und der äußeren Welt, einer Wechselwirkung, die nicht in den gegenwärtigen Rahmen der Physik eingeordnet werden kann. Diese Wechselwirkung in Form der Telepathie, des Hellsehens, der Präkognition oder der Psychokinese ist im Laboratorium in der Regel als relativ schwacher Effekt beobachtet worden. Aber es existieren einige Anzeichen dafür, daß diese psychischen Phänomene in einer eher starken Ausprägung in Situationen des täglichen Lebens sowie gelegentlich im Laboratorium vorkommen können. Diese Anzeichen starker psychischer Effekte, beobachtet im Zusammenhang mit einigen wenigen herausragenden Versuchspersonen wie Medien oder Schaustellern, lieferten den ersten Anreiz für eine wissenschaftliche Untersuchung. Es stellte sich jedoch bald heraus, daß psychische Phänomene in weniger spektakulärer Art durch sehr viele Versuchspersonen hervorgebracht werden können. Glücklicherweise konnten diese schwachen Psi-Effekte mit sehr einfachen Mitteln wie Würfeln und Karten demonstriert werden, die nichtsdestoweniger einen sehr empfindlichen und genauen Nachweis für Psi bildeten (RHINE 1953). Die leichte Verfügbarkeit dieser Mittel war besonders wichtig in der Anfangsphase der Psi-Forschung, da die meiste Arbeit durch kleine Gruppen oder Einzelpersonen geleistet wurde, die keinen großen Aufwand für eine ausgefeilte Versuchsanordnung treiben konnten. Ernsthafte Versuche, sich moderne Ausrüstungen nutzbar zu machen, wie sie so außerordentlich hilfreich in anderen Gebieten der Wissenschaft wie in Physik oder Biologie gewesen sind, wurden erst ziemlich spät unternommen.

Die gegenwärtig aktuellsten Bemühungen in der Psi-Forschung zielen in zwei Richtungen. Ein physikalisch-biologischer Ansatz versucht, Psi aus Grundprinzipien heraus zu verstehen, und versucht, die grundlegenden Naturgesetze, denen die Psi-Effekte unterliegen, herauszuarbeiten. Die hier zu erforschenden Fragen sind, ob Psi in das herkömmliche Bild von Raum, Zeit und Kausalität paßt, und die Frage, ob Psi-Effekte auf die lebende Natur beschränkt sind, ob Psi den Energieerhaltungssatz verletzt oder es nur einen statistischen Effekt darstellt, oder ob Psi nur auf die belebte Natur beschränkt ist. Ein psychologisch orientierter Ansatz studiert andererseits, wie sich Psi zur Persönlichkeit verhält, ob es Ähnlichkeiten zu anderen kognitiven

Funktionen hat und ob das Hervorbringen von Psi weiterentwickelt werden kann.
Die beiden Ansätze decken ein vielfach gemeinsames Gebiet ab. So können die beiden ersten zu diskutierenden Themen, die Methoden der Datenaufzeichnung und die Psi-Testgeräte von beiden Gesichtspunkten aus interessante Aspekte aufweisen. Die spätere Diskussion der Rückkopplungsmethoden mag vielleicht für den Psychologen interessanter erscheinen, während der letzte Abschnitt von vorrangigem Interesse für den Physiker sein dürfte.

AUFZEICHNUNG DER DATEN

Im Rahmen der klassischen Physik spielte der Experimentator die Rolle des unbeteiligten Beobachters, der gerade so beobachten konnte, ohne die Natur in ihrem Ablauf stören zu müssen. Mit der Entwicklung der Quantentheorie wurde es jedoch offensichtlich, daß ein Experimentator, der Information von – sagen wir – der Struktur eines Atoms erhalten wollte, das Atom ziemlich stark stören muß. Weiterhin ist diese Wechselwirkung zwischen dem Experimentierenden und dem Objekt eben nicht ein praktisch gesehen lästiger Zug, sondern ist in wesentlicher Weise in der Theorie enthalten.
In der Parapsychologie ist die Situation insofern anders, als wir keine Theorie haben. Jedoch scheint der Meßvorgang, wie in der Quantentheorie, weit mehr als eine Angelegenheit von rein technischer Bedeutung zu sein.
Lassen Sie mich jedoch mit der mehr technischen Seite der Datenaufzeichnung beginnen. Die Notwendigkeit irgendeiner objektiven Dokumentation der Versuchsergebnisse wurde schon in sehr frühen Stadien der parapsychologischen Forschung verspürt, als spiritistische Sitzungen und andere paranormalen Demonstrationen Ergebnisse zeitigten, die die Beobachter ernstlich an der Zuverlässigkeit ihrer Sinne zweifeln ließen. In früheren statistischen Laboratoriumsversuchen konnte das manuelle Aufschreiben der Ergebnisse durch einen Versuchsleiter oder besser das voneinander unabhängige Aufschreiben durch zwei Versuchsleiter vernünftigerweise als hinreichend sicher gelten, aber gerade die paradoxe Natur von Psi machte einige Hilfsmittel für die automatische Registrierung wünschenswert. Für frühere Forscher war das am leichtesten verfügbare Gerät zur

automatischen Aufzeichnung ein Photoapparat. Für statistische Tests mit einer großen Anzahl von Versuchen hatte dies sicherlich den Nachteil, daß die Auswertung der Bilder mit Hand durchgeführt werden mußte, aber diese Methode ist gelegentlich immer noch verwendet worden, zum Beispiel in den von R. A. McConnell (McConnell 1955a) berichteten Psychokineseexperimenten. Bei diesen Versuchen wurde ein Würfelbecher verwendet, der aus einem motorgetriebenen Behälter bestand, welcher in gleichmäßigen Abständen automatisch gestoppt wurde. Der Behälter enthielt verschiedene Würfel, und die Versuchsperson versuchte, auf mentale Art und Weise das Vorkommen von vielen Sechsen zu erzwingen (oder anderen vorher festgelegten Augenzahlen), wenn immer der Behälter zur Ruhe kam. Die Ergebnisse der erfolgreichen Einzelversuche wurden von Hand aufgeschrieben, zusätzlich photographierte jedoch eine automatische Kamera jeden Ausgang des Einzelversuchs. Die photographische Aufzeichnung spielte eine wesentlichere Rolle bei einem späteren Experiment (McConnell 1955b). Hier wurde danach gefragt, ob der psychokinetische Effekt sich über weite Entfernungen auswirken könne. Zu diesem Zweck wurde die PK-Versuchsperson räumlich von dem Würfelbecher getrennt. Andererseits hätten die PK-Ergebnisse von einem kurzreichweitigen PK-Effekt verursacht werden können, der unbewußt durch den Versuchsleiter ausgeübt wird. Hier ist, wie in anderen Fällen, das automatische Aufzeichnungsgerät vorzuziehen, weil wir uns hier nicht um eine mögliche Störung der Ergebnisse durch einen möglichen PK-Effekt, der vom menschlichen Aufzeichner herrührt, kümmern müssen.

Mit der Entwicklung elektrischer Testgeräte wurden handlichere Mittel zur Aufzeichnung verfügbar: So können z. B. Daten auf Lochstreifen gestanzt werden, die wiederum direkt durch einen Computer ausgewertet werden können. Eine Aufzeichnung auf Lochstreifen ist dann für den Laborgebrauch am nützlichsten, wenn die Größe der meisten Lochstreifenstanzer nichts ausmacht und der entstehende Lärm abgeschirmt werden kann. Weniger geräuschvoll und leichter zu transportieren ist ein kleiner Blattschreiber mit einem Farbstift. Hier können die Daten jedoch nicht direkt in den Computer eingegeben werden. Andererseits ist die Aufzeichnung von Trefferraten auf Papierstreifen besonders nützlich in Fällen, in denen der Experimentator auch physiologische Daten wie Herzschlagfrequenz oder die Tätigkeit der Gehirnwellen auf demselben Streifen aufzeichnen möchte.

Der in Elektronik versierte Experimentator hat mit einem gewöhnlichen Magnetbandaufzeichnungsgerät eines der billigsten und in vielerlei Hinsicht vorteilhaftesten Hilfsmittel zur Hand. Bandgeräte sind geräuschlos, leicht zu transportieren, und die Daten können automatisch in einen Computer eingegeben werden. Der einzige Nachteil besteht darin, daß die Daten nicht wie beim Papierband oder der Aufzeichnung auf einem Blattschreiber visuell direkt überprüft werden können. Aufzeichnungen auf Tonband sind zum Beispiel in einem kürzlichen PK-Experiment (SCHMIDT 1972a) benutzt worden, wobei ein elektronischer Zufallsgenerator (ein «elektronischer Münzwerfer») eine binäre Folge von Plus-Einsen (Wappen) und Minus-Einsen (Zahl) erzeugte und die Versuchsperson eine angestiegene Erzeugungsrate von Plus-Einsen (+ 1) auf mentale Weise zu erzwingen versuchte. Die Plus-Einsen (+ 1) und Minus-Einsen (− 1) wurden einfach als Klicks in dem einen oder anderen Kanal eines tragbaren Stereo-Tonbandgerätes aufgezeichnet. Das Band konnte wieder abgespielt werden, um damit Zähler für eine wiederholte Kontrolle des gesamten Ergebnisses zu aktivieren oder in einen Computer für eine ausführlichere Analyse eingefüttert zu werden. Der besondere Vorteil der magnetischen Aufzeichnung war in diesem Falle die Möglichkeit der hohen Arbeitsgeschwindigkeit. Eine saubere Aufzeichnung war selbst dann noch möglich, als die binären Zufallszahlen mit einer Rate von 1000 pro Sekunde erzeugt wurden. Mit einem geringfügigen Mehraufwand kann der Versuchsleiter auch weit komplexere Informationen als gerade eine binäre Folge aufzeichnen.
Die fundamentalen Probleme, die im Zusammenhang mit der Aufzeichnung von Testergebnissen in der Parapsychologie auftauchen, sind weit weniger durchschaut als die entsprechenden Probleme, die mit dem Meßprozeß in der Physik zusammenhängen. So kann ich nur, anstatt eines logisch konsistenten Berichts, die typischen Schwierigkeiten anhand von Beispielen illustrieren. Erlauben Sie mir, zwei ziemlich extreme Fälle zu erwähnen.

1. Die Aufzeichnung von Daten auf den photographischen Film mag als eine absolut zuverlässige Methode erscheinen, und tatsächlich stimmten die photographischen Aufzeichnungen des McConnell-Experiments mit den handschriftlichen Daten überein, wenn immer eine solche manuelle Aufzeichnung gemacht wurde. Andererseits haben wir Berichte von Jule Eisenbud (EISENBUD 1967) über seine Versuchsperson Ted Serios, der auf

geistigem Wege Bilder auf einen Polaroidfilm erzeugen konnte, und zwar von Gegenständen, die im physikalischen Sinne nicht anwesend waren. Nimmt man die Möglichkeit eines psychokinetischen Effekts auf den Film einmal ernsthaft an, so verliert der Film seine absolute Zuverlässigkeit als objektives Aufzeichnungsinstrument.

2. Hans Bender (Bender 1968) berichtet in Verbindung mit dem Rosenheimer Spukfall, wie er mit der Hilfe des Physikers Dr. Karger einige angebliche Stromstöße im Versorgungsnetz auf objekte Weise zu erforschen versuchte. Explosionen von vielen Glühbirnen im Gebäude hatten nahegelegt, nach Hochspannungsstromstößen als gewöhnlichem Grund hierfür zu suchen. Ein automatisch aufzeichnender Voltmeter (Spannungsmesser), der mit dem Netzkabel verbunden war, zeigte tatsächlich unregelmäßige Ausschläge der Anzeigenadel. Zur Bestürzung der Untersucher traten die Ausschläge jedoch immer dann auf, wenn das Instrument vom Netzkabel abgetrennt war, so daß die Spannungsschwankungen im Netz nicht mehr länger als Ursache für den Zeigerausschlag angesehen werden konnten. So haben wir hier ein Beispiel, bei dem in Anwesenheit von ausnahmsweise starken PK-Effekten die abgelesenen Werte vom Meßinstrument – dem Voltmeter – die Bedeutung der zu messenden Größe verlieren.

Diese zwei Beispiele können vielleicht als etwas Pathologisches angesehen werden, da solche drastischen PK-Wirkungen, um es zum letzten Male zu sagen, ziemlich selten sind. So muß sich der Versuchsleiter bei einem Routine-Psi-Test im allgemeinen nicht damit herumplagen, daß vielleicht irgendwelche direkten Psi-Kräfte die Anzeigenadel irgendeines Schreibgerätes bewegen könnten oder die Löcher im Papierstreifen an die unrichtigen Stellen setzten. Aber auch recht gewöhnliche Laborexperimente zeigen an, daß der Aufzeichnungsprozeß und die Auswertung der Daten ein integraler Bestandteil des Experimentes sind und einen signifikanten Beitrag zum Ergebnis liefern können.

Ein Beispiel liegt durch das wohlbekannte Experiment von West und Fisk (West 1953) vor, bei dem die Versuchspersonen versuchten, Zahlen vorherzusagen (die Zahlen 1–12 auf einem Zifferblatt), die durch eine Zufallszahlentabelle vorbestimmt waren. Es war dies ein Briefkastenexperiment: Der Versuchsleiter Fisk sandte per Post den

Versuchspersonen Briefbögen, die Versuchspersonen füllten diese mit ihren Vorhersagen aus und schickten die Bögen zurück an Fisk. Dann teilten Fisk und West den alphabetisch geordneten Stapel der ausgefüllten Bögen, und Fisk prüfte die erste Hälfte der geratenen Angaben durch Vergleichen mit einem vorher abgetrennten Teil der Zufallszahlentabelle, und West prüfte die andere Hälfte. Das Ergebnis zeigte, daß die Versuchspersonen, deren Trefferraten von Fisk überprüft wurden, mit ihren Trefferraten signifikant höher lagen als die Versuchspersonen, deren Raten von West geprüft wurden. So scheinen die Personen, die die Ergebnisse nachgeprüft haben, irgendwie zum Ergebnis beizutragen, obwohl die Versuchspersonen zur Zeit des Versuchs nicht wußten, daß ihre Ergebnisse zwischen zwei Prüfern aufgeteilt werden würden.

Parapsychologen könnten nun versuchen, die Situation in Begriffen ihrer Standardterminologie zu beschreiben, indem sie sagen, daß die Versuchspersonen auf präkognitive Weise wahrgenommen hätten, wer ihre Berichtsbögen prüfen würde und daraufhin (als ein Ergebnis irgendwelcher unbewußter psychologischer Voreingenommenheit gegen einen der Versuchsleiter) mit einer niedrigeren Trefferrate herausgekommen wären, wenn sie diesen als ihren Prüfer vorhergesehen hätten. Ohne sich auf eine solche bestimmte Erklärung festzulegen, kann man jedoch sicher schließen, daß die Art und Weise, in der die Ergebnisse nach dem Abschluß des Präkognitionstests geprüft werden, einen Beitrag zu den Ergebnissen liefert.

Vielleicht liegt somit das Hauptverdienst der Automatisierung in der Psi-Forschung nicht in der technischen Bequemlichkeit und Eleganz, sondern eher in der Möglichkeit, andere menschliche Einflüsse als die, die von der Versuchsperson stammen, aus dem Gesamtbild soweit wie möglich herauszuhalten. Das Zurückdrängen des menschlichen Faktors ist besonders wichtig bei den kürzlich durchgeführten Tierexperimenten, über die in Randalls Artikel berichtet wird. Die Automatisierung kann sicherlich nicht alle menschlichen Einflüsse ausschließen, da wir zu guter Letzt den menschlichen Experimentator brauchen, der auf die Endergebnisse eines Experiments einen Blick wirft.

ZUFALLSZAHLENGENERATOREN UND PSI-TESTGERÄTE

Die paranormalen Phänomene, die im Laboratorium mit der größten Regelmäßigkeit beobachtet werden, erscheinen als Korrelation zwischen dem psychologischen Zustand (wie Gefühle, Annahmen, Wünsche) der Versuchsperson und äußeren zufälligen Ereignissen. Zum Beispiel mag die Versuchsperson irgendeine zufällig ausgewählte ASW-Karte (Telepathie oder Hellsehen) raten, die außerhalb der Reichweite ihrer Sinnesorgane liegt, oder sie mag das in der Zukunft liegende Ergebnis bezüglich eines geworfenen Würfels vorhersagen (Präkognition). In dieser Wechselwirkung zwischen Versuchsperson und äußerer Welt erscheint die Versuchsperson nicht immer als ein passiver Empfänger von äußeren Ereignissen (d. h. ASW), sondern sie kann eine aktivere Rolle übernehmen und das Ergebnis zufälliger Ereignisse, wie das Fallen von Würfeln, mental beeinflussen (d. h. durch PK).

Da die meisten beobachteten Effekte ziemlich schwach sind, so daß eine sorgfältige statistische Analyse erforderlich wird, um die Anwesenheit von Psi nachzuweisen, müssen wir sicher sein, daß die oben erwähnten äußeren Ereignisse hinreichend zufällig sind. Betrachten wir als Beispiel einen typischen Hellsehtest mit ASW-Karten:

Der Versuchsleiter mischt ein Päckchen von fünfundzwanzig ASW-Karten in Abwesenheit der Versuchsperson und steckt das Päckchen in einen undurchsichtigen Umschlag. Als nächstes versucht die Versuchsperson die Reihenfolge der Karten im verschlossenen Umschlag zu raten und schreibt ihre Ratefolge nieder. Später werden die Ratefolge und die tatsächliche Folge verglichen. Da fünf Karten von jedem der fünf verschiedenen Typen im ASW-Kartensatz vorhanden sind, würde man erwarten, daß bei vielen solchen Experimenten die Versuchsperson durch reinen Zufall annähernd 20% der Karten korrekt errät. Der Test zeigt jedoch, daß einige Versuchspersonen durchweg eine Trefferrate von etwas mehr als den erwarteten 20% haben. Um diese Ergebnisse als durch ASW verursacht zu interpretieren, ist es wichtig, daß die Versuchsperson keine sensorische Verbindung mit den Karten hat, daß die Serien genügend lang sind, um statistisch signifikant zu sein, und daß die Folge der Karten nach dem Mischen als hinreichend zufällig angenommen werden kann. Obwohl dieses Vorgehen unter sauberen Vorbedingungen für die

Behauptung der Existenz von Psi als adäquat angesehen werden kann, gibt es gute Gründe, daß man das Vorgehen mit Hilfe irgendwelcher Geräte zu automatisieren wünscht.

AWS-Testgeräte

Ein wohlbekanntes Modell eines solchen Geräts wurde durch Tyrell 1938 gebaut (TYRRELL 1938). Anstatt fünf verschiedener Kartensymbole hatte die Versuchsperson fünf verschiedene Kästchen, die sie wählen konnte. Diese Kästchen enthielten Glühbirnen, die mit einem Targetgenerator so verbunden waren, daß die Lampe im Kästchen nur dann aufleuchtete, wenn die Versuchspersonen das «richtige» Kästchen öffneten, um einen Erfolg anzuzeigen. Die Reihenfolge der richtigen Kästchen war durch einen internen Generator für quasi-zufällige Targets vorherbestimmt. Das Gerät konnte für Telepathie, Hellsehen und für Präkognitionsversuche verwendet werden. Im letzteren Falle wurde das Target ausgewählt, nach dem bereits geraten worden war, und zwar durch die zufällige Einstellung irgendeines rotierenden Schalters. Tyrell benutzte in Verbindung mit diesem Gerät eine einfache automatische Registriereinrichtung, die die Treffer und die Nieten auf einen Papierstreifen aufzeichnete.

Mit der Entwicklung der modernen Elektronik wurden zuverlässigere Methoden zur Erzeugung von zufälligen Targets verfügbar. Um ein Gerät zu bauen, das zum Beispiel aus fünf Möglichkeiten in zufälliger Weise eine heraussucht, können wir mit einem schnell laufenden Modulo-5-Zähler beginnen, der mit einer hohen und gleichmäßigen Zählrate (im allgemeinen können eine Million Zählvorgänge in der Sekunde elektronisch leicht realisiert werden) die Folge 1, 2, 3, 4, 5, 1, 2, ... hervorbringt. Eine zufällige Zahl zwischen 1 und 5 kann dann erhalten werden, indem man den Zähler plötzlich stoppt, gleichgültig, in welcher Stellung er sich befindet, und zwar zu einem *zufälligen Zeitpunkt.* Dank der hohen Zählrate hängt die erzeugte Zahl in sehr kritischer Weise vom Zeitpunkt des Stoppens ab; und gute Zufälligkeit erhält man, wenn das Stoppen der Zähler manuell durch das Betätigen einer Drucktaste angesteuert wird, wie dies beim Psi-Recorder '70 der Fall ist (FISCHER und HÜBNER 1970). Bei anderen Geräten wird der zufällige Zeitpunkt durch das Schließen eines mechanischen Relais wie bei Tarts ASW-Tester bestimmt (TART 1966), oder es werden ähnliche Mittel herangezogen (BELOFF und REGAN 1969).

Die elementarste Quelle der Zufälligkeit wird in der Natur von den Quantenprozessen gestellt, die gemäß der heutigen Physik im Prinzip zufällig und unvorhersagbar sind. Als Beispiel sei der radioaktive Zerfall der Kerne des Strontium-90-Atoms betrachtet. Dieser Kern ist instabil, er kann zu jeder beliebigen Zeit zerfallen, jedoch ist die mittlere Lebensdauer eines solchen Kerns annähernd 90 Jahre, ähnlich der mittleren Lebensdauer der Bevölkerung. Jedoch ändert sich der Kern, im Gegensatz zur Bevölkerung, mit dem Alter nicht. Gleichgültig, wie genau wir den Kern betrachten mögen, alle sehen sie gleich aus, und es scheint keinen kausalen Mechanismus zu geben, der bestimmt, wann ein einzelnes Atom zerfallen wird. Das hängt eher vom reinen Zufall ab. Es war einer der kühnsten Schritte in der modernen Physik, die Möglichkeit des reinen Zufalls im Gegensatz zur strengen Kausalität der klassischen Physik als ein Grundelement der Natur ernst zu nehmen.

Angesichts dieser gängigen Interpretation, wonach der Zerfall rein zufällig ohne nachweisbare Ursache geschieht, scheint es von besonderem Interesse zu sein, nachzuprüfen, ob Versuchspersonen diese Zerfälle besser vorhersagen können, als dies die Quantentheorie erlaubt. Das besondere Interesse der Parapsychologen an Quantenprozessen wurde von Beloff und Evans (Beloff und Evans 1961) in Verbindung mit psychokinetischen Experimenten, die ich weiter unten behandeln möchte, zum ersten Mal ausdrücklich formuliert. Weitgehendsten Gebrauch der Quantenprozesse bei Präkognitionsversuchen machten meine eigenen Experimente (Schmidt 1969; Schmidt und Pantas 1972).

Bei diesen Experimenten registrierte ein Geiger-Zählrohr, unmittelbar neben einer Probe von Strontium 90 angebracht, das unregelmäßige Eintreffen der Elektronen aus dem radioaktiven Zerfall. Die zufälligen Ankunftszeiten der Elektronen dienten dazu, einen Hochfrequenz-Modulo-4-Zähler zu stoppen, der so auf zufällige Weise die Zahlen 1, 2, 3 und 4 erzeugte (vergl. Abbildung 1.1).

Während des Versuchs saß die Versuchsperson vor einer kleinen Anzeigetafel mit vier farbigen Lampen, vier dazugehörenden Drucktasten und zwei elektromechanischen Rückstellzählern. (Siehe Abb. 1.2). Bevor eine Taste gedrückt wurde, waren die Lampen dunkel und der innere Zähler durchlief schnell die Folge 1, 2, 3, 4, 1, …

Wurde eine Taste gedrückt, geschah nichts, bis das nächste Elektron das Geiger-Zählrohr erreichte. In diesem Augenblick wurde der innere

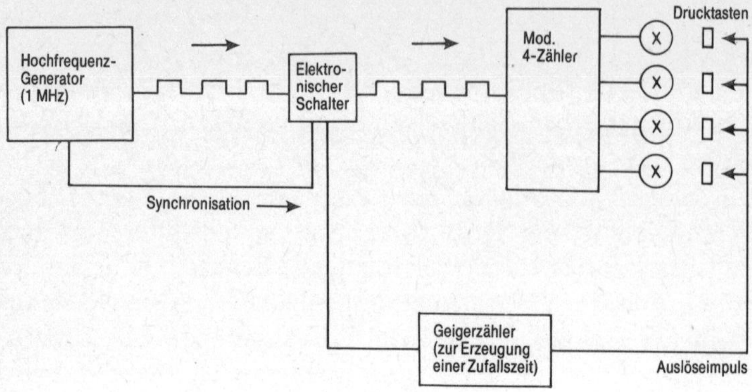

Abb. 1.1: Blockschaltbild des Präkognitionstesters mit 4 Möglichkeiten

Signale von einem Pulsgenerator gehen durch eine Torschaltung und steuern einen Modulo-4-Zähler mit der Rate von einer Million Schritten pro Sekunde an, und zwar in der Reihenfolge 1, 2, 3, 4, 1, 2, ...
Ist die Torschaltung zu einem zufälligen Zeitpunkt gesperrt, dann hält der Zähler in zufälliger Weise in einer der vier möglichen Zustände. Somit wird eine Zufallszahl 1, 2, 3 oder 4 erzeugt und durch das Aufleuchten einer der vier Lampen angezeigt. Der zufällige Zeitpunkt wird mit Hilfe eines Geiger-Müller-Zählrohrs erzeugt, welches das Eintreffen der Elektronen, die von einer radioaktiven Probe von Strontium 90 emittiert werden, mit einer durchschnittlichen Rate von zehn pro Sekunde registriert.
Wird eine Drucktaste betätigt, wird das Geiger-Müller-Zählrohr aktiviert, so daß das Eintreffen des nächsten Elektrons die Torschaltung sperrt. Eine Sperrvorrichtung (Synchronisation) sichert, daß die Torschaltung nicht sperrt, wenn der Zähler im Zählzustand ist, da dies zu einer falschen elektronischen Operation führen könnte.

Zähler gestoppt, und die Halteposition wurde der Versuchsperson durch das Aufleuchten einer der vier Lampen angezeigt. Die am Versuch beteiligten Personen rieten wiederholt, welche Lampe als nächste aufleuchten würde, und zeigten dem Gerät ihre Vermutung durch Betätigen der entsprechenden Taste an. Leuchtete die Lampe kurz danach auf, die zur entsprechenden Taste gehörte, wurde ein Treffer durch den Rückwärtszähler aufgezeichnet, und der andere Zähler registrierte die Anzahl der Versuche, die gemacht worden waren. Zusätzlich wurden die vollständigen Ratefolgen und Targets automatisch auf Lochstreifen aufgezeichnet. Mit dieser Anordnung erhielt man durch viele Versuchsserien eine Evidenz für die Existenz der Präkognition. Selbst mit solchen psychologisch und technisch vorteilhaften Testgeräten mußte jedoch der Experimentator noch beträchtliche Anstrengungen unternehmen, die Versuchspersonen vorher auszuwählen und die besten Arbeitsbedingungen für jede Versuchsperson zu ermitteln, bevor in sich stimmige Ergebnisse erzielt wurden.

Abb. 1.2: Experimentator und Versuchsperson mit dem Präkognitionstestgerät

PK-Testgeräte

Eine neue Herausforderung für die Gerätekonstrukteure lieferten die Psychokineseversuche, die von J. B. Rhine (RHINE 1953) begonnen wurden, bei denen die Versuchspersonen den Fall von Würfeln aus einem Würfelbecher mental zu beeinflussen versuchten. Nachdem diese Versuche anzeigten, daß einige Versuchspersonen fähig waren, eine gewünschte Seite des Würfels mit einer über dem Zufall liegenden Häufigkeit zu erhalten, wurden die Versuchsbedingungen durch die schon erwähnten automatischen Geräte für den Würfelwurf mit einem durch einen Motor angetriebenen Würfelbehälter verbessert (RHINE 1943). Der beobachtete Effekt blieb unter diesen verschärften Bedingungen bestehen, und seither ist eine große Anzahl von Versuchen mit diesem Gerät durchgeführt worden, Versuche mit einem oder mehreren Würfeln, Versuche mit einer oder mehreren Versuchspersonen und auch die vorher erwähnten Versuche durch McConnell, bei denen

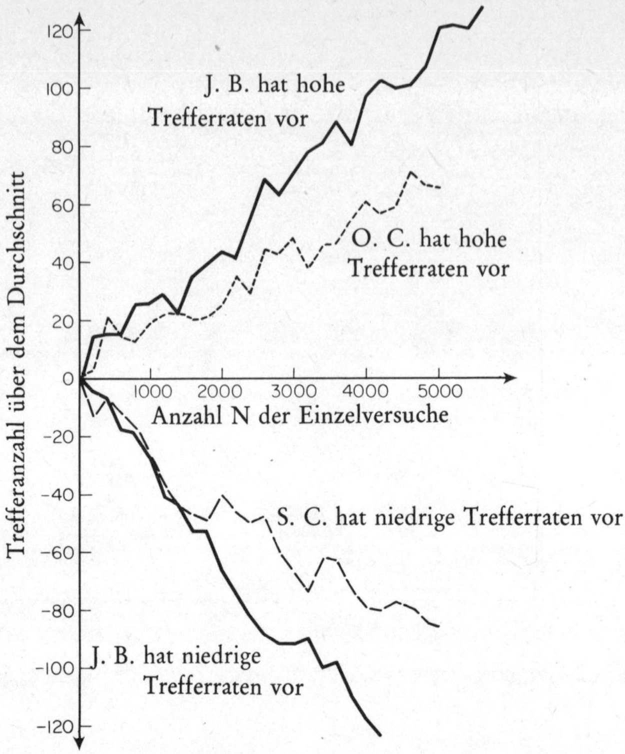

Abb. 1.3: Ergebnis eines Präkognitionstests mit drei Versuchspersonen, die in vorhergehenden Versuchen besonders gut abgeschnitten hatten

Bei diesem Versuch haben die Versuchspersonen die Wahl, entweder eine große oder eine kleine Anzahl von Übereinstimmungen mit der gedrückten Taste und der aufleuchtenden Lampe zu erstreben. Im letzteren Falle versuchten sie, eine Taste zu drücken, die einer nichtleuchtenden Lampe am nächsten zu liegen kam.

Bei einer Gesamtanzahl von 20000 Versuchen ergaben 10672 Versuche, die auf eine höhere Trefferrate abzielen, 7,1% mehr Übereinstimmungen, als durch Zufall erwartet wurde. Die anderen Versuche, die auf niedrige Trefferraten abzielten, ergaben 9,1% weniger Übereinstimmung als die Zufallserwartung. Somit erreichten die Versuchspersonen unter beiden Bedingungen das, worauf sie abgezielt hatten, nämlich eine Zunahme oder Abnahme der Treffer.

Die Abbildung gibt die kumulative Anzahl der Treffer, die über dem Zufall liegt (aufgetragen nach jedem Block von 200 Versuchen) für jede Versuchsperson wieder. Die Versuchsperson J. B. (ein „spiritistisches" Medium) arbeitete unter beiden Bedingungen, während O. C. (ein Lastwagenfahrer und „Sensitiver" aus Liebhaberei) und S. C. (seine 16 Jahre alte Tochter) nur unter einer jeweils ihren persönlichen Vorlieben angepaßten Bedingung agitierten.

die Position der Würfel photographisch aufgezeichnet wurde. Eine neue Version für PK-Versuche mit Würfeln wurde von Cox mit den [sogenannten] «Plazierungsexperimenten» eingeführt [placement tests] (Cox 1951). Die Würfel wurden von einer schiefen Ebene auf eine Tischplatte gerollt, und die Versuchspersonen versuchten, den rollenden Würfel nach rechts oder links auf mentale Weise abzulenken. Besonders in sich stimmige Ergebnisse wurden von dem schwedischen Ingenieur Forwald als Versuchsperson berichtet (FORWALD 1964; RHINE 1970). Forwald unternahm auch den interessanten Versuch, die «psychische Kraft», die auf den Würfel wirkt, in quantitativen physikalischen Einheiten zu messen (in Dyn). Nachdem er in ausgedehnten Versuchen eine sichere, statistisch signifikante mittlere Ablenkung der Würfel in der gewünschten Richtung erhalten hatte, bestimmte er, welche mechanische Kraft erforderlich sein würde, um dieselbe durchschnittliche Ablenkung hervorzubringen. Forwalds interessante Erörterung schließt jedoch nicht notwendigerweise ein, daß PK als eine mit den elektrischen oder gravitativen Kräften vergleichbare Kraft angesehen werden kann.

Eine große Anzahl von mechanischen und elektromechanischen Versuchsapparaturen wurde in der Hoffnung gebaut, irgendein Gerät zu finden, das besonders für die Demonstration von PK geeignet sei, und um mögliche Grenzen der Größenordnung von PK herauszufinden. So baute E. Cox (RHINE 1970) Geräte für Tests, bei denen die Versuchspersonen versuchten, die Leitfähigkeit einer Salzlösung zu ändern; Wassertropfen, die aus den Öffnungen einer Dusche kamen, abzulenken oder die Schaltrate eines elektromechanischen Relais zu beeinflussen. Cox experimentierte mit einer großen Anzahl von Würfeln oder Stahlkugeln, die die Versuchspersonen gleichzeitig zu beeinflussen suchten.

Für die Untersuchung der Entfernung als einer möglichen physikalischen Begrenzung für PK verwendete McConnell die automatische Anordnung, wie sie vorher erwähnt wurde, wobei Versuchsperson und Versuchsleiter räumlich von dem Target-Würfel getrennt waren. Auf die Untersuchung möglicher physikalischer Grenzen für PK war auch ein Experiment von Beloff und Evans gerichtet, bei dem die Versuchspersonen versuchten, die Zerfallsrate des radioaktiven Zerfalls mental zu verändern (BELOFF und EVANS 1961). Die Autoren weisen darauf hin, daß der radioaktive Zerfall nicht nur ein rein zufälliger Prozeß ist, wie er vorhin beschrieben wurde, sondern daß es gerade für einen Physiker extrem schwierig ist, in irgendeiner Weise die Zerfallsrate zu beeinflussen. So lassen zum Beispiel alle elektrischen oder magnetischen Felder, die der Physiker zu erzeugen in der Lage ist, den Kern praktisch ungestört.

In einem experimentellen Aufbau wurde eine Quelle von Alpha-Teilchen innerhalb eines Zählers angebracht, um alle Teilchen, ungeachtet ihrer Richtung, einfangen zu können, und die ankommenden Teilchen wurden einzeln gezählt und ihre Anzahl der Versuchsperson angezeigt. Im PK-Test versuchte nun die Versuchsperson, zuerst für eine Minute die Zählhäufigkeit zu erhöhen, um sie dann in der nächsten Minute zu erniedrigen. Versuche mit 30 Studenten ergaben keinen Hinweis für einen PK-Effekt, wobei jedoch in Anbetracht der Aufgabe, die ziemlich direkt und leicht zu erklären war, die Feedback-Anzeige für die Versuchsperson in Gestalt der Anzahl der empfangenen Teilchen für ein optimales Ergebnis nicht genügend stimulierend gewesen sein muß.

In meinen eigenen späteren Experimenten (SCHMIDT 1971) verwendete ich eine vermutlich stimulierendere Anzeige, obwohl die Grundaufgabe weniger leicht zu erklären und zu visualisieren war. Die Ergebnisse zeigten jedoch, daß Versuchspersonen in der Lage *sind*, mental eine Zufall erzeugende Einrichtung, die auf radioaktiven Zerfällen basiert, zu beeinflussen. In meiner Anordnung wird eine

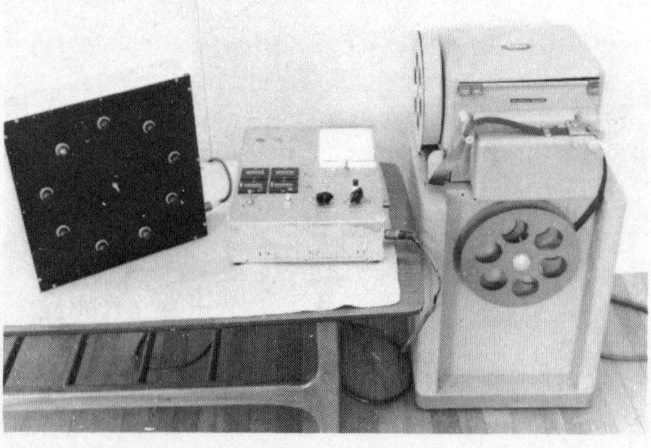

Abb. 1.4: Binärer Zufallszahlengenerator (Mitte) mit Lampen-Anzeigetafel (links) und Lochstreifenstanzer (rechts)

Folge von binären Zahlen + 1 und − 1 durch einen Prozeß, ähnlich dem beim beschriebenen Präkognitionstestgerät, erzeugt. Ein elektronischer Schalter oszilliert mit einer sehr hohen Rate (eine Million

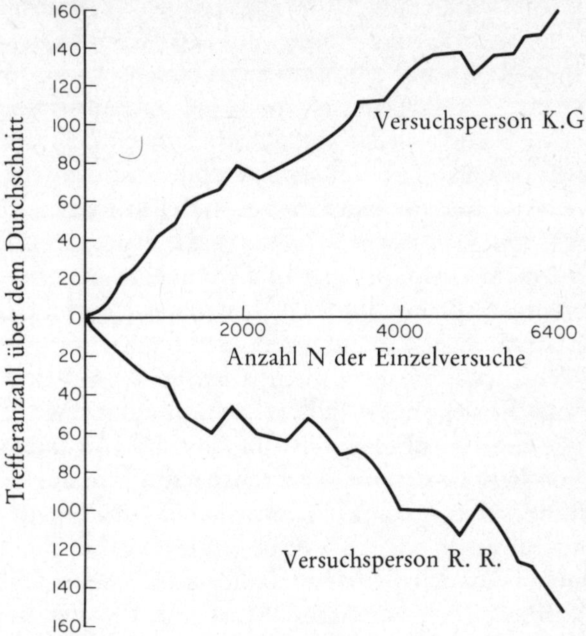

Abb. 1.5: Ergebnis eines PK-Tests mit zwei vorher ausgewählten Versuchspersonen

Diese Versuchspersonen, ein extrovertiertes Mädchen (K. G.) und ein ruhiger südamerikanischer Forscher auf dem Gebiet der ASW (R. R.), hatten eine ziemlich konstante Rate von Treffern in vorhergehenden Versuchen produziert: K. G. hatte mit Erfolg das Licht auf der kreisrunden Anzeige in die gewünschte Richtung gebracht, während bei R. R. das Licht eine signifikante Neigung zeigt, sich entgegengesetzt zum bewußten Wunsch der Versuchsperson zu bewegen. Eine solche Neigung des ausbleibenden PK kann, wenn sie nur beharrlich genug ist, ebenso wie PK-Trefferleistungen zur Demonstration der Existenz von PK dienen.

Die Ergebnisse dieses Experiments bestätigten die Treffertendenzen der beiden Versuchspersonen, wobei jede an einer Gesamtheit von 6400 Versuchen (mit 50 Durchläufen [runs] von 128 Versuchen) teilnahm. Die Kurve zeigt das Anwachsen der gehäuften Trefferraten (gezeichnet für jeden Satz von 256 Versuchen) mit der Anzahl der Versuche. Beide Versuchspersonen erzielten ziemlich gleichmäßige Trefferraten in der erwarteten Richtung. Das den Unterschied bezeichnende Verhältnis [the odds], durch Zufall eine solch große Differenz zwischen den Trefferleistungen der beiden Versuchspersonen zu erhalten, liegt bei mehr als 1 zu 10 Millionen.

pro Sekunde) zwischen der +1- und der −1-Stellung hin und her. Die Oszillation wird gestoppt, wenn das nachfolgende Teilchen aus dem radioaktiven Zerfall durch ein Geiger-Zählrohr registriert wird, und durch die Halteposition wird die zufällige Zahl +1 oder −1 bestimmt. Die Aufgabe der Versuchsperson, die darin besteht, das nächste Teilchen im Geiger-Zähler (mit einer Genauigkeit von 10^{-6} sec) genau in dem Zeitpunkt ankommen zu lassen, wenn der Schalter in der, sagen wir, +1-Position ist, mag sich entmutigend kompliziert anhören, jedoch sind sich die Versuchspersonen im allgemeinen dieser Details nicht bewußt. Die Versuchspersonen konzentrieren sich eher auf die Anzeige, die aus einer Anzeigetafel mit einer kreisförmigen Anordnung von 9 Lampen besteht (vergl. Abb. 1.4). Eine Lampe leuchtet zu einem Zeitpunkt auf, und wenn eine +1 oder eine −1 erzeugt worden ist, springt das Licht stufenweise in die Uhrzeigerrichtung oder entsprechend in entgegengesetzter Richtung. Somit versuchen die Versuchspersonen, dem zufälligen Lauf des Lichts eine durchgängige Bewegung im Uhrzeigersinn aufzuzwingen.
Die Sprünge gehen typischerweise im Abstand von einem Sprung pro Sekunde vor sich, so daß die Versuchsperson sich auf jedes einzelne Ereignis konzentrieren kann. Ein Anzeichen für PK wurde mit dieser Anordnung in verschiedenen Versuchen mit vorher nicht sehr streng ausgewählten Versuchspersonen beobachtet (siehe Abb. 1.5). Ein weiteres erfolgreich arbeitendes Gerät für PK-Versuche wird im nächsten Abschnitt vorgestellt.

METHODEN DER RÜCKKOPPLUNG

Die Frage ist oft gestellt worden, ob man mit einer einwandfreien Rückkopplung das Hervorbringen von Psi trainieren kann, jedoch scheinen diesbezüglich keine zuverlässigen Lernsysteme verfügbar zu sein, und außerdem hat Tart (Tart 1966) darauf hingewiesen, daß die Standardtestmethoden psychologisch für die Entwicklung von Psi nicht begünstigend sind. Obwohl einige der schon erwähnten Testgeräte, kombiniert mit einer großen Anzahl von möglichen Rückkopplungseinrichtungen, geeigneter für das Lehren von Psi erscheinen, so haben diese Geräte doch noch zwei Nachteile. Zum einen könnte das unmittelbare Feedback die Konzentration der Versuchsperson unterbrechen und ihren mentalen Zustand durcheinanderbringen. Zum anderen mag die geringe Zuverlässigkeit der Rückkopplung für die Versuchsperson irreführend sein. Dies ist sicherlich richtig in Fällen, bei denen die Versuchsperson nur Trefferleistungen knapp über dem Durchschnitt erzielt. Da in diesem Fall die meisten Treffer ihr Entstehen dem Zufall verdanken, gibt ein Treffer keine Aussage darüber, daß Psi von seiten der Versuchsperson am Werk war.

Ein natürlicher Ausweg aus diesen Schwierigkeiten könnte durch Versuche mit höherer Versuchsrate gefunden werden. Besonders für hohe Arbeitsgeschwindigkeiten eingerichtet sind PK-Versuche, weil dabei die Versuchsperson nicht irgendwelche motorischen Reaktionen zeigen muß, die die Geschwindigkeit begrenzen würden. Man nehme als Beispiel den schon erwähnten PK-Test, bei dem eine Folge von binären Zahlen +1 und −1 bei Geschwindigkeiten von 39 beziehungsweise 300 pro Sekunde erzeugt wurde.

Bei diesen hohen Geschwindigkeiten hat die Versuchsperson nicht viel Zeit, sich auf das einzelne Ereignis zu konzentrieren, es sind jedoch noch psychologisch sinnvolle Anzeigearten möglich. Insofern wurden signifikante PK-Effekte mit einer akustischen und einer optischen Art von Rückkopplung erzielt. Im ersten Falle trug die Versuchsperson Kopfhörer, und die +1 und die −1 wurden als Klick im rechten beziehungsweise linken Ohr angezeigt. Die Aufgabe der Versuchsperson bestand darin, auf mentale Art und Weise zu versuchen, ein erhöhtes Auftreten der Klicks bei dem bestimmten Ohr zu erzwingen. Bei einer Geschwindigkeit von 30 Klicks pro Sekunde konnten die Versuchspersonen noch die einzelnen Klicks unterscheiden, während bei einer Rate von 300 pro Sekunde die Versuchspersonen nur statistische Schwankungen der Lautstärke zwischen den Ohren bemerkten und sich eben darauf konzentrierten, eine ansteigende Lautstärke beim entsprechenden Ohr [target ear] zu erhalten.

In den Versuchen mit visueller Anzeige betrachtete die Versuchsperson den Stift eines Blattschreibers. Zu Beginn des Tests befand sich der Stift an der Mittellinie des Blattes. Während des Versuchslaufs war die Ablenkung des Stiftes nach der rechten oder linken Seite proportional der aufsummierten Differenz zwischen der erzeugten + 1 und − 1. Die Aufgabe der Versuchsperson war nun, mental den Stift während eines kurzen Laufs soweit wie möglich in eine bestimmte Richtung zu bringen. Man könnte sich unter diesen Bedingungen erhoffen, daß eine Versuchsperson lernen könnte, irgendwelche mentalen Zustände, die für höhere Trefferraten förderlich sind, zu entwickeln. Insofern ist nur gezeigt worden, daß PK ziemlich wirkungsvoll in dieser Weise angezeigt werden kann, jedoch ist bis jetzt noch kein systematischer Ansatz für das Problem des Erlernens gemacht worden.

Die zuletzt erwähnte Anzeige ist einigen Anzeigevorrichtungen ziemlich ähnlich, die im Biofeedback-Training verwendet werden: hier, wie in den Versuchen des Psi-Trainings, muß die Versuchsperson Fähigkeiten erlernen, die ursprünglich ihrer bewußten Kontrolle nicht zugänglich sind. Die Versuchspersonen von Elmer Green (GREEN 1970) wünschten zum Beispiel die Oberflächentemperatur der Haut zum Zwecke gesteigerter Entspannung zu erhöhen. Die Versuchsperson, die zunächst nicht weiß, wie sie die Aufgabe anpacken soll, wird gebeten, sich gerade auf die Bewegung der Anzeigenadel nach rechts zu konzentrieren, entsprechend einem Anstieg der Hauttemperatur. Diese und andere Biofeedback-Methoden zur Kontrolle der primären unbewußten Körperfunktionen funktionieren überraschend gut – aber ob die entsprechenden Psi-Feedback-Methoden für das Erlernen von Psi wirkungsvoll sind, bleibt abzuwarten.

Die Verwendung von Biofeedback-Methoden in Verbindung mit Psi-Tests wird ausführlicher bei Honorton diskutiert (siehe Kap. 2). Die meisten erwähnten Psi-Feedback-Methoden sind nicht direkt auf Versuche mit Tieren anwendbar, aber die Standardmethode der Belohnung und Bestrafung, angewendet in der Tierpsychologie, kann übernommen werden. Dies wird von Randall (siehe Kap. 4) behandelt.

MESSUNG DER PHYSIKALISCHEN GRÖSSEN VON PSI

Die paranormale Wechselwirkung zwischen dem menschlichen Geist und der äußeren Welt zeigt einige charakteristische Züge, die sie von den Arten der Wechselwirkung, wie sie dem Physiker bekannt sind, deutlich abhebt. So scheinen zum Beispiel die Ergebnisse des Hellsehens oder der Telepathie ziemlich unabhängig von der Entfernung zwischen dem Empfänger und dem Objekt oder dem Sender zu sein. Weiterhin verweist die Existenz der Präkognition darauf, daß diese Wechselwirkung gegenwärtige Zustände des Bewußtseins der Versuchsperson mit irgendwelchen Ereignissen koppelt, die noch gar nicht stattgefunden haben. Ich möchte hier erwähnen, daß einige

Arten solch „nichtkausaler“ Wechselwirkung, obwohl sie gefühlsmäßig unplausibel erscheinen, gelegentlich von theoretischen Physikern untersucht worden sind, welche gewöhnt sind, mit Begriffen umzugehen, die etwas außerhalb der Reichweite unserer alltäglichen Intuition liegen.

Bevor man näher auf dieses verwickelte Problem der Kausalität eingeht, möchte man doch irgendwie klarer sehen, in welchem Umfang Psi nicht in das Gerüst der herkömmlichen Physik hineinpaßt. Da die meisten berichteten Psi-Effekte statistischer Natur sind, kann man im besonderen fragen, ob Psi nur die statistischen Gesetze der Physik berührt, wobei andere Gesetze wie der Satz der Energie und Impulserhaltung unverletzt bleiben.

Diese grundlegende Frage könnte aus zwei Richtungen angegangen werden:

1. Man könnte von der Arbeitshypothese ausgehen, daß PK die vertrauten Erhaltungsgesetze für Energie und Impuls verletzt, und man könnte versuchen, dies durch ein einwandfrei aufgebautes PK-Experiment zu erhärten. Mit den Methoden der modernen Physik könnten selbst ziemlich winzige Effekte beobachtet werden. Für Versuche mit hoher Genauigkeit würde man am besten bei sehr niedrigen Temperaturen arbeiten, so daß die Fluktuationen der thermischen Energie kleiner wären als die möglicherweise zu beobachtende Energieänderung, die von PK herrührt. Ich will jedoch nicht auf die Details der vielen Versuche eingehen, die man in diesem Zusammenhang als besonders interessant ansehen könnte.
2. Der andere Ansatz geht von der Arbeitshypothese aus, daß die Psi-Effekte „nur“ die statistischen Gesetze der Physik berühren. Ich möchte zeigen, daß dieser Ansatz, der den reibungslosesten Einbau der Psi-Phänomene in das Gerüst der Physik zu liefern scheint, nichtsdestoweniger einige ziemlich drastische, experimentell nachprüfbare Implikationen haben kann. Diese beziehen sich auf das berühmte Einstein-Podolsky-Rosen-Paradoxon (Einstein u.a. 1935), das eine Schlüsselrolle in der Diskussion um die richtige Interpretation der Quantentheorie spielte. Lassen Sie mich dies mit Hilfe eines spezifischen, etwas idealisierten Experiments erklären.

Positronium ist ein atomartiges System, das durch ein Elektron und ein Positron, die umeinander kreisen, gebildet wird. Dieses System ist

nicht stabil. Kurz nach seiner Bildung vernichten sich das Positron und das Elektron gegenseitig unter der Emission zweier Photonen in entgegengesetzter Richtung. Jedes dieser Photonen, für sich selbst genommen, ist unpolarisiert. Wenn deshalb eines der Photonen auf einen, sagen wir, vertikal polarisierten Filteraufbau des Experimentators A trifft, macht das Photon einen «Quantensprung» in den vertikal oder horizontal polarisierten Zustand, und entsprechend findet der Experimentator, ob das Photon durch den Filter hindurchläuft oder reflektiert wird. Jede dieser zwei Möglichkeiten tritt mit der gleichen Wahrscheinlichkeit $^1/_2$ auf.
Somit mag die Frage, in welchem Ausmaß Psi die Gesetze der konventionellen Physik, sei es in «schwachem» oder «strengem» Sinn verletzt, zusammen mit der Frage nach der kausalen Struktur von Psi ein interessantes Gebiet der zukünftigen Forschung für den Physiker mit seinen hochentwickelten Geräten erschließen, dies in Verbindung mit dem Parapsychologen und seiner Erfahrung, psychologisch förderliche Bedingungen für die Beobachtung von Psi hervorzubringen.

ANHANG: ELEKTRONISCHE DETAILS DES ZUFALLSZAHLENGENERATORS

Der RNG wurde aus drei Typen von Mikroschaltungen aufgebaut: Invertierer, Gate und Flip-Flops (Fairchild FµL90029, FµL91529, FµL92629). Zwei logische Spannungsgrößen ergeben sich aus einer positiven Spannung (etwa 2 Volt), der logischen «1», und einer Spannung nahe Null, der logischen «0». Die logischen Funktionen der Inverter und der Torschaltungen [gates] sind in Abb. 1.6 dargestellt. Der Inverter hat nur dann einen positiven Ausgang, wenn der Eingang nahezu auf dem Nullpotential liegt. Das Gate hat einen positiven Ausgang nur dann, wenn alle drei Eingänge nahezu auf dem Nullpotential liegen.

Invertierer

Torschaltung [gate]

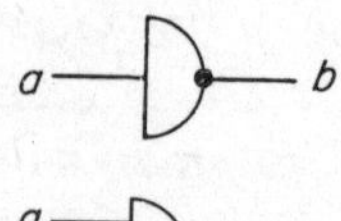

$b = \bar{a}$

$d = \overline{a + b + c}$

Abb. 1.6: Logische Funktionen von Inverter und Torschaltung (gate), ausgedrückt in der Schreibweise der Boolschen Algebra. Die Eingänge liegen links.

Das Flip-Flop (Abb. 1.7) hat zwei mögliche Zustände. In einem Zustand ist der Ausgang O_1 positiv, und der Ausgang O_2 liegt auf Null. Die fünf Eingänge T, S_1, S_2, P_1,

P_2 haben die folgende Funktion: Ein *Löschimpuls* (Eingangsspannung, die genügend rasch von einem positiven Wert nahe zum Grundwert überwechselt), der an T angelegt wird, kippt den Flip-Flop, indem er die Spannungen von O_1 und O_2 vertauscht. Ein *Setzimpuls* an T ändert den Zustand des Flip-Flop nicht.

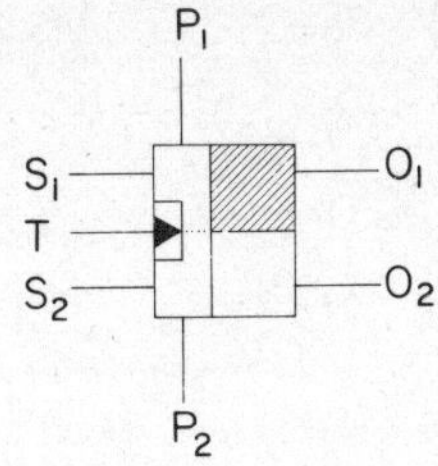

Abb. 1.7: Flip-Flop mit fünf Eingängen und zwei Ausgängen O_1 und O_2

Ein rasch abfallender Impuls (ein nach oben gesetzter Impuls hat keine Wirkung), der gleichzeitig an T und S_1 anliegt, hat dieselbe Auswirkung wie jeder positive (schnelle oder langsame) Impuls an P_1, indem beide das Flip-Flop mit einer positiven Spannung an O_1 belassen (wenn O_1 schon in einem positiven Zustand ist, ändert sich nichts; war O_2 positiv, kippt das System). Die Anschlüsse S_2, P_2 und O_2 funktionieren symmetrisch zu S_1, P_1 und O_1.
Der vollständige Schaltplan des RNG ist in den Abbildungen 1.8a und 1.8b wiedergegeben. Wenden wir uns zuerst Abb. 1.8a zu und nehmen an, daß ein kurzer positiver Impuls auf die Rücksetzleitung (links in Abb. 1.8a) gegeben wurde und daß die Setzleitung auf positivem Potential liegt. Dann sind die Ausgänge des Flip-Flop F_1 positiv, und die Gates G_1 bis G_4 sind geschlossen (die Ausgänge O_1 und O_4 liegen auf Null). Diese Gates zusammen mit den Flip-Flops F_2 und F_3 bilden einen Modulo-4-Zähler. Die beiden Inverter B_1 und B_2 ergeben zusammen mit den zwei Kondensatoren und den beiden Widerständen (die letzteren sind in die Inverterbausteine eingebaut) einen 1-MHz-Rechteckgenerator. Mit Hilfe eines Flip-Flop und der drei Gates werden zwei unterschiedliche Rechteckspannungen, wie sie in Abb. 1.8a eingezeichnet sind, den Eingängen ζ und ε der G_5 und G_6 zugeführt. Die Rechteckspannung, die in G_5 ankommt, wird dort invertiert und treibt den Modulo-4-Zähler. Die Rechteckspannung, die an G_6 liegt, kann diese Torschaltung nicht passieren, da die Setzleitung auf positivem Potential liegt.
Diese Situation, in der der Modulo-4-Zähler sehr schnell arbeitet, aber kein Signal die Ausgänge O_1 bis O_4 erreicht, da die Ausgangsgates G_1 bis G_4 sperren, bleibt so lange bestehen, als keine Drucktaste betätigt wird.
Das Geiger-Müller-Zählrohr registriert Elektronen, die von einer Strontium-90-Quelle mit einer durchschnittlichen Rate von 10 Teilchen pro Sekunde ankommen. Jeder Registriervorgang triggert einen Ein-Puls-Generator an, der einen positiven Impuls von der Dauer von 10^{-5} sec nach G_7 sendet. Dies wiederum setzt den Eingang δ von G_8 für 10^{-5} sec auf Null.
Wird eine Drucktaste betätigt, wird der Setzeingang von G_6 auf Null gesetzt, und dieses Gate gibt einen positiven Ausgang, sobald ein eintretendes Elektron gleichzeitig den Gateeingang δ für 10^{-5} sec auf Null setzt und weiterhin der Eingang von

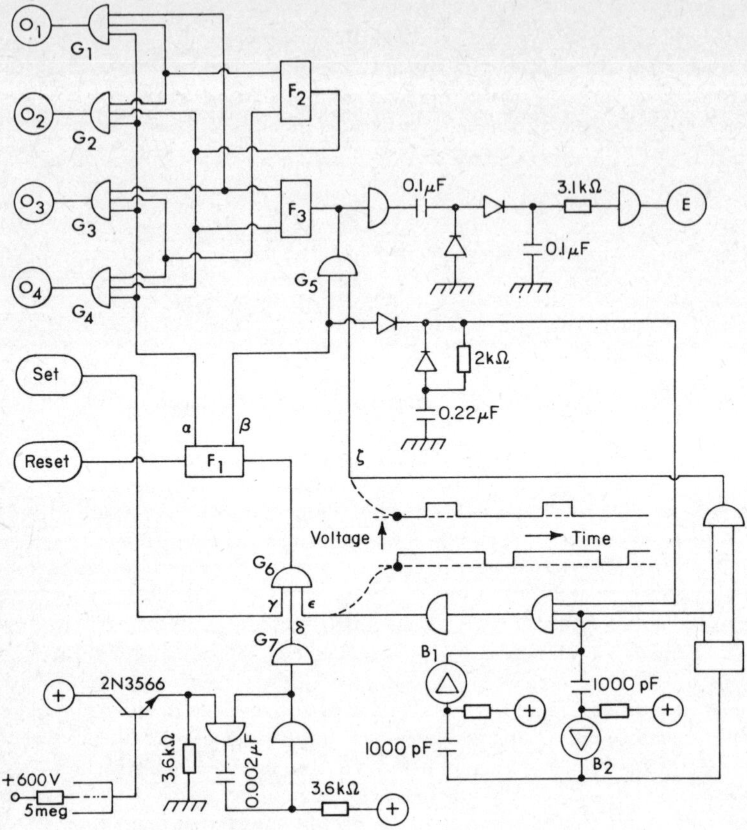

Abb. 1.8a: Zentralteil des RNG. Der Punkt ⊕ liegt an + 3 Volt; der Punkt Ⓔ ist mit allen anderen Punkten, die so bezeichnet sind und in Abb. 1.8a oder 1.8b liegen, verbunden.

G_6 auf Null liegt. Man beachte, daß letztere Bedingung nur zu solchen Zeitpunkten erfüllt ist, in denen sich der Modulo-4-Zähler nicht im Schaltzustand befindet. (Der Zähler schaltet, wenn die Eingangsspannung an F_3 zu Null geht, d.h., wenn die Eingangsspannung an ζ von G_5 an positives Niveau geht.)

Der positive Ausgang von G_6 betätigt das Flip-Flop F_1, schließt das Gate G_5 (das einen sauberen Abschluß der Reihe von Rechteckimpulsen, die zum Modulo-4-Zähler gelangen, liefert), stoppt den Modulo-4-Zähler und öffnet die Ausgangsgates G_1 bis G_4. An dieser Stelle liefert einer der Ausgänge – entsprechend der Halteposition des Modulo-4-Zählers – eine positive Spannung und läßt eine der vier Lampen aufleuchten (Abb. 1.8b), die die erzeugte Zufallszahl anzeigt.

Wird die Drucktaste, die gedrückt wurde, um eine Zufallszahl zu erzeugen, wieder losgelassen, nimmt die Setzleitung wieder ein positives Potential an, und ein kurzer positiver Impuls geht auf die Rücksetzleitung. Diese kippt F_1, schließt G_1 bis G_4, öffnet G_5 und läßt den Modulo-4-Zähler weiterlaufen, bis die nächste Drucktaste gedrückt wird.

Abb. 1.8b vervollständigt die Schaltung des RNG. Wird eine der Drucktasten (links in der Abbildung) gedrückt, werden die vier Eingangsgates geschlossen und das zugehörige Flip-Flop gesetzt, so daß kein anderes Flip-Flop gleichzeitig gesetzt werden

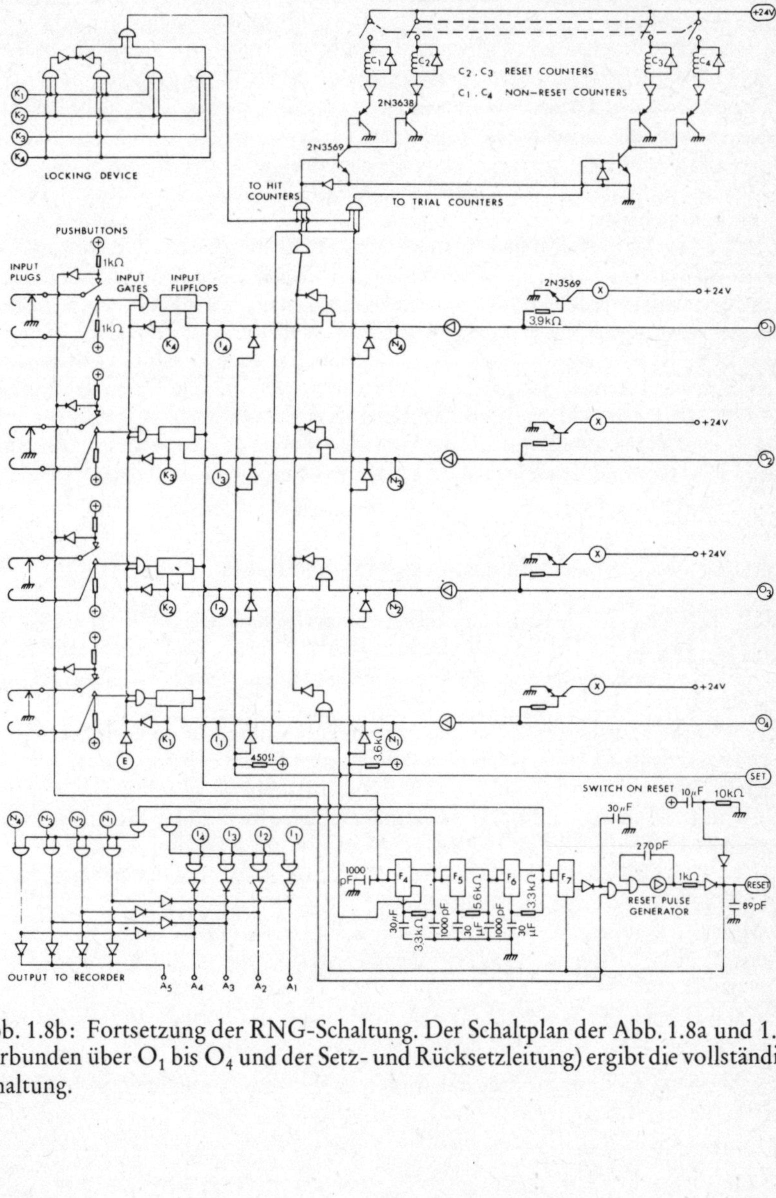

Abb. 1.8b: Fortsetzung der RNG-Schaltung. Der Schaltplan der Abb. 1.8a und 1.8b (verbunden über O_1 bis O_4 und der Setz- und Rücksetzleitung) ergibt die vollständige Schaltung.

kann. Sollten je zwei oder mehr Flip-Flops gleichzeitig gesetzt werden, wird der Zähler durch eine Sperrvorrichtung abgeschaltet.
Die Eingangs-Flip-Flops wirken als saubere elektronische Schalter, die den Eingang sperren, bis ein Rücksetzimpuls ankommt.
Wird eine Zufallszahl generiert, leuchtet eine der Anzeigelampen auf, der Zähler für die Versuchsanzahl geht einen Schritt weiter und der Zähler für die Anzahl der Treffer spricht an, vorausgesetzt, daß die brennende Lampe mit dem gesetzten Eingangs-Flip-Flop korrespondiert. Weiterhin gelangt ein Impuls in die Verzögerungsleitung, die hinter dem Flip-Flop F_4 beginnt. Wird die Drucktaste nur flüchtig betätigt und gleich wieder losgelassen, triggert der Impuls, der von der Verzögerungsleitung kommt, den Rücksetzimpulsgenerator, der den RNG in den Anfangszustand zurücksetzt. Wird die Drucktaste für eine längere Zeit gedrückt, geschieht das Rücksetzen, sobald alle Drucktasten losgelassen werden.
Die von Hand bedienten Drucktasten können durch externe Eingangsrelais ersetzt werden, die elektronisch betrieben werden können. Dies ist für statistische Tests des RNG wünschenswert.
Der RNG ist mit fünf externen Ausgängen A_1 bis A_5 ausgerüstet, durch die die Folge der gedrückten Drucktasten und die erzeugten Zahlen einer Aufzeichnungseinrichtung übermittelt werden können. Nachdem eine Zufallszahl erzeugt worden ist, gibt einer der Ausgänge A_1 bis A_5 einen kurzen Impuls ab, der anzeigt, welche Taste betätigt worden ist. Danach werden 10^{-1} sec nach dem Ende dieses Impulses zwei zusätzliche Impulse gleichzeitig abgegeben, und zwar von A_5 und von einem der Ausgänge A_1 bis A_4. Der erstere identifiziert das Signal als eine Zufallszahl, während der zweite die erzeugte Zufallszahl selbst anzeigt. Die Flip-Flops F_4 bis F_7 sorgen für die genaue Dauer (10^{-1} sec) und den genauen Abstand zwischen diesen Impulsen.

LITERATURHINWEISE*

Beloff, J., Evans, L.: A Radioactive Test of Psychokinesis. J.S.P.R. *41* (1961) S. 41
Beloff, J., Regan, T.: The Edinburgh Electronic ESP Tester. J.S.P.R. *45* (1969) S. 7–13
Bender, H.: Der Rosenheimer Spuk – ein Fall spontaner Psychokinese. Z.P.G.P. *11* (1968) S. 104–112
Cox, W. E.: The Effect of PK on the Placement of Falling Objects. J. Parapsychol. *15* (1951) S. 40–48
Einstein, A., Podolsky, B., Rosen, N.: Can Quantum Mechanical Description of Physical Reality Be Considered Complete? Phys. Rev. *47* (1935) S. 777–780
Eisenbud, J.: The World of Ted Serios. Morrows, New York 1967 [Ins Deutsche übertragen von Ch. Lübke: Gedankenphotographie. Die PSI-Aufnahmen des Ted Serios. Aurum-Verlag, Freiburg/Br. 1975]
Fischer, D., Hübner, H.: Psirecorder '70. Z.P.G.P. *12* (1970) S. 42–59
Forwald, H.: An Approach to Instrumental Investigation of Psychokinesis. J. Parapsychol. *18* (1954) S. 219–233
Green, E., Green, A., Walters, E.: Voluntary Control of Internal States: Psychological

* Zusätzliche Erläuterungen zur deutschen Ausgabe stehen in eckigen Klammern [...]. Dies gilt auch für alle folgenden Literaturhinweise in den nächsten Kapiteln.

and Physiological. J. Transpersonal Psychol. *2* (1970) S. 1–26
McConnell, R. A.: Whishing With Dice. J. Exper. Psych. *50* (1955) S. 269–275 (a)
McConnell, R. A.: Remote Night Test for PK. J.A.S.P.R. *49* (1955) S. 99–108 (b)
Rhine, J. B.: Dice Thrown by Cup and by Machine in PK Tests. J. Parapsychol. *7* (1943) S. 207–217
Rhine, J. B.: New World of the Mind. Sloane, New York 1953
Rhine, L. E.: Mind over Matter. Macmillan, New York 1970 [Ins Deutsche übertragen von H. Künzel: Psychokinese. Die Macht des Geistes über die Materie. Ariston-Verlag, Genf 1977]
Schmidt, H.: Quantum Processes Predicted?, New Scientist, 16. 10. 1969, 114–115
Schmidt, H.: Mental Influence on Random Events. New Scientist, 24. Juni 1971, S. 757–758
Schmidt, H.: PK Tests with a High Speed Random Number Generator. J. Parapsychol. *37* (1973) S. 105–118
[Schmidt, H.: Psi als Wechselwirkung zwischen geistigen Vorgängen und äußeren Quantenprozessen. In: Bauer, E. (Hrsg.): Psi und Psyche. Neue Forschungen zur Parapsychologie. Deutsche Verlagsanstalt, Stuttgart 1974, S. 187–195]
Schmidt, H., Pantas, L.: PK Tests with Internally Difference Machines. J. Parapsychol. *36* (1972) S. 222–232
Tart, C. T.: ESP A Tester: An Automatic Testing Device for Parapsychological Research. J.A.S.P.R. *60* (1966) S. 256–269
Tyrrell, G. N. M.: The Tyrrell Apparatus for Testing Extra-Sensory Perception. J. Parapsychol. *2* (1938) S. 107–118
West, D. J., Fisk, G. W.: A Dual ESP Experiment with Clock Cards. J.S.P.R. *37* (1953) S. 185–197

CHARLES HONORTON*

Außersinnliche Wahrnehmung (ASW) und veränderte Bewußtseinszustände

ÜBERBLICK

Betrachtet man einmal den größten Part, den Hypnose und Trancemedien in der Pionierphase der Forschung im letzten Jahrhundert gespielt haben, ganz zu schweigen von der Rolle, die der Traum beim Studium der spontanen Phänomene spielte, möchte man gerne wissen, ob das unter den Parapsychologen neu zu findende Interesse an den «veränderten Bewußtseinszuständen» [altered states of consciousness] nicht eher einen Rückfall in einen früheren Forschungsstand als einen «neuen Weg» darstellt. Es gibt zwei Gründe, solch ein Interesse als aktuell anzusehen.

Erstens hat sich die Psychologie ihrer behavioristischen Beschränkungen zu guter Letzt entledigt und wieder ihre Aufmerksamkeit den subjektiven Erfahrungen und introspektiven Berichten zugewandt. Die Rhinesche Schule der Parapsychologie suchte den Behaviorismus auf dem eigenen Felde zu schlagen, indem sie zeigte, daß antibehavioristische Schlüsse auf der Grundlage einwandfreier objektiver Daten gezogen werden konnten. Da nunmehr jedoch der Behaviorismus selbst in der Defensive ist, haben die Parapsychologen das Gefühl, daß sie es sich leisten können, in ihren Methoden und Ansätzen breiter und allgemeiner verfahren zu dürfen.

Zweitens – und dies ist wichtiger – haben die technischen Ausrüstungen und die Verfahren, die für die Messung und Aufzeichnung von physiologischen Änderungen, welche mit Änderungen des mentalen Zustandes einhergehen, notwendig sind, ungewöhnliche Fortschritte gemacht – mit dem Ergebnis, daß viele Probleme im Zusammenhang mit den Bewußtseinszuständen in Angriff genommen werden können, ohne ausschließlich auf die Aussagen der Versuchsperson selbst angewiesen zu sein. Besonders hat der Fortschritt in der Elektroenzephalographie [EEG] alle Arten von neuen Möglichkeiten für die Experimentalforschung eröffnet. So hat es zum Beispiel die Entdeckung der späten fünfziger Jahre, wonach die schnelle Augenbewegung [*r*apid *e*ye *m*ovements, sog. REM-Phase] ein verläßliches Anzeichen des Träumens lieferte, zum ersten Male ermöglicht, genau den Zeitpunkt mit Sicherheit festzustellen, an dem die Versuchsperson in eine bestimmte Traumphase eintritt oder sie wieder verläßt. In gleicher Weise können nun physiologische Änderungen, die während des Trancezustandes, während tiefer Entspannung oder während Yoga- resp. Zenmeditationen auftreten, objektiv eingeschätzt und dazu benutzt werden, die Berichte der Versuchspersonen zu bestätigen. Neueren Datums ist die Biofeedbacktechnik, welche die Versuchsperson in die Lage versetzt, ihre eigenen inneren physiologischen Verände-

* Diese Arbeit wurde zum Teil durch die United States Public Health Service Research Grant MH-21628-01, National Institute of Mental Health, unterstützt.

rungen zu überwachen und sie unter Umständen unter Kontrolle zu bringen, obwohl diese Veränderungen notmalerweise der willentlichen Beeinflussung entzogen sind. In diesem Kapitel gibt der Autor, bekanntes Mitglied der Forschergruppe des Maimonides Medical Health Center in New York, zu Beginn einen chronologischen Überblick über zwölf methodisch strenge Versuche, soweit sie in deren Traumlaboratorium vollständig durchgeführt worden sind. Diese Arbeit hat in jeder Hinsicht den Anspruch, zu den herausragendsten Ergebnissen der Parapsychologie während der letzten zehn Jahre zu zählen. Er wendet sich dann den Experimenten mit Hypnose und dem vielfach diskutierten Thema zu, inwieweit die Hypnose für Psi relevant sein kann. Obwohl er einige aufregende experimentelle Beweise anführt, davon einige aus seiner eigenen Arbeit, die die Ansicht bekräftigen, daß Hypnose das Auftreten von ASW erleichtern kann, ist es auch klar, daß wir bis jetzt noch nicht wissen, warum dies so ist und wie der wahre Zusammenhang aussieht.

Abschließend erörtert der Verfasser den Zusammenhang zwischen den Zuständen des Gehirns, charakterisiert durch ein häufiges Auftreten des Alpha-Rhythmus und den ASW-Trefferleistungen, ein Problem, zu dem schon wichtige Beiträge geschrieben worden sind. Auch erörtert er den Gebrauch von Biofeedback, der die Versuchsperson in die Lage versetzt, das Auftreten des Alpha-Rhythmus bis zu einem gewissen Grade zu steuern. Er fand, daß die Versuchspersonen mit den besten ASW-Trefferleistungen gerade diejenigen sind, deren Hirnwellen der breitesten Verschiebung von einem Anfangszustand, charakterisiert durch einen geringen Alpha-Anteil, zu einem Endzustand, der sich durch hohen Anteil auszeichnet, unterliegen. Aufgrund solcher Tatsachen kommt der Autor, indem er zwei Hypothesen – wenngleich noch sehr zögernd – zur Debatte stellt, die voraussichtlich wichtige Auswirkungen auf die zukünftige Forschung haben, zu folgendem Schluß:

Die erste Hypothese, die wir die „Hypothese des Rückzugs" nennen wollen, lautet: „Der Erfolg bei Aufgaben zur außersinnlichen Wahrnehmung wird vergrößert, wenn man die Aktivitäten, die auf äußerliche Aufmerksamkeit gerichtet sind, abschwächt."

Die zweite, die wir die «Hypothese der Zustandsänderungen» nennen wollen, sagt aus: «Relativ große und schnelle Zustandsänderungen sind mit verstärktem Auftreten von ASW verbunden.»

Der Herausgeber

Gibt es identifizierbare mentale Zustände, die besonders zur außersinnlichen Wahrnehmung führen? Historisch gesehen sind mutmaßliche parapsychologische Vorkommnisse häufig mit Begriffsbildungen wie «mediumistische Trance», «motorische Automatismen», «Hypnose», «Meditation» und «Träumen» in Verbindung gebracht worden (Dingwall 1967; Myers 1902; Prabhavananda und Isherwood 1953; L. E. Rhine 1962). Bis vor kurzem ist jedoch wenig systematische Forschung zur Aufhellung der subjektiven Zustände in Verknüpfung mit paranormalen Funktionen betrieben worden (White 1964). Angesichts des behavioristischen «Zeitgeistes» ist es vielleicht nicht verwunderlich, daß frühere Vertreter des Paradigmas des Kartenratens weithin die inneren Zustände ihrer Versuchspersonen außer acht ließen und sich statt dessen auf die relativ groben behavioristischen Kriterien wie allgemeine Gesundheit, Auswirkung neuer Stimuli und die Gegenwart eines unvertrauten Beobachters konzentrierten.

PROBLEME, VORGEHENSWEISEN UND DEFINITIONEN

Schon 1883 schrieb Sir Francis Galton über die Introspektion sarkastisch: «Viele Leute, besonders [aber] Frauen und intelligente Kinder, machen sich aus der Innenschau ein Vergnügen» (GALTON 1883). Traditionellerweise waren Schlüsse bezüglich mentaler Zustände abhängig von den verbalen Berichten der Versuchspersonen. Während Kritiken an der Introspektion zahlreich und wohlbekannt sind, blieb es [doch] das ernsthafte Problem, daß sie zu nichts führten (BORING 1953).

Die Entwicklung empfindlicher psychophysiologischer Überwachungseinrichtungen und -techniken, besonders während des letzten Jahrzehnts, hat zu einer Erneuerung des wissenschaftlichen Interesses an den Bewußtseinszuständen und deren Erforschung geführt (TART 1968). Unter Verwendung psychophysiologischer Erforschungen der Rückerinnerungen an Träume in Form einer Veranschaulichung schlagen Stoyva und Kamiya (STOYVA und KAMIYA 1968) eine neue Vorgehensweise zur Erforschung des Bewußtseins vor. Sie weisen darauf hin, daß die gemeinsame Verwendung von physiologischen Messungen und verbalen Berichten eine konvergierende Vorgehensweise darstellt, die eine zuverlässigere Basis für die Ableitung von Schlüssen über subjektive Zustände liefert. Konvergierende Vorgehensweisen bestehen aus «... jeder Menge von zwei oder mehr experimentellen Operationen, die die Auswahl oder die Eliminierung von alternativen Hypothesen oder Begriffsbildungen, welche ein experimentelles Ergebnis erklären können, erlaubt» (GARNER, HAKE und ERIKSON 1956). Da sie nicht vollständig aufeinander bezogen sind, können sie [nur] bezüglich einer einzigen Begriffsbildung zur Dekkung gebracht werden [konvergieren].

Der Ausdruck «veränderter Bewußtseinszustand» wird zur Bezeichnung des Folgenden verwendet: «Jeder mentale Zustand, hervorge-

rufen durch verschiedene ... Handlungen oder Handelnde, der subjektiv (oder aber durch einen objektiven Beobachter ...) als eine hinreichende Abweichung der subjektiven Erfahrung oder psychologischen Funktion von gewissen allgemeinen Normen für ein Individuum während des aufmerksamen, wachen Bewußtseins erkannt werden kann. Diese hinreichende Abweichung zeigt sich durch eine stärkere als gewöhnliche Beschäftigung mit inneren Empfindungen oder mentalen Vorgängen, durch Änderungen der formalen Ausprägungen der Gedanken und durch eine Beeinträchtigung der Realitätskontrolle in verschiedenen Ausmaßen» (LUDWIG 1966).
Es muß darauf hingewiesen werden, daß Begriffsbildungen wie «Zustand» [nur] einwandfrei als Beschreibungen, nicht als Erklärungen herangezogen werden (HILGARD 1969). Ich stelle mich auf den Standpunkt, daß die Verwendung von Begriffsbildungen wie «Zustand» mit der Anzahl der konvergierenden Messungen zunehmend gerechtfertigt wird (MILLER 1959).
Durch veränderte Bewußtseinszustände vermittelte ASW-Effekte sind insoweit am systematischsten bei Traum, Hypnose und bei dem, was man vormeditative Zustände nennt, bei vorliegenden elektroenzephalographischen (EEG) Alpha-Rhythmen untersucht worden. Der Schwerpunkt dieses Kapitels liegt daher auf einem Überblick der Forschung auf diesem Gebiet.

AUSSERSINNLICHE INHALTE BEI TRÄUMEN

Zustandsspezifische Charakteristiken des Träumens

Träumen ist ein natürlich vorkommender veränderter Bewußtseinszustand, der gewöhnlich mit dem REM-Schlaf [*r*apid *e*ye *m*ovement: rasche Augenbewegungen] verbunden ist und annähernd 25% der menschlichen Schlafzeit ausmacht. Unter den herausragenden physiologischen Begleitumständen sind aus niedrigen Spannungen zusammengesetzte EEG-Frequenzmuster, gepaart mit raschen Augenbewegungen (REMs), Verminderung der Muskelspannung, ausgeprägte Variabilität des Pulses und der Atmung sowie Erektion des Penis zu nennen (HARTMANN 1967). Die experimentelle Dimension des Träumens – von Freud als der «Königsweg des Unbewußten» charakterisiert – ist mit einer lebhaften sensorischen Vorstellungswelt, mit der Fortführung der Gedanken und Erfahrungen während des Tages («Tagesreste»), mit der Vorherrschaft des vorgängig anschaulichen Denkens und mit Symbolisation verbunden. Eine der eindrucksvollsten Entdeckungen der jüngeren Traumforschung besteht in der relativen Schwierigkeit, Trauminhalte durch sensorische Stimulation zu beeinflussen (TART 1965).

Durch Träume vermitteltes Psi – Spontane Fälle

In der Untersuchung einer großen Stichprobe (N = 7119) von spontanen ASW-Erfahrungen* (L. E. RHINE 1962) erweist sich das Träumen als der am häufigsten berichtete Träger der ASW-Vermittlung, indem es annähernd 65% der Fälle abdeckt. Weiterhin liefern 85% der Traumexperimente, aber weniger als die Hälfte der Wachexperimente vollständige – im Gegensatz zu bruchstückhafter oder zerstörter – Information über die äußere «Target»-Situation.
Diese Daten (Tabelle 2.1) legen eine Wechselwirkung zwischen Bewußtseinszuständen (in diesem Fall Träumen gegen Wachen) und Qualität (Signal-Rauschverhältnis) der Psi-Erfahrung nahe.

Tabelle 2.1: Spontane Fälle, bezogen auf Bewußtseinszustände

Berichteter Stand der in Frage kommenden Information	Berichteter Zustand des Bewußtsein		
Target Person/Ereignis	Träumen	Wachen	[Gesamt]
Vollständig	3903	1241	5144
Unvollständig	696	1279	1975
[Gesamt]	4599	2520	7119

Bemerkung: (Chiquadrat) $\chi^2 = 10{,}83$ (df = 1), $P < 0{,}001$
(Daten aus RHINE 1962, Tabelle 1, Seite 93)

* Die Auswertung spontanen Materials ist natürlich in dem Maße begrenzt, wie die Stichprobe als repräsentativ angesehen werden kann. Weiterhin wurde kein Anspruch auf Authentizität der Fälle erhoben. Während diese Studie konsistent mit anderen Zusammenfassungen von spontanen Fällen ist, wird sie [jedoch] hier dazu herangezogen, ein Problem über das Arbeiten mit Psi zu illustrieren, und ist allein nicht beweiskräftig.

Durch Träume vermitteltes Psi – Klinische Beobachtungen

Ebenso hat sich eine beträchtliche klinische Literatur entwickelt, die das Auftreten von «telepathischen» Träumen im Kontext der psychotherapeutischen Situation nahelegt. Vielfach wurden beeindruckende Zusammenhänge zwischen den Träumen der Patienten und gleichzeitigen Ereignissen aus dem privaten Leben der Therapeuten geschildert (Devereux 1953).

Ein experimenteller Zugang

1960 wurden von Ullman exploratorische Voruntersuchungen eingeleitet, die zu einer experimentellen Analogie zu dem spontan durch Traum vermittelten Psi führten. (Einen Überblick über diese vorläufige Arbeit geben Ullman und Krippner 1970.) Es ergab sich eine Standardmethodologie, die in einer Reihe von strengen Experimenten Anwendung fand, welche eine elektrophysiologische Überwachung der Versuchspersonen während der ganzen Nacht mit einschlossen. Während jeder Traumperiode (REM-Phase) betätigte der Versuchsleiter ein Einwegsignal für den Agenten («Sender») der sich, sensorisch isoliert, in einem entfernten Raum oder Gebäude befand (die Entfernungen zwischen Agent und schlafender Versuchsperson betrugen zwischen 18 m und 72 km (siehe Abb. 2.1 und 2.2). Der Agent konzentriert sich während dieses Zeitraums auf ein zufällig ausgewähltes Zielbild [target picture] und versucht, den Inhalt des Traums der Versuchsperson telepathisch zu beeinflussen. Gegen Ende jeder Traumperiode wird die Versuchsperson geweckt und gibt einen Bericht über ihren Traum, der auf Band aufgezeichnet wird. Am nächsten Morgen wird eine nachträgliche Befragung durchgeführt, um zusätzliche Einzelheiten und Assoziationen für jeden Traum ans Licht zu bringen.

Nach Beendigung der experimentellen Serie (die 7–12 Nächte dauern kann), werden die transskribierten Traumberichte und die Kopien der Targetbilder einer Gruppe von Beurteilern [judges] zugesandt, die «blind», d.h. ohne Kenntnis, welches Bild als Target für welche Nacht verwendet worden ist, und unabhängig voneinander den Grad der Übereinstimmung raten (gewöhnlich geschieht dies nach einer Skala mit hundert Punkten). Die durchschnittliche Anzahl der korrekt zugeordneten Paare (d.h. Target der Nacht 1 zu Traum der Nacht 1)

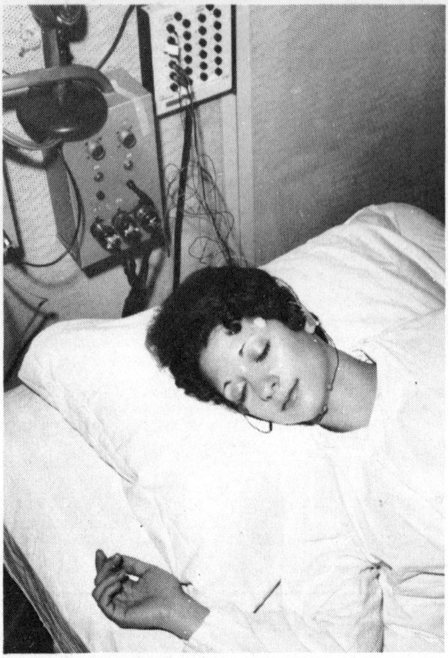

Abb. 2.1: Eine schlafende Versuchsperson in einem geräuschgeschützten abgeschirmten Raum, mit Augen- und Kopfhautelektroden versehen, die dem Untersucher in einem angrenzenden Raum gestatten, die EEG und Augenbewegungsmuster zu überwachen und Traumperioden (Stadium des REM-Schlafes) herauszufinden.

werden statistisch mit der durchschnittlichen Anzahl der nicht richtig zugeordneten Paare (d.h. Target der Nacht 1 zu Träumen der Nacht 2, 3, ... n) durch Varianztests oder Binomialtests (kritischer Bruch) verglichen. Bei den meisten Untersuchungen ordnen auch die Versuchspersonen im Blindversuch das Material von Zielphotos und Transskriptionen einander zu. Die wesentlichen Ergebnisse jeder Untersuchung sind, entsprechend den verschiedenen modifizierten Vorgehensweisen, im folgenden zusammengefaßt.

Versuchsserie I. Untersuchung zur Gewinnung eines Überblicks

Das Anfangsexperiment (ULLMAN, KRIPPNER und FELDSTEIN 1966) diente als Mittel zur generellen Überprüfung, um Versuchspersonen für eine intensivere Untersuchung auszuwählen. Zwölf junge Erwachsene nahmen jeweils eine Nacht [an diesem Experiment] teil. Zwei Agenten standen jeweils für die aufeinanderfolgenden

Nächte zur Verfügung. Eine Varianzanalyse der Zuordnungen der Beurteiler ergab im gesamten keine statistische Signifikanz, obwohl ein signifikanter Unterschied ($P < 0{,}005$) zugunsten des einen Agenten bestand. Die Beurteilung durch die Versuchspersonen wiesen hingegen im gesamten eine Signifikanz auf ($P < 0{,}005$).

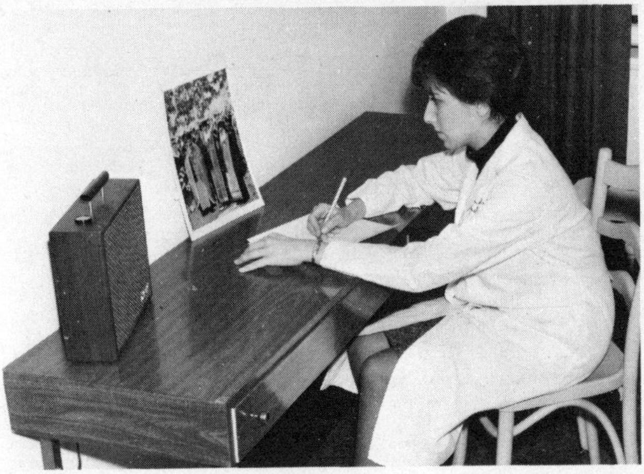

Abb. 2.2: Ein Agent (oder «Sender»), der in einem entfernten Raum sitzt, konzentriert sich bei dem Versuch, den Trauminhalt telepathisch zu beeinflussen, während der Traumperiode der Versuchsperson auf ein Zielbild [target picture].

Versuchsserie II. Die erste ausgewählte Versuchsperson

Die vielversprechendste Versuchsperson aus der Serie I wurde mit dem erfolgreicheren Agenten in einer sieben Nächte dauernden Untersuchung zusammengebracht (ULLMAN, KRIPPNER und FELDSTEIN 1966). Die Varianzanalyse der Zuordnungsbeurteilung war signifikant ($P<0{,}001$), wie auch die Selbstzuordnungen durch die Versuchspersonen ($P<0{,}005$).

Versuchsserie III–V. Weitere Überprüfung und ausgewählte Versuchspersonen

Die Serie III war ein weiterer Ablauf zur Überprüfung von 12 Versuchspersonen; die Gesamtergebnisse waren nicht signifikant (ULLMAN 1969). Die vielversprechendste Versuchsperson wurde für die Versuchsreihe IV ausgesucht, eine Untersuchung über acht Nächte hinweg, die ebenfalls nicht signifikante Ergebnisse zeitigte (ULLMAN 1969). In der Serie V (KRIPPNER 1969) nahm die zweitbeste Versuchsperson aus der Versuchsserie I an einer sechzehn Nächte dauernden Untersuchung teil. Ein Agent war nur während acht Nächten anwesend, was der Versuchsperson nicht bekannt war. Die Ergebnisse waren nicht signifikant.

Versuchsserie VI. Wiederholung mit einer ausgewählten Versuchsperson

Abb. 2.3: (a) Target und (b) multisensorisches Material für die zweite Nacht aus der Serie VI «Regen auf Shono» von Hiroshige (Abdruck durch freundliche Genehmigung der Tudor Publishing Co.). Auszüge aus dem Traumbericht der Versuchsperson: «... Irgend etwas über einen östlichen Menschen, der krank war... es hat mit Quellen zu tun... und einem Wasserschauer...»

Die erfolgreiche Versuchsperson aus den Reihen I und II wurde wieder mit demselben Agenten für eine acht Nächte dauernde Untersuchung zusammengebracht (ULLMAN und KRIPPNER 1969). Dem Zielbild des jeweiligen nächtlichen Einzelversuchs wurde «multisensorisches» Material beigefügt, das den Agenten in die Lage versetzte, hervorstechende Aspekte des Targets zur Geltung zu bringen (siehe Abb. 2.3a und b). Die Ergebnisse dieser Untersuchung waren hochsignifikant ($P < 0{,}0001$).

Versuchsserie VII. Wiederholung mit einer anderen ausgewählten Versuchsperson

Eine Versuchsperson, die signifikante Ergebnisse während einer vorläufigen Untersuchung in einem anderen Labor (HALL 1967) produzierte, nahm an einer acht Nächte dauernden Untersuchung teil (KRIPPNER und ULLMAN 1970). Die Versuchsperson arbeitete mit verschiedenen Agenten, die aufgrund der Einfühlungsreaktion ausgewählt wurden. Die Resultate waren hochsignifikant ($P < 0{,}0004$).

Versuchsserie VIII. Wiederholt gegenüber verschiedenen Targets

Bis hierher wurde bei jedem Experiment ein Target pro Nacht verwendet. Die vier Versuchspersonen der Versuchsreihe VIII (HONORTON, KRIPPNER und ULLMAN 1972) glaubten, daß wiederum so vorgegangen würde, obwohl dies nicht der Fall war. In dieser Untersuchung wurde für eine Periode von vier Nächten dasselbe Target vom Agenten verwendet, während ein davon verschiedenes Target für jeden Traum über einen weiteren Zeitraum von vierzehn Nächten Verwendung fand. Drei der Versuchspersonen erzielten signifikant höhere richtige Paarzuordnungen unter der Bedingung, daß verschiedene Targets Traum für Traum festgelegt wurden. Die vierte Versuchsperson erhielt hochsignifikante Gesamtergebnisse ($P<0{,}0005$), gleichgültig unter welchen Bedingungen gearbeitet wurde.

Versuchsserie IX. Sensorisches «Bombardement» und weite Entfernung

Sieben Versuchspersonen nahmen während jeweils einer Nacht am Experiment teil, während sich der Agent in einem 22 km entfernten Laboratorium einem «sensorischen Bombardement» in einer audiovisuellen Kammer unterzog (KRIPPNER et al. 1971). Target-Programme, die aus thematisch zueinander bezogenen Diareihen bestanden (Themen wie: «Fernöstliche Religionen», «Geburt eines Babys»), ersetzten die herkömmlichen Zielbilder. Die Ergebnisse waren statistisch signifikant ($P = 0{,}004$).

Versuchsserie X. Untersuchung mit einer Gruppe als Agent in weiter Entfernung

Zwei schon vorher erfolgreiche Versuchspersonen nahmen an dieser Untersuchung teil (KRIPPNER, HONORTON und ULLMAN 1973), die in Zusammenarbeit mit der populären amerikanischen Musikgruppe «The Grateful Dead» durchgeführt wurde. Die Gruppe gab eine Reihe von sechs spätabendlichen Konzerten in Port Chester, New York, etwa 72 km vom Laboratorium entfernt. Jeden Abend wurde dem Publikum (durchschnittlich etwa 2000 Personen) Dias mit Anweisungen gezeigt («Sie nehmen eben an einem Experiment zur außersinnlichen Wahrnehmung teil...»), worauf das Target-Dia folgte. Der Name und der Ort der einen Versuchsperson wurde angegeben, jedoch nicht der anderen. Die Ergebnisse der Versuchsperson, die dem Publikum bekannt gemacht wurde, waren signifikant ($P = 0{,}012$), während die Versuchsperson, die unidentifiziert blieb, keine signifikanten Ergebnisse aufwies.

Vorstudien zur Telepathie

Zwischen 1964 und 1969 wurden 83 Voruntersuchungen mit Paaren von Versuchsperson und Agent durchgeführt (Ullman, Krippner und Honorton 1970). Diese exploratorischen Sitzungen wurden durchgeführt, um potentiell begabte Versuchspersonen zu überprüfen, Neuerungen in der Vorgehensweise abzuschätzen und dergleichen mehr. Die experimentellen Kontrollen waren bei diesen vorläufigen Treffen dieselben wie bei den strengen Untersuchungen. Die Ergebnisse waren hochsignifikant ($P < 0{,}00001$).

Versuchsserie XI. Eine präkognitive Traumuntersuchung

Eine Versuchsperson mit einer von ihr berichteten Vorgeschichte von angeblich präkognitiven Erfahrungen nahm an einer acht Nächte dauernden Untersuchung teil, in der sie über eine Erfahrung zu träumen versuchte, die für sie am folgenden Tag zufällig ausgewählt wurde (Krippner, Ullman und Honorton 1971). Für die zufällige Bestimmung des Target-Geschehnisses wurde eine komplizierte Vorgehensweise entwickelt. Die Ergebnisse waren hochsignifikant ($P = 0{,}00018$).

Versuchsserie XII. Präkognitive Wiederholung

Dieselbe Versuchsperson war bei einer sechzehn Nächte dauernden Versuchsreihe dabei (Krippner, Honorton und Ullman 1972). In ungeradzahligen Nächten (1, 3, 5, ... 15) versuchte die Versuchsperson über Targetfestlegungen zu träumen, die sie in den geradzahligen Nächten (2, 4, 6, ... 16) gezeigt bekommen würde. Die Targetfestlegungen bestanden aus Folgen von Farbdias und dazugehörigen Geräuscheffekten, die bezüglich eines besonderen Themas zusammengestellt worden waren (z. B. aus dem Film «2001 – Odyssee im Weltraum», «Polizei», «Vögel», vergl. Abb. 2.4). Nach jeder präkognitiven (ungeradzahligen) Nacht begann ein Techniker, der bezüglich der Traumberichte der Versuchsperson «blind» war, mit einer komplizierten Prozedur, die Targetzusammenstellung zufällig auszuwählen. Für die präkognitiven Nächte war das Ergebnis hochsignifikant ($P = 0{,}0012$), nicht jedoch für die (geradzahligen) Nächte, die dem Experiment folgten.

Abb. 2.4: Beispiel «Vögel»

Stichprobe aus der Targetzusammenstellung, die in der sechzehnten Nacht der zweiten Untersuchung über den präkognitiven Traum (Serie XII) benutzt wurde. Auszug aus dem Traum der Versuchsperson: «... Es ist Bob Morris dabei. Seine Experimente mit Vögeln ... ein paar Enten und so ... Da ist eine ganze Menge von Alraun-Gänsen [mandrake-goose] und verschiedene Vögel ... Eben habe ich das Gefühl, daß das nächste Target irgend etwas über Vögel sein wird.»

Überblick über andere Untersuchungen

Die obigen Forschungsarbeiten wurden alle an unserem Laboratorium am Maimonides Medical Center durchgeführt. Über einige Versuche zur Wiederholung dieser Untersuchungen ist von unabhängigen Forschern berichtet worden, Globus und Mitarbeiter (GLOBUS et al. 1968) führte eine siebzehn Nächte dauernde Untersuchung mit einer Versuchsperson durch, die von sich behauptete, paranormale Begabung zu haben. Eine Bewertung der Zuordnungen durch die Beurteiler ergab im gesamten kein signifikantes Resultat, obwohl Sitzungen, die die Beurteiler mit fester Überzeugung zuordneten, signifikant waren. Hall (HALL 1967) berichtete über signifikante Ergebnisse in einer Voruntersuchung mit einer Versuchsperson. Belvedere und Foulkes (BELVEDERE und FOULKES 1971; FOULKES et al. 1972) berichteten über versuchte Wiederholungen der Maimonidesversuchsserien VII und IX, die zu keinen signifikanten Ergebnissen führten. Van de Castle (VAN DE CASTLE 1971) berichtete von signifikanten Ergebnissen eines Experiments, bei dem die spontane Rückerinnerung an einen Traum eine Rolle spielte.

ASW UND HYPNOSE

Zustandsspezifische Eigenarten der Hypnose

Hypnose ist nach traditioneller Auffassung ein künstlich herbeigeführter veränderter Bewußtseinszustand, der durch bestimmte «Induktions»-Techniken herbeigeführt wird. Zu den Grundcharakteristiken der Hypnose gehören Passivität, Zerstreuung der Aufmerksamkeit, ein erhöhter Grad an Phantasie und an Rollenverhalten sowie eine reduzierte Realitätskontrolle mit zunehmender Toleranz gegenüber Realitätsstörung und auch extreme Suggestibilität (HILGARD 1965). Physiologische Korrelate, die zuverlässig zwischen dem hypnotischen und dem Wachzustand unterscheiden, sind nicht entdeckt worden, und eine kürzliche Untersuchung (BARBER 1969) stellt viele traditionelle Begriffsbildungen im Zusammenhang mit dem Verhalten in Hypnose in Frage.

Frühere Behauptungen

Seit Mesmers Zeiten (1734–1815) sind Behauptungen über «herumreisendes Hellsehen» [travelling clairvoyance], «Gemeinschaft der Empfindung» [community of sensation], «Suggestion auf Entfernung» und über andere angebliche paranormale Effekte in Hypnose aufgestellt worden (DINGWALL 1967). Im frühen 19. Jahrhundert wurden diese sogenannten «höheren Phänomene des Hypnotismus» als definierende Eigenart der tiefen Hypnose angesehen (BINET und FÉRÉ 1888).

Kartenexperimente in Hypnose kontra Wachzustand

Zwölf experimentelle Untersuchungen liegen vor, bei denen die ASW-Kartenexperimente unter Hypnose mit dem Wachzustand verglichen worden sind (HONORTON und KRIPPNER 1969). Diese Experimente legen einen Einfluß der Hypnose auf ASW nahe. Neun der zwölf Untersuchungen ergaben signifikante Unterschiede zwischen dem Erfolg des Kartenratens in Hypnose und im Wachzustand. Diese Untersuchungen weisen darauf hin, daß Hypnose die Stärke der außersinnlichen Wahrnehmung (Größenordnung der Abweichung)

eher beeinflußt als die Richtung (Vorzeichen der Abweichung, d.h. unter oder über dem Zufall). Eine genauere Durchsicht dieser Untersuchungen legt weiterhin nahe, daß der Zuwachs an ASW-Abweichungen durch Hypnose nicht den direkten Suggestionen zur höheren Trefferleistung zuzuschreiben ist und daß Suggestibilität nicht als solche mit außersinnlichem Erfolg hochgradig korreliert ist (HONORTON 1969a; STANFORD 1972).
Einige neuere Ansätze über ASW und Hypnose sind veröffentlicht worden und sollen kurz zusammengefaßt werden.

Telepathische Hypnose

Wassiliew (VASILIEW 1963) berichtet über die erfolgreiche Bestätigung der aus dem neunzehnten Jahrhundert stammenden These der «Suggestion auf Entfernung» bei Experimenten, bei denen der hypnotisierende Agent versucht, das Drücken einer Versuchsperson auf einen Gummiball zu zufällig bestimmten Zeitabschnitten zu beeinflussen. Wassiliew nennt nur sechs Fehlschläge bei 260 Einzelversuchen. Unglücklicherweise sind diese Untersuchungen nicht mit genügenden Details beschrieben worden, um eine saubere kritische Einschätzung zu erlauben.

Hypnotische Unterscheidung von korrekten/unkorrekten Antworten

Fahler und Osis (FAHLER und OSIS 1966) haben eine Untersuchung mit zwei Versuchspersonen vorgelegt, denen unter Hypnose Anweisungen gegeben wurden, die zu einer introspektiven Unterscheidung zwischen richtigen und unrichtigen ASW-Antworten anspornen sollten. In 1950 Fällen gaben die Versuchspersonen «Antworten» [confidence calls] über Einzelversuche ab, von denen sie am meisten davon überzeugt waren, daß sie durch ASW zustande kamen. Die Ergebnisse für diese «confidence calls» waren hochsignifikant ($P = 2 \cdot 10^{-8}$).

Training von ASW durch Hypnose?

Jüngste Behauptungen (RYZL 1966) über hypnotische Trainingstechniken zur Entwicklung der ASW-Fähigkeiten bei unausgewählten Versuchspersonen weckten beträchtliches Interesse. Die Methodik selbst ist anderweitig zusammengefaßt dargestellt worden (HONORTON und KRIPPNER 1969). Während eine Versuchsperson, die sich Ryzls «Trainingsprogramm» unterzog, in einer ausgedehnten Versuchsreihe signifikante Trefferleistungen vollbrachte (RYZL und OTANI 1967), bleibt weiterhin unklar, welche Rolle, wenn überhaupt, die hypnotische Vorbereitung spielt, und es liegt eine Anzahl nicht erfolgreicher Versuche vor, diese Technik zu validieren (STEPHENSON 1965; HADDOX 1966; BELOFF und MANDLEBERG 1966). Man sollte jedoch erwähnen, daß alle Wiederholungsversuche, soweit berichtet, von Ryzls Methode in einer potentiell wichtigen Weise abweichen.

Außersinnliche Wahrnehmung in hypnotisch induzierten Träumen

Krippner (KRIPPNER 1968) legte eine Untersuchung über die bildlichen Vorstellungen bei Wachen, Träumen und in Hypnose in bezug auf außersinnliche Wahrnehmung vor. Sechzehn Versuchspersonen erstellten Protokolle über ihre inneren bildlichen Vorstellungen, während ein Agent sich auf zufällig ausgewählte Targetbilder konzentrierte. Die Hälfte der Versuchspersonen wurde hypnotisiert und die andere Hälfte bildete eine wache Kontrollgruppe. Bei der Hypnosegruppe wurde eine signifikante ($P<0{,}001$) Übereinstimmung von Target und der inneren Vorstellung erreicht, die auf einen kurzen posthypnotischen Schlaf folgte. Die Versuchspersonen der Kontrollgruppe erreichten eine signifikante ($P<0{,}01$) Übereinstimmung, die sich auf die bildliche Vorstellung bezog, die durch eine spontane Traumerinnerung zutage gefördert wurde.

Honorton und Stump (HONORTON und STUMP 1969) wählten für ein Experiment über hypnotisch induzierte Hellseh-Träume sechs Versuchspersonen aus, die in das obere Quartil des Standardtests für hypnotische Beeinflußbarkeit fielen. Nachdem sie in Hypnose versetzt worden waren, wurde den Versuchspersonen suggeriert, über zufällig ausgewählte Zielbilder (während der Hypnose) zu träumen, die in undurchsichtige Umschläge gesteckt worden waren. Fünf Versuchspersonen hatten vier hypnotische Träume mit vier verschiedenen Targets und eine Versuchsperson träumte acht hypnotische Träume mit acht Targets in zwei Sitzungen. Eine blinde Auswertung der Target-Traum-Paare durch die Versuchspersonen ergab signifikante Ergebnisse ($P<0,02$), während nichtsignifikante Ergebnisse durch einen außenstehenden Beurteiler zustande kamen. Beispiele für Zielbilder sind in den Abb. 2.5 und 2.6 gezeigt.

Eine besonders erfolgreiche Replikation dieser Untersuchung berichteten Parker und Beloff (PARKER und BELOFF 1970) (signifikant auf dem 0,02 Niveau) innerhalb eines methodisch sehr ähnlichen Experiments, außer daß für jede der zehn Versuchspersonen eine zweite Sitzung mit durchgeführt wurde. Zwischen den beiden Sitzungen wurde ein signifikanter ($P = 0,011$) Absinkungseffekt festge-

Abb. 2.5: Target[bild] «Anbetung der Hirten» von El Greco (Metropolitan Museum of Art, H. O. Havermyer Sammlung) aus einer hypnotischen Traumuntersuchung. Aus dem hypnotischen Traumbericht der Versuchsperson: «Die Jungfrau Maria. Eine Statue und Jesus Christus. Eine alte Kirche mit zwei grasüberwachsenen Säulen am Kirchenportal. Die Jungfrau Maria hielt Jesus als Kind».

stellt. Ein zweites Experiment führte zu keinen signifikanten Ergebnissen. Zwei zusätzliche unabhängige Wiederholungen mit signifikanten Resultaten sind kürzlich veröffentlicht worden (Glick und Kogen 1971; Keeling 1971).

Eine Wiederholung und Erweiterung der Honorton-Stump-Untersuchung (Honorton 1972) führte zu signifikanten Ergebnissen ($P<0,04$) bei hypnotisierten Versuchspersonen mit hohem Grad an hypnotischer Beeinflußbarkeit. Versuchspersonen mit niedriger Beeinflußbarkeit und Versuchspersonen in einer Gruppe mit dem Ziel, im wachen Zustand «Imaginationen» zu haben, erzielten keine signifikanten Ergebnisse. Selbstbeurteilungen der «Traumqualität» und «Zustandsberichte», die angelegt wurden, um die Selbsteinschätzung der Versuchspersonen über die «Tiefe» der Hypnose beurteilen zu können, wurden als konvergierende Meßgrößen verwendet. Einschätzungen über hohe Traumqualität und Zustandsberichte darüber wurden mit signifikant mehr ASW-Treffern (korrekte Target-Transkriptionszuordnung) in Verbindung gebracht.

ASW UND ZUSTÄNDE, DIE MIT ALPHA-WELLEN VERBUNDEN SIND

Zustandsspezifische Eigenheiten

Die Aktivität des Alpha-Rhythmus beim EEG (8–13 Hz), die am hervorstechendsten in der Okzipetalregion des Kortex vorkommt, wurde mit Zuständen verminderter Aufmerksamkeit, Reduktion der gedanklichen Vorgänge und mit Entspannung in Verbindung gebracht (Kamiya 1968, Brown 1971). Versuche, die zustandsspezifischen Eigenheiten von konstitutionellen Faktoren abzutrennen, deuten darauf hin, daß der Alphazustand mit einer innerlich gerichteten Verschiebung der Aufmerksamkeit, einer Reduktion der Augenbewegung (wahrscheinlich hängt dies mit einer Abnahme der geistigen bildlichen Vorstellung zusammen) und einem abnehmenden Muskeltonus verbunden ist (Honorton, Davidson und Bindler 1972).

Ein Großteil des gegenwärtigen Interesses an Alphazuständen rührt von der Entdeckung her, daß Fortgeschrittene, die Zen und Yoga-Meditation praktizieren, einen Anstieg der Alpha-Amplitude und einen Überschwang der Gefühle zeigen (Kasamatsu und Hirai 1966; Anand, Chhina und Singh 1961; Wallace 1970).

Abb. 2.6: Target[bild] «Der Kinryuszan Tempel» von Hiroshige (Abdruck durch freundliche Genehmigung der Tudor Publishing Co.) aus einer hypnotischen Traumuntersuchung. Der Traumbericht der hypnotisierten Versuchsperson: «Eine Menge von Dingen – ein Wagen fährt vorbei. Ein Raum mit Partydekorationen. Obwohl ich Leute sah, war niemand da. Dann wurde alles weiß. Ich sah eine goldene Truhe, wie eine Schatztruhe eines Piraten, aber glänzend und neu. Auf dem Boden keine Dekorationen, sie waren an Decken und Wänden. Es war da ein Tisch mit Sachen drauf. Rote Ballons, rote Trinkschalen, aus denen man Punsch trinkt.»

Alpha-Zustände und Anekdotisches über ASW

Von den alten *Yoga Aphorismen* des Patanjali (PRABHAVANANDA und ISHERWOOD 1953) bis zum heutigen Tage (YOGANANDA 1946) hat man sich vorgestellt, daß die Bewußtseinszustände, die durch östliche Meditationstechniken erreicht wurden, mit der sie begleitenden Entfaltung der *Shiddis* oder paranormalen Kräften verknüpft sind. Whites Analyse (WHITE 1964) der introspektiven Berichte von «begabten» Versuchspersonen legt einen meditativen Zustand nahe: Die Empfänglichkeit für außersinnliche Wahrnehmung ist bei diesen

Versuchspersonen mit «tiefer geistiger und körperlicher Entspannung» verbunden, mit dem Abbau von Streß, mit Passivität, Rückzug von der Außenwelt und mit der Fähigkeit, den Geist «zum Schweigen zu bringen». Diese Beschreibungen sind ebenfalls den subjektiven Berichten von Versuchspersonen ähnlich, die im Labor hochgradiges Auftreten von Alphawellen erzeugen (KAMIYA 1968; BROWN 1971; HONORTON, DAVIDSON und BINDLER 1972).

Laboruntersuchungen

Als eine Folge [hiervon] verbreitete sich die Forschungsrichtung, die die verschiedenen Parameter einer möglichen Beziehung zwischen ASW und Alpha-Wellen untersucht, sehr rasch. Über ein Dutzend Untersuchungen sind bis zur Abfassung dieser Arbeit vorgelegt worden, alle außer zwei sind seit 1969 erschienen. Ziel, Methodologie und Vorgehensweise bei der Behandlung der Versuchspersonen variierten stark, je nach dem, welche ASW-Aufgabenstellungen herangezogen wurden; ein zusammenhängendes Bild ist aus den Daten bis jetzt noch nicht gewonnen worden. Einige der Untersuchungen verweisen auf einen positiven Zusammenhang von einem überwiegenden Alphaanteil und ASW (CADORET 1964; HONORTON 1969b; MORRIS und COHEN 1969; MORRIS et al 1971, RAO und FEOLA 1972), während andere Untersuchungen (STANFORD und LOVIN 1970; HONORTON und CARBONE 1971) einen negativen Zusammenhang zeigen. Wieder andere (LEWIS und SCHMEIDLER 1971) erhielten beide Ergebnisse in Form einer differenzierten Beziehung zwischen zwei Typen von ASW-Aufgabenstellungen. Die insofern am meisten in sich stimmige Entdeckung besteht in einer Außersinnlichen Wahrnehmungsleistung, die mit einer Zunahme der Alpha-Häufigkeit (Frequenz) in Zusammenhang gebracht wird (STANFORD und LOVIN 1970; STANFORD 1971; STANFORD und STEVENSON 1972).
Bezüglich der Bewußtseinszustände wurden Schlüsse aus diesen Untersuchungen ausschließlich aufgrund von EEG-Kriterien gezogen. In einer kürzlichen Untersuchung mit Biofeedbacktraining (HONORTON, DAVIDSON und BINDLER 1971) wurden 23 Versuchspersonen darauf trainiert, ihre Alpha-Produktion in einer Reihe von alternativen Ja/Nein [On/Off] Versuchen unter Kontrolle zu bringen (KAMIYA 1968). Zusätzlich zur okzipetalen EEG-Aktivität wurden

auch die Augenbewegungen und der Grad der Muskelspannung der Versuchsperson überwacht. Die Versuchspersonen wurden dazu angehalten, über ihren Zustand zu berichten, während sie das Alphavorkommen zu erhöhen (Alpha ON) oder zu erniedrigen (Alpha OFF) suchten. Die Skala für den Zustandsbericht war darauf eingeteilt, den Grad der Entspannung und die Gerichtetheit der Aufmerksamkeit (von «nach außen gerichtet» bis «nach innen gerichtet») zu messen. Während Alpha, Augenbewegungen und Muskelspannung untereinander nicht signifikant in Beziehung traten, standen die Zustandsberichte mit allen drei physiologischen Meßgrößen in Beziehung. Berichte über Zustände, definiert als «nach innen gerichtet» und entspannt [high states], waren mit relativ hohem Alpha-Anteil, reduzierter Augenbewegung und reduzierter Muskelspannung verbunden (HONORTON, DAVIDSON und BINDLER 1972), was eine konstruktive Bewertung der Skala der Zustandsberichte ergab. In einer zweiten Sitzung führten die Versuchspersonen Kartenversuche für Hellsehen durch, während alternativ der Alpha-Anteil erhöht resp. erniedrigt wurde und Zustandsberichte gegeben wurden. Versuchspersonen mit Berichten über sog. High-Zustände erzielten signifikant höhere ASW-Trefferraten ($P<0,01$) in Versuchen mit angestrebtem höherem Alpha [Alpha ON] und signifikant niedrigere Trefferzahlen bei angestrebten Versuchen mit erniedrigtem Alphaanteil [Alpha OFF] ($P<0,01$). Die offensichtliche Wechselbeziehung zwischen den Selbstberichten und den EEG-Werten zur außersinnlichen Wahrnehmung deutet darauf hin, daß durch den Zustand, in dem all diese Meßgrößen konvergieren, Psi verstärkt wird. Eine weitere Unterstützung für diese Folgerung wird aus einer detaillierteren Analyse klar, die von Versuchspersonen handelt, welche mit den erwarteten Alpha-Zustandsmustern vollständig übereinstimmten (d.h. Alpha vorhanden – Berichte über «High»-Zustand; Alpha nicht vorhanden – Berichte über «Low»-Zustand). Diese Versuchspersonen, die über die Hälfte der gesamten Stichproben der Versuchspersonen ausmachten ($N = 12$), erzielten bei Versuchen mit vorhandenem Alpha unabhängig signifikant über dem Zufall liegende Trefferraten ($P<0,01$). Wie in den oben berichteten hypnotischen Traumuntersuchungen (HONORTON 1972) erzielten Versuchspersonen mit umfangreichen Berichten über eine nach innen gerichtete Verschiebung der Aufmerksamkeit höhere ASW-Trefferraten als Versuchspersonen mit wenig oder keiner Verschiebung der Aufmerksamkeit ($P = 0,05$).

Ähnliche Ergebnisse erhielt man bei einem ASW-Experiment, das unter den Bedingungen der teilweisen sensorischen Isolation durchgeführt wurde (HONORTON, DRUCKER und HERMON 1973). In dieser Untersuchung gaben die Versuchspersonen Zustandsberichte in Fünfminutenabständen, während sie in einem frei aufgehängten sensorischen Isolationskäfig eingeschlossen waren. Während der letzten zehn Minuten des Aufenthalts versuchte ein Agent mit einem zufällig ausgewählten Targetbild die bildliche Vorstellungswelt [mental imagery] der Versuchsperson zu beeinflussen. Versuchspersonen mit Berichten über den High-Zustand erzielten ein signifikantes Erfolgsniveau (P = 0,025). Die Größenordnung der *Verschiebung* des Zustandes (von den ersten bis zu den letzten zehn Minuten) wurde mit dem Erfolg in Beziehung gebracht: Versuchspersonen mit einer starken (d.h. über dem Durchschnitt liegenden) Verschiebung der inneren Orientierung erzielten signifikant über dem Zufall liegende Trefferleistungen (P = 0,011), während Versuchspersonen mit [nur] geringer (d.h. unter dem Durchschnitt liegender) Verschiebung, oder mit Verschiebung in Richtung äußerer Orientierung, keine signifikant unter dem Zufall liegende Trefferzahlen aufzuweisen hatten.

VERSUCH EINER VERALLGEMEINERUNG UND KÜNFTIGE AUSRICHTUNGEN

Wie sieht nun der gemeinsame Nenner für die augenscheinliche Verstärkung von Psi bei diesen psychophysiologisch so heterogen ausgeprägten veränderten Bewußtseinszuständen aus? Die Schwierigkeiten bei der Beeinflussung des Trauminhaltes durch sensorische Anregung [stimulation], wie sie vorher erwähnt wurden, attestieren dem sensorischen Rückzug die Charakteristiken des Träumens; Hypnose beinhaltet den Rückzug der Aufmerksamkeit von der äußeren Umwelt, relativ zur nichthypnotischen Wachsamkeit; Alpha-Aktivität (gewöhnlich hervorstechend bei Hypnose) wird durch sensorische Stimulation blockiert; und ähnliche Effekte könnten direkt in sensorischer Isolation erzeugt werden.

Empirische Verallgemeinerung 1:
Der Erfolg bei Aufgaben zur außersinnlichen Wahrnehmung wird

vergrößert, wenn man die Aktivitäten, die auf äußerliche Aufmerksamkeit gerichtet sind, abschwächt.

Die Untersuchungen mit phänomenologischen Größen (HONORTON, DAVIDSON und BINDLER 1971; HONORTON, DRUCKER und HERMON 1973; HONORTON 1972) deuten an, daß erfolgreiches Auftreten von Psi mit schnellen Verschiebungen von einem Zustand zum anderen verbunden ist.

Empirische Verallgemeinerung 2:
Relativ breite und schnelle Verschiebungen der Zustände sind mit verstärktem Auftreten von ASW verbunden.

Es ist bis jetzt noch nicht klar, ob diese Aussagen im Sinne einer gerichteten Verschiebung ausgedrückt werden sollen. Verschiedene Untersuchungen zeigen eine positive Korrelation zwischen einer sich verlangsamenden Alpha-Frequenz während einer dem Versuch vorausgehenden Zeitspanne des sich «geistigen Klärens» [pretest mind clearing] und dem nachfolgenden ASW-Erfolg; dies hat auch gezeigt, daß signifikante ASW mit einer Beschleunigung der Alpha-Frequenz während der ASW-Aufgabenstellung selbst verbunden ist (STANFORD und LOVIN 1970; STANFORD und STEVENSON 1972). Der Ablauf von ASW kann mehrere ziemlich unterscheidbare Phasen durchlaufen – mit einem verinnerlichten Bewußtsein in der Vorbereitungs- (oder Empfangs?)phase, die gefolgt wird von einer leichten Erregtheit während der Phase der Antworten.
Eine solche Interpretation deckt sich mit den phänomenologischen Beschreibungen von augenscheinlich begabten Versuchspersonen (WHITE 1964) und mit dem «Abstellen» [shutting down] und Schärfen («Zentrieren») der Aufmerksamkeit, wie sie in der Meditationsliteratur berichtet werden (z. B. PRABHAVANANDA und ISHERWOOD 1953). Während die Erforschung der ASW bei meditativen Zuständen gerade erst beginnt, sind vorläufige Untersuchungen ermutigend gewesen (OSIS und BOKERT 1971; SCHMEIDLER 1970).
Die Schilderung von Zuständen auf einem deskriptiven Niveau, die für Psi optimal sind, liefert die Grundlage für einen funktionalen Ansatz, mit dem die Versuchsperson trainiert werden könnte (z. B. Biofeedback, Meditation), diese Zustände anzunehmen und zu kontrollieren. Die Untersuchung von Honorton, Davidson und Bindler

(Honorton, Davidson und Bindler 1971) ist ein Prototyp dieses Vorgehens.

LITERATURHINWEISE

Anand, B., Chhina, G., Singh, B.: Some aspects of electroencephalographic studies in yogis. Electroencephalo. clin. Neurophysiol. *13* (1961) S. 452–456.

Barber, T. X.: Hypnosis: a scientific approach. Van Nostrand Reinhold, New York 1969

Beloff, J., Mandleberg, I.: An attempted validation of the «Ryzl technique» for training ESP subjects. J.S.P.R. *43* (1966) S. 229–249

Belvedere, E., Foulkes, D.: Telepathy and dreams: a failure to replicate. Percep. mot. Skills *33* (1971) S. 783–789

Binet, A., Féré, S.: Animal Magnetism. Appleton, New York 1888

Boring, E. G.: A history of introspection. Psych. Bull. *50* (1953) S. 169–189

Brown, B.: Awareness of EEG-subjective activity relationship detected within a closed feedback system. Psychophysiol. *7* (1971) S. 451–464

Cadoret, R. J.: An exploratory experiment: continuous EEG recording during clairvoyant card tests. J. Parapsychol. *28* (1964) S. 226 (Abstract)

Devereux, G.: Psychoanalysis and the Occult. International University Press, New York 1953

Dingwall, E. J. (Ed.): Abnormal Hypnotic Phenomena (4 Vol.). Churchill, London 1967

Fahler, J., Osis, K.: Checking for awareness of hits in a precognition experiment with hypnotized subjects. J.A.S.P.R. *60* (1966) S. 340–346

Foulkes, D., Belvedere, E., Masters, R., Houston, J., Krippner, S., Honorton, C., Ullman, M.: Long-distance «sensory-bombardment» ESP in dreams: a failure to replicate. Percep. mot. Skills *35* (1972) S. 731–734

Galton, F.: Inquiries into Human Faculties. Longmans, London 1883

Garner, W. R., Hake, H., Ericksen, C. W.: Operationism and the concept of perfection. Psychol. Rev. *63* (1956) S. 149–159

Glick, B., Kogen, J.: Clairvoyance in hypnotized subjects: positive results. J. Parapsychol. *35* (1971) S. 331 (Abstract)

Globus, G.: An appraisal of telepathic communication in dreams. Psychophysiol. *4* (1968) S. 365 (Abstract)

Haddox, V.: A pilot study of hynotic method for training subjects in ESP. J. Parapsychol. *30* (1966) S. 277–278 (Abstract)

Hall, C.: Experimente zur telepathischen Beeinflussung von Träumen. Z.P.G.P. *10* (1967) S. 18–47

Hartmann, E.: The Biology of Dreaming. C. C. Thomas, Springfield (Ill.) 1967

Hilgard, E.: Hypnotic Susceptibility. Harcourt, Brace & World, New York 1969

Hilgard, E.: Altered states of awareness. J. Nerv. ment. Dis. *149* (1969) S. 68–79

Honorton, C.: A combination of techniques for the separation of high- and low-scoring ESP subjects: experiments with hypnotic and waking-imagination instructions. J.A.S.P.R. *63* (1969) S. 69–82 (a)

Honorton, C.: Relationship between EEG alpha activity and ESP card-guessing performance. J.A.S.P.R. *63* (1969) S. 365–374 (b)
Honorton, C.: Significant factors in hypnotically-induced clairvoyant dreams, J.A.S.P.R. *66* (1972) S. 86–102
Honorton, C., Carbone, M.: A preliminary study of feedback-augmented EEG alpha activity and ESP card-guessing performance. J.A.S.P.R. *65* (1971) S. 66–74
Honorton, C., Davidson, R., Bindler, P.: Feedback-augmented EEG alpha, shifts in subjective state, and ESP card-guessing performance. J.A.S.P.R. *65* (1971) S. 308–323
Honorton, C., Davidson, R., Bindler, P.: Shifts in subjective state associated with feedback-augmented EEG alpha. Psychophysiol. *9* (1972) S. 269–270 (Abstract
Honorton, C., Drucker, S., Hermon, H.: Shifts in subjective state and ESP under conditions of partial sensory deprivation. J.A.S.P.R. *67* (1973) S. 191–197
Honorton, C., Krippner, S., Ullman, M.: Telepathic transmission of art prints under two conditions. Proc. 80th Ann. Conv. Amer. Psychol. Assn. (1971) S. 319–320
Honorton, C., Stump, J.: A preliminary study of hypnotically – induced clairvoyant dreams. J.A.S.P.R. *63* (1969) S. 175–184
Kamiya, J.: Operant control of the EEG alpha rhythm and some of its reported effects on consciousness. In: Tart, C. (Ed.): Altered States of Consciousness. Wiley, New York 1969
Kasamatsu, A., Hirai, T.: An electroencephalographic study of the zen meditation (zazen). Folia Psychiatrica et Neurologica Japonica *20* (1966) S. 315–336 [auch in: Tart, C. T. (Ed.): Altered States of Consciousness. Wiley, New York 1969]
Keeling, K.: Telepathic transmission in hypnotic dreams: an exploratory study. J. Parapsychol. *35* (1971) S. 330–331
Krippner, S.: Experimentally induced telepathic effects in hypnosis and non-hypnosis groups. J.A.S.P.R. *62* (1968) S. 387–398
Krippner, S.: Investigations of «extra-sensory» phenomena in dreams and other altered states of consciousness. J. Amer. Soc. psychosom. dent. Med. *16* (1969) S. 7–14
Krippner, S., Honorton, C., Ullman, M.: A long-distance ESP dream study with the «Grateful Dead». J. Amer. Soc. psychosom. dent. Med. *20* (1973) S. 9–17
Krippner, S., Honorton, C., Ullman, M.: A second precognitive dream study with Malcolm Bessent. J.A.S.P.R. *66* (1972) S. 269–279
Krippner, S., Honorton, C., Ullman, M., Masters, R., Houston, J.: A long-distance «sensory-bombardment» study of ESP in dreams. J.A.S.P.R. *65* (1971) S. 468–475
Krippner, S., Ullman, M.: Telepathy and dreams: a controlled experiment with EEG-EOG monitoring. J. Nerv. ment. Dis. *151* (1970) S. 394–403
Krippner, S., Ullman, M., Honorton, C.: A procognitive dream study with a single object. J.A.S.P.R. *65* (1971) S. 192–203
Lewis, L., Schmeidler, G.: Alpha relations with nonintentional and purposeful ESP after feedback. J.A.S.P.R. *65* (1971) S. 455–467
Ludwig, A.: Altered states of consciousness. Arch. gen. Psychiat. *15* (1966) S. 225–234
Miller, N.: Liberalisation of basic S-R concepts: Extensions to conflict behavior, motivation and social learning. In: Koch, S. (Ed.): Psychology: A Study of a Science, Vol. 2. McGraw Hill, New York 1959, S. 196–292

Morris, R., Cohen, D.: A preliminary experiment on the relationship among ESP, alpha rhythm, and calling patterns. J. Parapsychol. *33* (1969) S. 341 (Abstract)
Morris, R., Roll, W., Klein, J., Wheeler, G.: EEG patterns and ESP results in forced-choice experiments with Lalsingh Harribance. J.A.S.P.R. *66* (1972) S. 253–268
Myers, F. W. H.: Human Personality and its Survival of Bodily Death (2 Vol.), Longmans, London 1902
Osis, K., Bokert, E.: ESP and changed states of consciousness induced by meditation. J.A.S.P.R. *65* (1971) S. 17–65
Parker, A., Beloff, J.: Hypnotically-induced clairvoyant dreams: a partial replication and attempted confirmation. J.A.S.P.R. *64* (1970) S. 432–442
Prabhavananda, S., Isherwood, C.: How to Know God: the yoga aphorisms of Patanjali. New American Library, New York 1953
Rao, K. R., Feola, J.: Alpha rhythm and ESP in a free response situation. [Vorbereitet zur Veröffentlichung in J. Parapsychol. *36* (1972) (Abstract), jedoch nicht erschienen]
Rhine, J. B.: Extrasensory Perception. Humphries, Boston 1934 [Paperback-Ausgabe bei Bruce Humphries, Boston 1964 und Branden Press, Boston 1973]
Rhine, L. E.: Psychological processes in ESP experiences. I. Waking experiences J. Parapsychol. *26* (1962) S. 88–111
Ryzl, M.: A method of training in ESP. Int. J. Parapsychol. *8* (1966) S. 501–532
Ryzl, M., Otani, S.: An experiment in duplicate calling with Stepanek. J. Parapsychol. *31* (1967) S. 19–28
Schmeidler, G. R.: High ESP scores after a Swami's brief instruction in meditation and breathing. J.A.S.P.R. *64* (1970) S. 100–103
Stanford, R. G.: EEG alpha activity and ESP performance: a replicative study. J.A.S.P.R. *65* (1971) S. 144–154
Stanford, R. G.: Suggestibility and success at augury-divination from «chance» outcomes. J.A.S.P.R. *66* (1972) S. 42–62
Stanford, R. G., Lovin, C.: EEG alpha activity and ESP performance. J.A.S.P.R. *64* (1970) S. 375–384
Stanford, R. G., Stevenson, J.: EEG correlates of free response GESP in an individual subject. J.A.S.P.R. *66* (1972) S. 357–368
Stephenson, C. J.: Cambridge ESP-hypnosis experiments. J.S.P.R. *43* (1958–64) S. 77–91
Stoyva, J., Kamiya, J.: Electrophysiological studies of dreaming as the prototype of a new strategy in the study of consciousness. Psychol. Rev. *75* (1968) S. 192–205
Tart, C. T.: Toward the experimental control of dreaming: a review of the literature. Psych. Bull. *64* (1965) S. 81–91
Tart, C. T. (Ed.): Altered States of Consciousness: A Book of Readings. Wiley, New York 1969
Ullman, M.: Telepathy and dreams. Exper. Med. and Surg. *27* (1969) S. 19–38
Ullman, M., Krippner, S.: A laboratory approach to the nocturnal dimension of paranormal experience: report of a confirmatory study using the REM monitoring technique. Bio. Psychiat. *1* (1969) S. 259–270
Ullman, M., Krippner, S.: Dreams Studies and Telepathy. Parapsych. Monogr. Nr. 12, Parapsychological Foundation, New York 1970

Ullman, M., Krippner, S., Feldstein, S.: Experimentally induced telepathic dreams: two studies using EEG-REM monitoring technique. Int. J. Neuropsychiat. *2* (1966) S. 420–437

Ullman, M., Krippner, S., Honorton, C.: A review of the Maimonides dream experiments: 1964–1969. Psychophysiol. *7* (1970) S. 352–353 (Abstract)

Ullman, M., Krippner, S., Vaughan, A.: Dream Telepathy. Macmillan, New York 1973. [Ins Deutsche übertragen von Ch. Lübke: Traumtelepathie. Aurum Verlag, Freiburg i. Br. 1977]

Van de Castle, R. L.: The study of GESP in a group setting by means of dreams. J. Parapsychol. *35* (1971) S. 312 (Abstract)

Vasiliev, L. L.: Experiments in Mental Suggestion. Institute for the Study of Mental Images, Church Crookham (England) 1963 [Aus dem Russischen übertragen von H.-V. Werthmann: Wassiliew, L. L.: Experimentelle Untersuchungen der Mentalsuggestion. Francke Verlag, Bern, München 1965]

Wallace, R. K.: Physiological effects of Transcendental Meditation. Science *222* (1970) S. 1751-1754

White, R. A.: A comparison of old and new methods of response to targets in ESP experiments. J.A.S.P.R. *58* (1964) S. 21–56

Yogananda, P.: Autobiography of a Yogi. Harpers, New York 1946 [Deutsche Ausgabe: Biographie eines Yogi. Barth Verlag, Weinheim 1973]

K. RAMAKRISHNA RAO

Psi und Persönlichkeit

ÜBERBLICK

In der Rückschau kann die allgemein bekannte Arbeit von Gertrude Schmeidler während der fünfziger Jahre am City College, New York, als einer der Wendepunkte der modernen Parapsychologie angesehen werden. Dies gilt aus zwei Gründen. Erstens versuchte sie, die Parapsychologie in den Bereich der Persönlichkeitstheorie einzubringen und damit in den Bereich der allgemeinen Psychologie. Zweitens lenkte sie die Aufmerksamkeit auf den Umstand, daß Trefferleistungen, signifikant unter dem Zufall gelegen, genauso interessant und wichtig sind wie jene, die über den Zufall zu liegen kommen. Obwohl ihre ursprüngliche Hypothese über das Sheep-Goats[Schafe-Böcke]-Verhältnis den Prüfungen der Zeit nicht allzugut widerstanden hat und sicher nicht die Antwort auf das Problem der Wiederholbarkeit war, wie man sich dies vielleicht erhofft hatte, so ist es doch kaum überraschend, daß, wie der Autor ausführt, der «Glaube oder Unglaube an ASW für ein Individuum kein stabiles Merkmal sein kann. Er besagt sehr wenig über die Persönlichkeit der Versuchsperson oder gar über seinen psychischen Zustand [mental state] zum Zeitpunkt des Versuchs». Nichtsdestoweniger begann mit ihrer Arbeit die Suche nach unterschiedlichen Trefferleistungen zwischen gegensätzlichen Gruppen, die die Parapsychologen seit dieser Zeit immer beschäftigt hat und zu der der Autor selbst manch wertvolle Beiträge beigesteuert hat.

Der Verfasser, ein Psychologe, der seine parapsychologischen Fachkenntnisse bei J. B. Rhine erworben hat und nun Leiter des Departments für Psychologie und Parapsychologie der Andhra-Universität in Indien ist,* gibt hier einen Überblick über die verschiedenen Versuche, Charakteristiken bei der ASW-Trefferleistung mit Persönlichkeitsmessungen und Einstellungsmessungen zu verbinden. Die Schwäche mancher vorhergehender Untersuchungen, so glaubt der Autor, lag darin, daß man annahm, das Auftreten von ASW sei eine Funktion der einen oder anderen Persönlichkeitsvariablen, wohingegen dieses Auftreten jedoch eine Funktion von einer Anzahl sich gegenseitig beeinflussender Faktoren hätte sein können. Während einiger Jahre zuvor untersuchte Kanthamani unter der Leitung des Autors die Möglichkeit, ob nicht ein zusammengesetztes Persönlichkeitsmaß, das sich auf eine Anzahl voneinander getrennter Faktoren der Trefferleistung [factor scores] gründete, eine bessere Voraussage für die potentielle Trefferleistung liefert als irgendeiner von ihnen allein. Unter Verwendung des Cattell-Tests (HSPQ-Tests [= High School

* Anmerkung des Übersetzers: K. R. Rao ist seit 1977 wieder Mitarbeiter des FRNM-Instituts in Durham, N. C., USA, und dessen Forschungsdirektor.

Personality Questionaire], ein Persönlichkeitsfragebogen mit 14 Faktoren, entworfen für Kinder an der höheren Schule), faßte sie [Kanthamani] zu Beginn die vier Cattel-Faktoren, die am besten mit den ASW-Trefferleistungen der Kinder korrelierten, zusammen und kombinierte sie zu einem einzelnen Maß. Wie aus der Tabelle 3.1 hervorgeht, neigen Versuchspersonen, die auf dieser zusammengesetzten Skala oben liegen, dazu, Trefferleistungen über dem Zufall zu erbringen, während jene, die auf der Skala tief liegen, zu unterzufälligen Trefferleistungen neigen. Sie [Kanthamani] entdeckte darüber hinaus, daß dieses zusammengesetzte Maß ein besseres Mittel zur Unterscheidung als jede der einzelnen Meßgrößen aus der Zusammensetzung war. Als nächstes faßte sie einen anderen Satz von Cattell-Faktoren zusammen, um eine zusammengesetzte Skala für neurotische Merkmale [Neurotizität] zu erzeugen. Wie aus der Tabelle 3.2 hervorgeht, erweist sich dies sogar als ein erfolgreicheres Unterscheidungskriterium – ein hoher Rang an Neurotizität pflegt mit Verlust an Psi-Leistung [psi-missing] einherzugehen, ein niedriger Rang an Neurotizität geht mit Psi-Treffern einher. Eine ähnliche Zusammensetzung der Faktoren der Trefferleistungen erzeugte eine kombinierte Skala der «Extraversion», wobei ein anderer Satz von Faktoren aus dem HSPQ-Test herangezogen wurde. Aus der Tabelle 3.3 ist ersichtlich, daß der Extravertierte im allgemeinen eine Versuchsperson mit guten Psi-Trefferzahlen darstellt, der Introvertierte hingegen bei Psi schlecht abschneidet. Dies liegt in Übereinstimmung mit anderen Untersuchungen, die der Autor hier im Überblick wiedergibt.
Die Stimmigkeit der Ergebnisse dieser jüngsten Untersuchungen von Kanthamani und Rao, die drei Bestätigungsexperimente mit unterschiedlichen Gruppen von Versuchspersonen umfaßten und die auf eine anfängliche Pilot-Untersuchung folgten, ist vielversprechend. Vielleicht ist der Tag nicht fern, an dem jeder Parapsychologe eine verläßliche Zusammenstellung von ausgesuchten Persönlichkeits- und Einstellungstests zur Verfügung hat, aufgrund dessen er seine Diagnose stellen kann und mit einem gewissen Grad an Zuverlässigkeit vorhersagen kann, ob seine Versuchsperson mehr über dem Zufall oder unter dem Zufall liegende oder gerade zufällige Trefferleistungen erbringen wird.

Der Herausgeber

Eine Methode, die Beziehung zwischen ASW und den Persönlichkeitsmerkmalen der Versuchsperson zu untersuchen, besteht darin, die Grundzüge der Persönlichkeit einer herausragenden ASW-Versuchsperson zu erforschen. Bisher hat sich dies nicht als sehr ergiebig erwiesen, da mehrere der Untersuchungen mit herausragenden Versuchspersonen in der Vergangenheit keine Erhebungen über die Persönlichkeit mit durchführten. Die wenigen verfügbaren Protokolle scheinen mehr auf die eigenen Vorstellungen der Versuchsleiter über die möglichen Zusammenhänge als auf zuverlässige Erhebungen zu deuten, die sich auf objektive Untersuchungen gründen.

Die Literatur über die Beziehung zwischen ASW und Persönlichkeitsfaktoren aufgrund von Untersuchungen über nicht ausgewählte Versuchspersonen ist umfangreich und beeindruckend. Wenn man jedoch methodologisch einwandfreie und signifikante Untersuchungen auf diesem Gebiet auszusondern versucht und überzeugende Schlußfolgerungen über die Natur dieser Beziehung ziehen will, wird man diese Aufgabe nicht ganz leicht finden. Es gibt viele und verschiedene Gründe für diesen Umstand. Zunächst sind die Bestätigungen für eine Entdeckung oftmals mangelhaft. Entgegengesetzte Entdeckungen sind nicht ungewöhnlich. Einigen Untersuchungen, die anfänglich beeindruckend erscheinen, fehlt es an methodischer Strenge. Es ist wahrscheinlich, daß die Verwirrung teils von dem legendären ausweichenden Verhalten [elusiveness] der Psi-Phänomene und teils von der Verwechslung der Variablen herrührt.
Auch besteht der Verdacht, daß die Versuche, die Beziehungen zwischen bestimmten Persönlichkeitsfaktoren und ASW zu erforschen, selten in einer systematischen und verständlichen Form vorangetrieben worden sind. Eine Ausnahme hierzu stellen natürlich die Pionierforschungen von Gertrude Schmeidler dar (SCHMEIDLER 1958). Ihre Untersuchungen über die Beziehungen zwischen Glauben oder Unglauben der Versuchsperson an ASW und ihrer ASW-Trefferleistung, die sich über mehrere Jahre erstreckten und mehr als tausend Versuchspersonen umfaßten, sind bis jetzt die stimmigsten Untersuchungen in der ASW-Forschung.
Schmeidler trennte in einer Serie von Experimenten ihre Versuchspersonen in zwei Gruppen, die Schafe [sheep] und die Böcke [goats]. Die Sheep waren Versuchspersonen, die an die Möglichkeit von Psi glaubten, während die Goats jene waren, die eine solche Möglichkeit zurückwiesen. Im sowohl individuellen wie im Gruppenversuch schnitten die Sheep mit signifikant höherer Rate ab als die Goats. In Gruppentests machten zum Beispiel 1157 Versuchspersonen 350875 ASW-Kartenversuche. Die Schafe erreichten 5,1 Treffer pro Versuchslauf [run] mit 25 Versuchen [trials], die Böcke erzielten einen Durchschnitt von 4,93 Treffern pro Versuchsdurchlauf. Die Differenz der Trefferleistungen zwischen Sheep und Goats ist, obwohl absolut gesehen klein genug, statistisch hochsignifikant.
Von der Sheep-Goats-Dichotomie wurde auch in einer Anzahl anderer Untersuchungen zur Trennung der Versuchspersonen mit guter und schlechter Trefferleistung Gebrauch gemacht. Eine der erfolg-

reichsten Wiederholungen der Schmeidlerschen Untersuchung stammt von Bhadra (BHADRA 1966), der herausfand, daß die Sheep in Tests mit ASW-Symbolen signifikant besser waren. Es existieren jedoch einige Untersuchungen (ADCOCK und QUARTERMAIN 1959, BEVAN 1947), bei denen der Sheep-Goats-Gegensatz nicht zum Tragen kam.

Es gibt zwei Gesichtspunkte, die mögliche Wechselbeziehung zwischen Persönlichkeitsfaktoren und ASW zu betrachten. Aufgrund des weitgehenden Mangels an Übereinstimmung zwischen den Ergebnissen über das Verhältnis von ASW und Persönlichkeitsfaktoren weist Rao (RAO 1966) darauf hin, daß es [möglicherweise] gar keine intrinsische Beziehung zwischen persönlichen Eigenarten und ASW geben könnte. Vielleicht schneiden Personen mit bestimmten Dispositionen unter der einen Kombination von Bedingungen besser ab als unter einer anderen. Die standardisierten Testabläufe, wie sie derzeit in der ASW-Forschung Verwendung finden, könnten Versuchspersonen mit bestimmten Persönlichkeitsmerkmalen genauso bevorzugen, wie sie die mit entgegengesetzten Merkmalen benachteiligen könnten. Eysenck (EYSENCK 1967) nimmt diesen Gedankengang auf und argumentiert zugunsten einer Theorie, die eine stärkere intrinsische Beziehung annimmt. Indem er der Absicht zustimmt, daß Psi «eine alte und primitive Form der Perzeption» darstellt und daher Bedingungen, die zu hoher kortikaler Erregung führen, dafür ungünstig sind, schließt Eysenck weiter auf die Hypothese, daß Extravertierte bei Psi-Tests deshalb besser als Introvertierte abschneiden, weil Introvertierte gewöhnlich in einem Zustand höherer kortikaler Erregung als Extravertierte sind. Es gibt in der Tat starke Hinweise dafür, daß Extravertierte in Psi-Tests besser als Introvertierte abschneiden. Dies wird in diesem Kapitel später behandelt.

Etliche Untersuchungen haben gezeigt, daß eine Anzahl von Persönlichkeitsfaktoren mit ASW korreliert. Aber die Korrelationen haben sich als zu klein herausgestellt, als daß sie allzusehr überzeugen würden. Es wäre in der Tat interessant zu wissen, ob man durch die Kombination von Faktoren, von denen man weiß, daß sie mit ASW in Verbindung gebracht werden können, bessere Resultate erreichen könnte, als wenn man einzelne Faktoren heranzöge. Aus verschiedenen Gründen hat dieser Gedanke nicht die Aufmerksamkeit erhalten, den er bis vor kurzem verdient hätte. Die Hoffnung, daß eine Zusammenstellung von mehreren Faktoren fruchtbarer als einzelne

Faktoren sei, ist in den früheren Arbeiten gegenwärtig. Smith und Humphrey (SMITH und HUMPHREY 1946) fanden zum Beispiel heraus, daß weder die Expansions-Kompressionsskala [expansive-compressive ratings] noch das Maslow-Sicherheits-Unsicherheits-Inventar [security-insecurity inventory] die gut treffenden und schlecht treffenden Versuchspersonen erfolgreich voneinander schied. Als diese beiden Meßgrößen, wie sie berichteten, zusammengelegt wurden, erhielten die expansiv-sicheren Versuchspersonen signifikant mehr Treffer als die kompressiv-unsicheren Versuchspersonen. Daß eine ähnliche Zusammenlegung von Persönlichkeitsmaßen erfolgreich sein könnte, wird in einer Untersuchung von Stuart (STUART 1947) und auch in einer anderen Untersuchung von McMahan (MCMAHAN 1946) angedeutet.
Unter Verwendung von Stuarts Skalierung des Interesseninventars entsprechend ihrer expansiv-kompressiven Einteilung leitete Humphrey (HUMPHREY 1950) eine weitere Kombination von Meßgrößen ab. Indem Humphrey das Einteilungskriterium von Stuart für die Versuchspersonen als «mittel» oder «extrem» für das Interesseninventar übernahm, erhielt sie für die erstere Gruppe einen Durchschnitt von 5,15 pro Versuchsdurchlauf und für die letztere 4,81 Treffer pro Lauf [run]. Die Aufschlüsselung nach expansiv – kompressiv gab für dieselben Versuchspersonen keine signifikanten Ergebnisse, obgleich die expansiven Versuchspersonen über dem Durchschnitt liegende Trefferleistungen erbrachten und die kompressiven unter dem Durchschnitt lagen. Analysierte man die Daten weiter, indem man die Interessenskala und die Expansion-Kompressionsskala zusammenlegte, erreichten die expansiv-mittleren Versuchspersonen die höchste durchschnittliche Trefferrate (5,28 pro Lauf), die niedrigste (4,76 pro Lauf) erreichten die kompressiv-extremen Versuchspersonen. Der Unterschied zwischen diesen beiden Gruppen ist größer als bei jeder der getrennt angewendeten einzelnen Meßgrößen.
Später fand Humphrey (HUMPHREY 1950) eine neue Klassifikationsmethode für die Versuchspersonen mittels des Interesseninventars. Sie leitete eine Kurzfassung dieser Skala ab, die aus vierzehn Items bestand. Die Versuchspersonen wurden auf Grund der neuen Skala in Gruppen «stark» [high] und «schwach» [low] eingeteilt. Die starke Gruppe bestand aus denjenigen Versuchspersonen, die acht oder mehr Punkte auf der Vierzehn-Punkte-Skala erreichten; von ihnen wurden positive ASW-Ergebnisse erwartet. Die schwache Gruppe setzte sich

aus solchen Versuchspersonen zusammen, die weniger als acht Punkte auf der Interessenskala erreichten; von ihnen erwartete man keine oder [nur] zufällige ASW-Treffer. Damit übereinstimmend erhielt sie bei den starken Versuchspersonen im Schnitt 5,19 Treffer pro Lauf und bei den schwachen Versuchspersonen 4,83 Treffer. Dieselben Versuchspersonen, aufgeteilt nach «mittelmäßig» und «extrem» nach der vollständigen Stuart-Skala des Interesseninventars, ergaben ebenfalls signifikante Unterschiede. Die «mittleren» Versuchspersonen lagen über dem mittleren Erwartungswert, die «extremen» Versuchspersonen lagen darunter. Legte man beide Skalen zusammen, erzielten die mittleren-starken Versuchspersonen 5,47 Treffer pro Versuchsdurchlauf. Der Unterschied zwischen diesen Gruppen war hochsignifikant.

Eine Aufschlüsselung dieser Versuchspersonen nach expansiv-kompressiv führte zu keinen signifikanten Resultaten. Fügt man dem Kriterium expansiv versus kompressiv die beiden vorigen Kriterien hinzu, erhält man eine Dreierkombination für die Messung der Persönlichkeit. Die ASW-Trefferquoten der Expansiven, welche auch «mittel» und «stark» auf der Interessenskala lagen, beliefen sich im Schnitt über dem Zufall (5,52 Treffer pro Lauf); diejenigen aus der Gruppe der Kompressiven, die extrem und schwach waren, lagen unter dem Zufall (4,61 Treffer pro Durchgang). Die Unterschiede der Gruppen bezüglich ihrer ASW-Trefferleistungen waren signifikant. Obwohl diese Differenz kleiner ist als die, die man bei der Kombination der beiden Interessenmaße bekommt, ist der Unterschied in den durchschnittlichen Trefferleistungen größer als diejenigen Unterschiede, die von irgendeiner anderen Kombination erhalten werden.

Nicol und Humphrey (Nicol und Humphrey 1953) entwickelten bei der Verwendung eines Satzes von Persönlichkeitsfragebogen eine Kombination von zwei Persönlichkeitsmerkmalen, nämlich aus Selbstvertrauen, wie es beim Guilford-Martin-Inventar gemessen wird, und aus der emotionalen Stabilität, wie sie von Cattell mittels Fragebogen 16 (Cattell 16 PF) gemessen wird. Während beide dieser Merkmale mit ASW-Trefferleistungen in signifikantem Niveau korrelierten, war die kombinierte Wirkung größer. Die Korrelation zwischen ASW-Trefferleistung und dem Selbstvertrauen lag bei + 0,55, bei der emotionalen Stabilität war sie + 0,47. Um die kombinierte Wirkung der beiden Meßgrößen zueinander zu erkennen,

wurde die Technik der multiplen Korrelation angewandt. Die erreichte Korrelation zwischen Selbstvertrauen plus emotionaler Stabilität und der ASW-Trefferleistung betrug 0,65, was hochsignifikant ist. Nicol und Humphrey wiesen darauf hin, daß der Gebrauch zweier Meßgrößen zusammen, selbst wenn ihre Interkorrelation schon berücksichtigt und korrigiert worden ist, den experimentellen Ergebnissen besser gerecht wird als getrennt verwendete Meßgrößen.
Schmeidlers umfangreiche Arbeit (SCHMEIDLER 1950 b, 1960) mit Rorschach, zusammen mit ihren Untersuchungen bezüglich Einstellung und ASW, liefert einen weiteren Beweis zur Bestätigung der Wirksamkeit der zusammengesetzten Meßgrößen der Persönlichkeit bei der Trennung von Versuchspersonen mit hohen und niedrigen Trefferleistungen. Schmeidler erhielt signifikante Unterschiede zwischen Sheep und Goats. Weiterhin waren die Sheep-Goats-Unterschiede bei Versuchspersonen ausgeprägter, die sich besser anpassen konnten, als bei solchen, die dies nur in geringem Maße konnten. Die besser angepaßten Sheep lagen höher über dem Durchschnitt als die Sheep im allgemeinen, und die besser angepaßten Goats erzielten weiter unter dem Durchschnitt liegende Trefferzahlen als die Goats im allgemeinen.
Aus ihren gesammelten Daten über 27 Gruppenexperimente ergaben sich die folgenden Resultate: Die durchschnittliche Trefferquote für alle Sheep (N = 334) lag bei 5,10, für alle Goats (N = 245) bei 4,95. Wurde das Kriterium der Angepaßtheit an diese Sheep-Goats-Unterscheidung angelegt, erzielten die angepaßteren Sheep einen Schnitt von 5,17 Treffer pro Durchlauf, und die angepaßteren Goats ergaben einen Durchschnitt von 4,85 Treffer pro Lauf. Das Kriterium der Angepaßtheit allein gab keine signifikante Differenzierung bezüglich der ASW-Treffer, jedoch wurde eine hochsignifikante Unterscheidung zwischen gut angepaßten Sheep und gut angepaßten Goats erhalten, wenn man dieses Kriterium mit der Sheep-Goats-Unterscheidung kombinierte. Die Unterschiede zwischen wenig angepaßten Sheep und Goats waren nichtsignifikant.
Schmeidler berichtet über eine weitere Untersuchung (SCHMEIDLER 1952b), bei der sie zusammen mit der Sheep-Goats-Klassifikation die Allports-Vernon-Untersuchung für Bewertungen [Study of Values, abgek. AVSV] heranzog. Ihr Befund: Wenn die Trefferleistungen bezüglich des theoretischen Bewertungssystems AVSV mit den Werten der Einstellungsmessung kombiniert wurden, wurde eine größere

Unterscheidung bei den Trefferleistungen zwischen Sheep und Goats registriert, als wenn jede der Meßgrößen allein herangezogen worden wäre. Die Sheep-Goats-Unterscheidung war für 63 Versuchspersonen, die an dem Experiment teilnahmen, signifikant. Die Sheep erzielten durchschnittlich 5,30, die Goats 4,93 Treffer pro Versuchsdurchlauf. Teilte man die Versuchspersonen in theoretisch orientierte und nicht theoretisch orientierte aufgrund der AVSV-Werte ein, erzielte die erstere Gruppe 5,31 Treffer, die letztere 5,09 Treffer pro Versuchsdurchlauf [run]. Jedoch war der Unterschied zwischen den beiden Gruppen nichtsignifikant. Wurden die Messungen der Bewertung und die Sheep-Goats-Klassifikation zusammengelegt, schnitten die mehr theoretisch orientierten Sheep bis zu 5,68 Treffer oro Lauf ab, die theoretisch orientierten Goats sanken bis zu 4,85 ab.

In den oben genannten Untersuchungen, mit Ausnahme der Kartenserien in Stuarts Arbeit (STUART 1947), erhielt man eine stärkere Unterscheidung zwischen Treffer und Fehler, wenn man zusammengesetzte Meßgrößen verwendete, als wenn man Meßgrößen einzeln heranzog. Dieser Umstand wurde von Mangan (MANGAN 1958) erkannt, als er mehrere solcher Untersuchungen sichtete und ihm dabei auffiel, daß die Ausprägung der ASW durch eine Vielzahl von persönlichen Faktoren beeinflußt wird, die sich erst in ihrer Zusammensetzung auswirken.

Bevor Kanthamani (KANTHAMANI und RAO 1971, 1972b, 1973) ihre Untersuchungen über die Persönlichkeitsmerkmale der ASW-Versuchspersonen aufnahm, wurden keine großen Anstrengungen unternommen, diese Möglichkeit, eine zuverlässigere Vorhersage über das Verhalten der Versuchspersonen bei ASW-Tests zu bekommen, auszunutzen. In einer Reihe von vier Experimenten versuchte sie die primären Persönlichkeitsfaktoren, die mit dem Auftreten von ASW in Verbindung stehen, zu isolieren. Dann suchte sie die relevanten Faktoren zu kombinieren, um zu sehen, ob das kombinierte Persönlichkeitsmaß (CPM [= combined personality measure]) eine bessere Trennung in Treffende und Verfehlende liefern würde. Ich will mich mit ihrer Arbeit insofern genauer befassen, als sie meiner Ansicht nach mit zu den wichtigsten zählt.

In einer Pilotuntersuchung und drei weiteren Bestätigungsexperimenten untersuchte Kanthamani eine Gesamtheit von 146 Jungen und Mädchen im Alter von 16 bis 18 Jahren, die an englischen Mittelschulen und an einem Junior College in Indien studierten. Sie führte mit jeder Versuchsperson in zwei verschiedenen Sitzungen einen ASW-Test einzeln durch, der acht Versuchsdurchläufe aufwies, wobei sie die Standard-ASW-Karten nach der Methode der blinden Zuordnung [blind matching technique] verwendete. Auch gab sie ihren jungen heranwachsenden Versuchspersonen den Cattell-High-School-Persönlichkeitsfragebogen (HSPQ), um sowohl die primären Merkmale als auch die breiteren Grade ihrer Persönlichkeit abzuschätzen.

Unter den 14 primären Persönlichkeitsfaktoren, die durch den HSPQ gemessen werden, fand sie nur vier Faktoren (A, E, F und I, also «Zyklothymie», «Dominanz», «Unausgeglichenheit» [surgency] und [harter] «Realismus» [harria]), die signifikant mit ihren ASW-Trefferleistungen in Verbindung zu bringen waren.

Die herzlichen und kontaktfreudigen Versuchspersonen (A +) wiesen höhere Trefferzahlen auf als jene, die als kritisch und zurückhaltend rangierten (A–). Dominante Versuchspersonen (E +) schnitten bei ASW positiv ab, jene Versuchspersonen, die gehorsam waren (E–), schnitten negativ ab. Versuchspersonen nach dem Motto: «Der Fröhliche hat immer Glück» (F +) [Happy go lucky!] schnitten positiv ab, mehr ernstere Naturen (f –) negativ. Hartnäckig hatten realistisch eingestellte Versuchspersonen (I +) positive Ergebnisse und ästhetisch sensible Versuchspersonen (I–) negative Ergebnisse.

Sie versuchte weiterhin eine Kombination dieser erfolgreichen Faktoren (A, E, F und I) zur Einteilung der Versuchspersonen. Das zusammengesetzte Persönlichkeitsmaß (CPM), eine Kombination der obigen vier Persönlichkeitsfaktoren, stellt eine breitere Dimension der Persönlichkeit der Versuchsperson dar. Sie teilte ihre Versuchspersonen in zwei Gruppen ein, einer starken CPM-Gruppe und einer schwachen CPM-Gruppe. Die schwache und die starke CPM-Gruppe wurden an ihrem Auftreten von ASW verglichen. Die Trefferraten der starken und der schwachen CPM-Gruppen sind in Tabelle 3.1 wiedergegeben. Versuchspersonen der starken CPM-Gruppe erhielten mehr Treffer als Versuchspersonen der schwachen Gruppe, wobei die Unterschiede zwischen den beiden Gruppen in allen vier Experimenten signifikant sind. Die CPM-Skala lieferte eine bessere Trennung der treffenden und verfehlenden Versuchspersonen als jeder der Primärfaktoren einzeln genommen. Ihre Untersuchungen führen uns daher zum Schluß, daß die primären Persönlichkeitsfaktoren in ihrer Kombination besser zur Trennung von Personen mit Psi-Treffern und

Tabelle 3.1: Zusammengesetztes Persönlichkeitsmaß (CPM) und ASW-Trefferquoten

Experiment	Schwaches CPM				
	Anzahl der VP	Durchläufe	Treffer	Abweichung	Durchschn. Trefferleistung pro Durchlauf
Pilotexperiment	8	64	263	− 57	4,11
Bestätigung 1	24	192	879	− 81	4,58
Bestätigung 2	20	160	789	− 11	4,93
Bestätigung 3	21	168	751	− 89	4,47
	Starkes CPM				
Pilotexperiment	14	112	627	+ 67	5,60
Bestätigung 1	26	208	1096	+ 56	5,27
Bestätigung 2	16	128	692	+ 52	5,41
Bestätigung 3	17	136	659	− 21	4,85

Personen ohne Psi-Treffer geeignet sind, als wenn sie einzeln zur Unterscheidung herangezogen werden.

Die Versuchsperson auf starkem CPM-Niveau, von der man erwarten kann, daß sie positive Trefferleistungen bei ASW erzielt, ist eher eine herzliche und kontaktfreudige als eine zurückhaltende und starre Persönlichkeit, eher gutmütig und leicht zugänglich als kritisch und mißtrauisch. Gleichzeitig ist sie eher bestimmt und selbstsicher als unterwürfig und abhängig. Sie ist zäh und nicht so leicht aus der Fassung zu bringen, begeisterungsfähig, redefreudig, fröhlich, flink und aufgeweckt. Sie neigt zur Abenteuerlust, ist impulsiv, gefühlsbetont und sorgenfrei, aber sie ist auch realistisch und gelassen. Die Kombination dieser Faktoren scheint eine Versuchsperson zu einem Menschen mit positiven Psi-Trefferleistungen [positive scorer] zu machen.

Die Versuchsperson, der diese Leistungen abgehen [psi-missing subject], zeigt gerade das entgegengesetzte Bild. Sie neigt zu Nervosität, ist reizbar und frustriert. Sie fordert ständig etwas, ist ungeduldig, abhängig und überempfindlich. Sie ist ängstlich, sensibel für Bedrohungen, scheu und in sich zurückgezogen. Gehorsam, Mißtrauen und Anfälligkeit für Depressionen sind weitere Züge solcher Versuchspersonen mit fehlender Psi-Leistung.

Obzwar es von beträchtlichem Interesse ist festzuhalten, daß der CPM-Test besser als jeder der primären Persönlichkeitsfaktoren die Unterscheidung von Personen mit ausgeprägter Trefferleistung und solchen ohne eine solche Leistung herausarbeitet, fand Kanthamani jedoch, daß das Maß an Neurotizität das nahezu effektivste Mittel darstellt, ihre Versuchspersonen in «hitters» und «missers» zu scheiden. Sie teilte ihre Versuchspersonen in stark neurotische [high N] und wenig neurotische [low N] ein, wobei der theoretische Durchschnitt von 22 als teilende Grenze festgelegt wurde. Die so gebildeten Gruppen wurden bezüglich ihrer ASW-Trefferleistungen mittels eines t-Tests [Student-Verteilung; Anm. des Übersetzers] verglichen. Im Pilotexperiment lagen die weniger Neurotischen bei 5,64 Treffer pro Run, die stark Neurotischen erzielten durchschnittlich 4,03 Treffer. Die ASW-Leistung der schwachen N-Gruppe ist signifikant besser als die der starken N-Gruppe. Wie aus der Tabelle 3.2 hervorgeht, ergibt sich bei den Bestätigungsexperimenten eine ähnliche Tendenz, wonach die schwach neurotischen Versuchspersonen höhere Trefferraten erreichen als die stark neurotischen. Somit zeigt das

Tabelle 3.2: ASW-Treffer in Abhängigkeit von der N-Skala (Neurotizität)

Experiment	Gruppen	Anzahl der VP	Durchläufe	Abweichung	Durchschnittl. Treffer pro Durchlauf
Pilotexperiment	stark N	24	112	+ 72	5,64
	schwach N	8	64	− 62	4,03
Bestätigung 1	stark N	29	232	+ 73	5,32
	schwach N	21	168	− 98	4,42
Bestätigung 2	stark N	15	120	+ 68	5,57
	schwach N	21	168	− 27	4,87
Bestätigung 3	stark N	19	152	− 22	4,86
	schwach N	19	162	− 88	4,42

Ergebnis eine recht starke Beziehung zwischen dem Niveau der ASW-Leistungen und der Skala der Neurotizität, gemessen durch den HSPQ-Test, an.
Es gibt natürlich für die Annahme einer solchen Beziehung starke Hinweise in der vorangehenden Literatur. Zum Beispiel scheinen das Anpassungsniveau, die Frustrationstoleranz, die Toleranz der Belastbarkeit [Streß] und Ängstlichkeit, die ein indirektes Maß für die neurotischen Neigungen darstellen, für die individuelle Psi-Fähigkeit relevant zu sein.
Kahn (KAHN 1952) fand heraus, daß Versuchspersonen, welche überdurchschnittlich angepaßt waren, positive Trefferraten erreichten, diejenigen, die unterdurchschnittlich angepaßt waren, zeigten negative ASW-Leistungen. Der Grad der Anpassung seiner Versuchsperson wurde durch das Heston-Persönlichkeitsinventar ermittelt [Heston personal adjustment inventory].
Versuchspersonen, die nach der Eigenschaft sicher – unsicher eingeteilt wurden, zeigten einen ähnlichen Trend in zwei Untersuchungen; die eine stammt von Smith und Humphrey (SMITH und HUMPHREY 1946), die andere von Stuart und Mitarbeitern (STUART et al. 1947). In beiden Untersuchungen verwendeten sie das Maslow-Inventar [Maslow security-insecurity inventory] und fanden, daß sichere Versuchspersonen zu höheren ASW-Trefferraten neigten als unsichere.
Rivers (RIVERS 1950), der Hellsehtests und AASW-Versuche mit einer Gruppe von High-School- und Collegestudenten zusammen mit einem Test zur «geistigen Gesundheit» [mental-health-analysis test] durchführte, fand heraus, daß jene, die eine relativ ausgeprägte «Unreife im Verhalten», «emotionale Labilität» und das «Gefühl der eigenen Mangelhaftigkeit» zeigten, unter den Versuchspersonen aus der High-School höhere Treffer im Hellsehtest erzielten als diejenigen, die relativ frei von solchen Eigenschaften waren. Es bestand jedoch nur eine schwache Beziehung zwischen diesen Charakteristiken und den AASW-Werten. Unter den College-Studenten zeigte keiner der gemessenen Skalenwerte irgendeinen Zusammenhang mit ihren ASW-Versuchsergebnissen.
Diese offensichtlich widersprüchliche Natur der Ergebnisse Rivers verweist auf mögliche Wechselwirkungen von bestimmten anderen Faktoren wie der Einstellung der Versuchsperson und dergleichen.
Mittels eines Projektionstests untersuchten Eilbert und Schmeidler

(EILBERT und SCHMEIDLER 1950, SCHMEIDLER 1950a) den Aspekt der Frustrationstoleranz beim Maß für Neurotizität. Der Bild-Frustrationstest [picture frustration test PF] skalierte die Versuchsperson nach den Richtungen ihrer Aggression bei frustrierenden Situationen in eine der folgenden drei Kategorien:

1. extrapunitive, d.h. Personen, die dazu neigen, der Quelle der Frustration die Schuld zu geben,
2. intrapunitive, d.h. Personen, die dazu neigen, sich selbst zu beschuldigen,
3. impunitive, d.h. Personen, die dazu neigen, die Situation nicht personengebunden anzugehen.

Die Ergebnisse zeigten eine negative Korrelation zwischen ASW-Trefferrate und der Kategorie 1 sowie eine positive Korrelation zwischen ASW und der Kategorie 3.

In einer anderen Untersuchung von Schmeidler (SCHMEIDLER 1954) waren die Korrelationen zwischen den PF-Werten und den ASW-Leistungen niedrig und nicht signifikant, obwohl sie in der erwarteten Richtung lagen. Wurden jedoch die nur mittelmäßig frustrierten Versuchspersonen analysiert, stiegen die Korrelationen auf ein signifikantes Niveau an, was vermuten läßt, daß es sich bei der hier eine Rolle spielenden Variablen um Anpassung handelt. Sowohl die extrapunitiven Personen, die ihre Aggression gegen die Quelle ihrer Frustration richten, als auch die intrapunitiven Personen, die ihre Aggressionen gegen sich selbst richten, neigen dazu, weniger gut angepaßt zu sein als impunitive Versuchspersonen.

Es erwies sich, daß neurotische Dispositionen, gemessen nach dem Test der Verteidigungsmechanismen [defence mechanism test (DMT)], ebenfalls mit ASW zusammenhängen. Carpenter, Johnson und Kanthamani (CARPENTER 1965; JOHNSON und KANTHAMANI 1967) fanden, daß Versuchspersonen, deren Werte niedrige Verteidigungsbereitschaft anzeigten, was eine gute Anpassung signalisiert, zu positiven Trefferleistungen neigten, während solche mit hoher Verteidigungsbereitschaft, was schlechte Anpassung signalisiert, dazu neigten, in ASW-Tests negativ abzuschneiden.

Eine Untersuchung der Angst, eine wichtigere Komponente der Neurotizität, wurde von Rao (RAO 1965a), Freeman und Nielsen (FREEMAN und NIELSEN 1964) unter Verwendung des MAS-Tests [Taylor's Manifest Anxiety Scala] und der ASW-Treffer unternommen. Jedoch war das Ergebnis von Rao, wonach weniger ängstliche Versuchspersonen in ASW-Tests besser abschneiden als sehr ängstliche, nicht dasselbe wie das von Freeman und Nielsen. Sie fanden, daß ihre ängstlichsten Versuchspersonen sehr gut, die am wenigsten ängstlichen darauffolgend in der Skala und die mittelmäßig ängstlichen am schlechtesten abschnitten. Da die ASW-Tests bei diesen Untersuchungen verschieden waren, wurde angenommen, daß der Test von Rao schwieriger war als der von Freeman und Nielsen durchgeführte und daß daher die weniger ängstlichen Versuchspersonen besser als die sehr ängstlichen abschnitten.

Honorton (HONORTON 1965) versuchte, diese Hypothese zu testen. Er zog zwei Arten von ASW-Tests heran, die einfache und komplexe Aufgabenstellungen beinhalteten. Die stark ängstlichen Versuchspersonen zeigten eine Tendenz zu überdurchschnittlichen Raten bei jenen Tests, die sie für einfach hielten, und durchschnittliche oder unter dem Durchschnitt liegende Raten bei Aufgaben, die sie als komplex ansahen, obwohl die erzielten Abweichungen nicht signifikant waren. Verschiedene weitere Persönlichkeitsfaktoren, die in bezug zur Neurotizität gesehen werden könnten, wurden gefunden; sie zeigten einen signifikanten Zusammenhang mit den ASW-Trefferraten. Nicol und Humphrey (NICOL und HUMPHREY 1953) verwendeten einen Satz von Persönlichkeitsbefragungen, die das Guilford-Inventar, den Guilford-Martin-Fragebogen und Cattells 16-PF-Test beinhalteten. Die Faktoren, die positiv mit ASW-Trefferleistungen korrelierten, waren: Fehlen von Depression, Neigung zur Haltung: «Der Fröhliche hat immer Glück», Freiheit von nervöser Anspannung, emotionale Stabilität, ruhiges Vertrauen und geringer Grad an Störbarkeit.

Das direkte Maß für Neurotizität unter Verwendung des Maudsley-Persönlichkeitsinventars (MPI) durch Astrom (ASTROM 1955) und Green (GREEN 1966a und 1966b) war nicht geeignet, ASW-Trefferleistungen vorherzusagen.

Zusätzlich zum CPM-Test und zum Maß für Neurotizität analysierte Kanthamani die Psi-Fähigkeiten ihrer Versuchspersonen in bezug auf die Eigenschaft der Extravertiertheit.

Eine Kombination von gewichteten Werten der Faktoren A (Zyklothymie), F (Unausgeglichenheit [surgency]), H (Unerschrockenheit [parmia]) und Q_2 (Mangel an Selbstvertrauen) ergab das Maß für die Extravertiertheit. Indem sie den theoretischen Mittelwert als Schnittpunkt nahmen, teilten sie ihre Versuchspersonen in zwei Gruppen ein, Extravertierte und Introvertierte. Tabelle 3.3 zeigt das ASW-

Tabelle 3.3: ASW-Treffer, bezogen auf die E-Skala (Extravertiertheit)

Experiment	Gruppen	Anzahl der VP	Durchläufe	Abweichung	Durchschnittl. Treffer pro Durchlauf
Pilotexperiment	Extrav.	14	112	+ 50	5,45
	Introv.	8	64	− 40	4,37
Bestätigung 1	Extrav.	19	152	+ 20	5,13
	Introv.	31	248	− 45	4,82
Bestätigung 2	Extrav.	17	136	+ 64	5,47
	Introv.	19	152	− 23	4,85
Bestätigung 3	Extrav.	14	112	− 6	4,95
	Introv.	24	192	− 104	4,46

Ergebnis dieser beiden Gruppen. Die durchschnittlichen Trefferzahlen pro Durchlauf betragen für die Extravertierten und Introvertierten 5,45 resp. 4,37 [Treffer]. Bei allen Bestätigungsexperimenten erzielten die Extravertierten höhere Raten als die Introvertierten und das zusammengetragene Material legt in klarer Weise nahe, daß Extravertierte zu besseren Leistungen in Psi-Tests neigen als Introvertierte. Das Ergebnis von Kanthamani ist eine Bestätigung verschiedener Untersuchungen, die einen ähnlichen Zusammenhang aufweisen. Bei einem Versuch mit dem Bernreuter Persönlichkeitsinventar gelang es Humphrey (HUMPHREY 1945) nicht, einen signifikanten Zusammenhang zwischen den Werten extravertiert-introvertiert und ASW zu erhalten. In einem späteren Versuch (HUMPHREY 1951) erhielt sie in drei Versuchsreihen bei über 70% der extravertierten Versuchspersonen ein positives ASW-Ergebnis, während über 70% der introvertierten negativ abschnitten. In einer Replikation von Casper (CASPER 1952) wurden die Ergebnisse von Humphrey bestätigt. Astrom (ASTROM 1965), der das Maudsley-Persönlichkeitsinventar verwendete, erhielt als Ergebnis, daß die Versuchspersonen, die auf hohen Extraversionswerten lagen, durchschnittliche 6,65 Treffer pro Run und die Introvertierten 4,80 Treffer pro Durchlauf erreichten. Der Unterschied zwischen Extravertierten und Introvertierten war hochsignifikant. Green (GREEN 1966a, 1966b) erhielt hingegen unter Verwendung desselben Inventars keine signifikanten Resultate.

Nicol und Humphrey (Nicol und Humphrey 1953) verwendeten das Guilford-STDCR-Inventar, das eine Information über die Faktoren liefert, die im allgemeinen als die verschiedenen Aspekte der Extravertiertheit und der Introvertiertheit angesehen werden, insbesondere die soziale Extraversion – Introversion, die gedankliche Extraversion – Introversion, Depression, zyklische Depression und die sogenannte Rathymia (der Typ des «fröhlichen Draufgängers» [leichtfertige und sorglose Disposition]); sie fanden eine interessante Beziehung dieser Faktoren zu ASW. Einige der Korrelationen waren sehr signifikant, während andere einen im allgemeinen schwachen Zusammenhang aufwiesen.
Nash (Nash 1966) verwendete das MMPI in seiner Arbeit mit College-Studenten. Die negative Korrelation, die er zwischen ASW und sozialer Introversion seiner Versuchspersonen erhielt, verweist darauf, daß jene Versuchspersonen, die in stärkerem Maße introvertiert sind, geringere Leistungen bei ASW-Tests erbringen als solche, die weniger introvertiert sind.
Eysenck (Eysenck 1967) berichtete über eine ähnliche Untersuchung von Black, in der eine negative Beziehung zwischen MMPI-Werten, der sozialen Introversion und ASW-Werten festgestellt wurde.
In einer Untersuchung von Shields (Shields 1962) wird festgestellt, daß Geselligkeit, eine der wichtigsten Charakteristiken der Extravertiertheit, bei Kindern mit ASW zusammenhängt. In ihrer Arbeit waren die Kinder klassifiziert nach «in sich zurückgezogen» und «nicht in sich zurückgezogen». In zwei Experimenten mit unterschiedlichen ASW-Tests fand sie heraus, daß die «in sich gekehrten» Kinder überdurchschnittliche Werte erzielten und die «nicht in sich gekehrten» Kinder unter dem Durchschnitt lagen, wobei der Unterschied zwischen ihnen signifikant war.
Van de Castle (Van de Castle 1958) untersuchte bei seinen psychokinetischen Experimenten mittels Rorschach-Test die Spontaneität, ein Grundzug bei Extravertierten. Die Ergebnisse zeigen einen positiven Zusammenhang zwischen starker Spontaneität und Psychokinese. In einer Untersuchung von Eilbert und Schmeidler (Eilbert und Schmeidler 1950) stellten sich Arbeitsgewohnheiten wie die Einbeziehung des Ego und die Aufgabenorientiertheit als mit ASW zusammenhängend heraus. Es ergab sich, daß mit einem signifikanten Unterschied die Versuchspersonen mit starker Einbeziehung des Ego generell über dem Durchschnitt lagen, während die mehr aufgaben-

orientierten Versuchspersonen zu unterdurchschnittlichen Leistungen neigten.
Selbstvertrauen, ebenfalls ein Grundzug extravertierter Personen, ist ebenso in positivem Zusammenhang mit der ASW-Trefferrate zu sehen, wie sich aus einer Untersuchung von Nicol und Humphrey (NICOL und HUMPHREY 1953) ergab, die das Guilford-Martin-Inventar zur Messung der Selbstvertrauenswerte heranzogen.
Nash und Nash (NASH und NASH 1967) fanden eine allgemeine Handlungsfreudigkeit im Zusammenhang mit den ASW-Trefferleistungen der Versuchspersonen, welche [ebenfalls] ein Charakteristikum für extravertierte Personen darstellt.
Aus der vorhergehenden Erörterung scheinen sich drei Schlußfolgerungen zu ergeben:

1. Der Glaube oder Unglaube der Versuchsperson an die Möglichkeit von Psi steht im Zusammenhang mit ihrer Durchführung der ASW-Aufgabenstellung;
2. Extravertiertheit und Neurotizität der Persönlichkeit hängen mit Psi zusammen;
3. eine Kombination von Persönlichkeitsfaktoren scheint die Richtung der ASW-Trefferleistung einer Versuchsperson zuverlässiger vorauszusagen als jeder einzelne Faktor.

Glaube oder Unglaube an ASW kann kein stabiler Grundzug eines jeden Individuums sein. Er sagt sehr wenig über die Persönlichkeit der Versuchsperson oder gar über ihren psychischen Zustand zur Zeit des Versuchs aus. Der Skeptiker mag, wenn besser informiert, ein Glaubender werden, und man kann Sheep oder Goat aus den verschiedensten Gründen sein. Es scheint jedoch, daß die Motivation der Ursache für die unterschiedlichen Trefferleistungen zwischen Sheep und Goats recht nahekommt. Die Gläubigen tendierten im allgemeinen dazu, positive Abweichungen zu erhalten, weil sie als Gläubige wahrscheinlich dazu motiviert worden waren, höhere Trefferraten zu erhalten. Die Ungläubigen tendierten zu negativen Abweichungen, da sie wahrscheinlich in eine negative Richtung motiviert waren. Ebenso wie eine Person mit starken Verdrängungen und Hemmungen bei bestimmten Dingen dazu neigt, sich daran nicht mehr richtig erinnern zu können, wird eine Person, die von der Unmöglichkeit von Psi überzeugt ist, ähnliche Verdrängungen entwickeln, die ein Psi-Missing verursachen können.
Daß Extravertiertheit und Neurotizität mit Psi in Zusammenhang zu

bringen sind, steht außer Frage, aber das Grundprinzip, dem dieser Zusammenhang unterliegt, ist nicht immer klar. Eine Person mit relativ schwacher neurotischer Neigung hat gute Psi-Treffer, während ihr Gegenspieler mit einer relativ starken neurotischen Neigung keine Psi-Treffer hat. Es gibt keinen vernünftigen Kontext, in dem man sagen könnte, daß die erstere mehr ASW aufweisen würde als die letztere. Psi-Treffer zu haben und keine Psi-Treffer zu haben unterscheiden sich nicht bezüglich ihres Beweiswertes. Denn wenn der Extravertierte so gut wie der Introvertierte, die Versuchsperson mit starker neurotischer Neigung so gut wie die mit geringer neurotischer Neigung ASW zeigten, die in entgegengesetzter Richtung funktioniert, dann hat es wenig Sinn anzunehmen, daß es eine innere Beziehung zwischen Persönlichkeitsfaktoren und Psi gibt. Der Grund, weshalb ein Extravertierter besser abschneidet als ein Introvertierter, könnte an seiner unterschiedlichen Reaktion auf die Testsituation liegen. Diese Reaktion ist höchstwahrscheinlich eher psychologisch und motivationsabhängig als physiologisch bedingt. Glaubt man fest an die physiologische Grundlage der Persönlichkeit, dürfte es nützlich sein, den Blick auf die Untersuchungen zu erweitern, die im physiologischen Bereich von Psi liegen. Bis daß annehmbare Korrelationen zwischen physiologischen Zuständen der Versuchsperson und ihrer ASW-Trefferleistung vorliegen, spricht das vorliegende Material zugunsten einer psychologischen Interpretation.
Der Umstand, wonach kombinierte Persönlichkeitsmaße einen größeren Vorhersagewert als einzelne Faktoren haben, bleibt wichtig. Es ist bedauerlich, daß so viel Forschungsaufwand nicht auf dieses Ziel ausgerichtet wird. Es ist erforderlich, daß wir alle Faktoren, von denen bekannt ist, daß sie mit Psi in Verbindung stehen, zusammenfassen und so ein optimales Kriterium für sein Auftreten erhalten. Dies ist wesentlich, wenn es unser Ziel ist, ordentlichere und weniger chaotische Ergebnisse in der ASW-Forschung zu erhalten.

LITERATURHINWEISE

Adcock, C. J., Quartermain: Some problems in group testing of ESP. J. Parapsychol. *23* (1959) S. 201–256

Astrom, J.: GESP and the MPI measures [Paper, vorgetragen auf der 8. Jahreskonferenz der Parapsychological Association (PA), New York 1965]. J. Parapsychol. *29* (1965) S. 292–293 (Abstract)

Beloff, J., Bate, D.: Research report for the Year 1968–1969. J.S.P.R. *45* (1970) S. 297–301

Bevan, J. M.: The relation of attitude to success in ESP scoring. J. Parapsychol. *11* (1947) S. 296–309

Bhadra, B. H.: The relationship of test scores to belief in ESP. J. Parapsychol. *30* (1966) S. 1–17

Carpenter, J. C.: An exploratory test of ESP in relation to perceptual defensiveness. In: Rhine, J. B. (Ed.) et al.: Parapsychology: From Duke to FRNM. Parapsychology Press, Durham (North Carolina) 1965, S. 68–73

Casper, G. W.: Effect on receivers attitude toward sender in ESP test. I. Parapsychol. *16* (1952) S. 212–218

Eilbert, L., Schmeidler, G. R.: A study of certain psychological factors in relation to ESP performance. J. Parapsychol. *14* (1950) S. 53–74

Eysenck, H. J.: Personality and extrasensory perception. J.S.P.R. *44* (1967) S. 55–71

Freeman, J. A., Nielsen, W.: Precognition score deviations as related to anxiety levels. J. Parapsychol. *28* (1964) S. 239–249

Green, C. E.: Extrasensory preception and the Maudsley Personality Inventory. J.S.P.R. *43* (1966) S. 285–286 (Abstract) (a)

Green, C. E.: Extrasensory perception and the extraversion scale of the Maudsley Personality Inventory. J.S.P.R. *43* (1966) S. 337 (Abstract) (b)

Honorton, C.: The relationship between ESP and manifest anxiety level. Proc. Parapsychol. Assoc. Nr. 2 (1965) S. 30 [ebenda im Konferenzbericht erwähnt]

Humphrey, B. M.: An exploratory correlation study of personality measures. J. Parapsychol. *9* (1945) S. 116–123

Humphrey, B. M.: ESP score level predicted by a combination of measures of personality. J. Parapsychol. *14* (1950) S. 193–206

Humphrey, B. M.: Introversion – extraversion ratings in relation to scores in ESP tests. J. Parapsychol. *18* (1951) S. 252–262

Johnson, M., Kanthamani, B. K.: The defense mechanism tests as a predictor of ESP scoring direction. J. Parapsychol. *31* (1967) S. 99–110

Kanthamani, B. K., Rao, K. R.: Personality characteristics of ESP subjects. I. Primary personality characteristics and ESP. J. Parapsychol. *35* (1971) S. 189–207

Kanthamani, B. K., Rao, K. R.: Personality characteristics of ESP subjects. II. The combined personality measure (CPM) and ESP. J. Parapsychol. *36* (1972) S. 56–70 (a)

Kanthamani, B. K., Rao, K. R.: Personality characteristics of ESP subjects. III. Extraversion and ESP. J. Parapsychol. *36* (1972) S. 198–212 (b)

Kanthamani, B. K., Rao, K. R.: Personality characteristics of ESP subjects. IV. Neuroticism and ESP. J. Parapsychol. *37* (1973) S. 37–51

Kahn, S. D.: Studies in extrasensory perception: Experiments utilising an electronic scoring device. Proc. Amer. S.P.R. *25* (1952) S. 1–48

Mangan, G. L.: A review of published research on the relationship of some personality variables to ESP scoring level. Parapsychological Monographs Nr. 1, Parapsychol. Foundation, New York 1958

McMahan, E. A., An experiment in pure telepathy. J. Parapsychol. *10* (1946) S. 224–242

Nash, C. B.: Relation between ESP scoring level and the Minnesota Multiphasic Personality Inventory. J.A.S.P.R. *60* (1966) S. 56–62

Nash, C. B., Nash, C. S.: Relations between ESP scoring level and the personality traits of the Guilford-Zimmermann Temperament Survey. J.A.S.P.R. *61* (1967) S. 64–71

Nicol, J. F., Humphrey, B. M.: The exploration of ESP and human personality. J.A.S.P.R. *47* (1953) S. 133–178

Rao, K. R.: ESP and the manifest anxiety scale. J. Parapsychol. *29* (1965) S. 12–18

Rao, K. R.: Experimental Parapsychology. A review and interpretation. Charles T. Thomas, Springfield (Ill.) 1966

Rivers, O. B.: An explorative study of the mental health and intelligence of ESP subjects. J. Parapsychol. *14* (1950) S. 267–277

Schmeidler, G. R.: Some relations between picture-frustration ratings and ESP scores. J. Personality *18* (1950) S. 331–344 (a)

Schmeidler, G. R.: ESP performance and the Rorschach test. J.S.P.R. *35* (1950) S. 323–339 (b)

Schmeidler, G. R.: Rorschachs and ESP scores of patients suffering from cerebral concussion. J. Parapsychol. *16* (1952) S. 80–89 (a)

Schmeidler, G. R.: Personal values and ESP scores. J. Abnorm. & Soc. Psychol. *47* (1952) S. 757–762 (b)

Schmeidler, G. R.: Picture frustration ratings and ESP scores for subjects who showed moderate annoyance at the ESP task. J. Parapsychol. *18* (1954) S. 137–152

Schmeidler, G. R., McConnell, R. A.: ESP and Personality Patterns. Yale University Press, New Haven (N.J.) 1958

Schmeidler, G. R.: ESP in relation to Rorschach test evaluation. Parapsychological Monographs Nr. 2, Parapsychol. Foundation, New York 1960

Shields, E.: Comparison of children's guessing ability (ESP) with personality characteristics. J. Parapsychol. *26* (1962) S. 200–210

Smith, B. M., Humphrey, B. M.: Some personality characteristics related to ESP performance. J. Parapsychol. *10* (1946) S. 169–189

Stuart, C. E., Humphrey, B. M., Smith, B. M., McMahan, E.: Personality measurements and ESP tests with cards and drawings. J. Parapsychol. *11* (1947) S. 118–146

Van de Castle, R. L.: An exploratory study of some personality correlates associated with PK performance. J.A.S.P.R. *52* (1958) S. 134–150

JOHN L. RANDALL

Biologische Aspekte bei Psi

ÜBERBLICK

Zu fast jeder denkbaren Art des Lebens auf der Erde gibt es eine evolutionäre Nische, und doch existiert, soweit wir wissen, keine Spezies, die in kritischer Weise vom Gebrauch der außersinnlichen Wahrnehmung abhängen würde. Man ist berechtigt zu fragen, weshalb, wenn doch Psi eine Realität darstellt, diese Fähigkeit nicht im Kampf um die Existenz ausgenutzt worden ist. Es gibt natürlich im tierischen Verhalten eine Anzahl wohlbekannter Phänomene, von denen die Navigation der Vögel das vielleicht eindrucksvollste ist, bei denen es scheint, daß bereits bekannte sensorische oder kognitive Fähigkeiten der Tiere bis an die Grenze oder vielleicht darüber hinaus in Anspruch genommen werden, so daß man sehr in Versuchung geführt wird, sich auf ASW zu berufen. Jedoch legt ein Beweismaterial, wie wir es über tierisches Psi haben – und es ist selbst im Vergleich mit dem Beweismaterial über menschliches Psi sehr gering – nahe, daß Psi beim einen wie beim anderen genauso eine Ausnahmeerscheinung darstellt, was das Vorkommen anbelangt, und genauso marginal in seinen Wirkungen ist.

Der Autor ist Biologielehrer und erörtert hier die verschiedenen Weisen, wie sich Psi auf das tierische Verhalten auswirken könnte. Die von ihm behandelten Fälle können in zwei Kategorien eingeteilt werden: 1. eigenständige Manifestationen von Psi und 2. Psi bei Kommunikation zwischen Mensch und Tier. Die erste beinhaltet sowohl spontane Manifestationen, wie im Fall der tierischen Navigation, als auch experimentelle Phänomene, wie die präkognitive Wahrnehmung von Gefahr in einer Testsituation oder die Fähigkeit, auf paranormale Weise eine Wärmequelle zu beeinflussen, wobei letztere durch einen zufälligen Schaltmechanismus angesteuert wird. Beispiele für die zweite Kategorie sind Leistungen von Hunden, die von ihren Besitzern in besonderer Weise darauf dressiert worden sind, irgendwelche Psi-Fähigkeiten zu zeigen, oder Experimente, bei denen die Versuchsperson die Reaktionen eines Tieres paranormal zu modifizieren versucht.

Eine unerwartete Entwicklung im Jahre 1968 hat seither das Gebiet der Tierexperimente aus dem Stadium eines Themas von nur peripherem Interesse in eine der vordersten Fronten der parapsychologischen Forschung befördert. Es war dies die Veröffentlichung im selben Jahr über bestimmte Ergebnisse eines reputierten französischen Biologen über die präkognitiven Fähigkeiten von Mäusen unter Verwendung vollständig automatisierter Testeinrichtungen. Seine Arbeit wurde in den Vereinigten Staaten und anderswo bald darauf wiederholt.*

* Anmerkung des Übersetzers: Die zwischen 1971 und 1974 durchgeführten amerikanischen Experimente, obwohl sie nicht genaue Replikationen der französischen

Die Anwendung der Automatisation auf diesem Forschungsgebiet hat jedoch nicht nur einen neuen Standard der methodologischen Überlegungen eingeführt, sondern auch erfolgreich eine Differenzierung des Phänomens von möglichen menschlichen Psi-Einwirkungen zu einem Grade erbracht, der mit einem herkömmlichen Versuchsaufbau unmöglich gewesen wäre.
Schließlich geht der Autor auf jüngere Arbeiten ein, die sich mit den menschlichen PK-Beeinflussungen lebender Gewebe, tierischer oder pflanzlicher Herkunft, einschließlich Wachstum und Regeneration, befassen. Er erörtert dann weiter deren Folgen für das Problem der paranormalen Heilung und weist darauf hin, daß Heilung im alltäglichen Leben eine Anzahl wechselwirkender Faktoren umfaßt, sowohl psychologische als auch physiologische und selbst parapsychologische. Nur durch sorgfältige Laborexperimente ist zu hoffen, daß diese Faktoren entflechtet werden können und daß man schlußendlich die Rolle, die Psi – wenn überhaupt – beim therapeutischen Prozeß spielt, entdecken kann.

Der Herausgeber

Experimentelle Parapsychologie begann als ein Versuch, für bestimmte menschliche Fähigkeiten strenge Laboratoriumsversuche zu entwickeln, deren Existenz durch die Untersuchung spontaner Fälle in einem starken Maße nahegelegt worden war. In einer ähnlichen Weise ergab sich die «Parapsychologie mit Tieren» aus den Beobachtungen, die die Anwesenheit von außersinnlichen Faktoren im Verhalten bestimmter Tiere vermuten ließ. Solche Beobachtungen enthielten augenscheinliche Beispiele von Telepathie zwischen Mensch und Tier sowie bestimmte Fälle der Richtungsfindung oder des Wieder-Heimfindens. In diesem Kapitel werden wir uns im wesentlichen mit den Ergebnissen der Laboratoriumsexperimente beschäftigen, die zum Test von Hypothesen entworfen wurden, die sich auf die Existenz von Psi bei anderen Species als dem Menschen beziehen.

NAVIGATION BEI TIEREN

Das Problem, das sich aus der Fähigkeit wildlebender Tiere ergibt, über weite Entfernungen zu navigieren, war eines der ersten, das die Aufmerksamkeit der Parapsychologen auf sich zog. In einigen Fällen

Experimente darstellen, können nicht in Betracht gezogen werden, da im Jahre 1974 ein Mitglied des Forscherteams (Walter J. Levy jr.) am Parapsychologischen Institut in North Carolina der Fälschung von Versuchsergebnissen überführt und von seiner Stelle entfernt wurde. Dieser Fall ist von J. B. Rhine selbst der Öffentlichkeit vorgestellt worden. Vergl. auch Rhine, J. B.: A new case of experimenter unreliability. J. Parapsychol. *38* (1974) S. 218–225.

von Navigation bei Tieren ist es ziemlich leicht, herkömmliche sensorische Mechanismen anzunehmen, in anderen scheinen sich die Navigationsfähigkeiten des Tieres einer Erklärung in herkömmlicher Weise zu widersetzen. Um schlüssig zu zeigen, daß außersinnliche Fähigkeiten mit eine Rolle spielen, wäre es notwendig, alle herkömmlichen sensorischen Faktoren auszuschließen, und dies kann nur selten, wenn überhaupt, erreicht werden. Die Angelegenheit wird noch komplizierter durch die Tatsache, daß in den letzten Jahren eine ganze Reihe von bis dahin unbekannten sensorischen Fähigkeiten bei bestimmten Tierarten nachgewiesen worden ist. Von Fledermäusen weiß man mittlerweile, daß sie mittels einer Art «Ultraschallradar» navigieren, Bienen und Ameisen dagegen orientieren sich mit polarisiertem Licht von der Sonne. Bei Blattwürmern, Schlammschnecken, Fruchtfliegen und Protozoen [Einzeller] hat sich gezeigt, daß sie auf schwache magnetische Felder reagieren (Brown 1962); und es wurde kürzlich behauptet, daß manche Affenarten Röntgenstrahlen «sehen» könnten.* Angesichts solcher Beispiele fällt es dem Skeptiker leicht zu behaupten, daß jeder Fall von augenscheinlicher ASW auf irgendwelche bislang unentdeckten Sinne zurückzuführen sei. In der Tat sehen viele Biologen den Ausdruck «außersinnliche Wahrnehmung» als das bloße Eingeständnis unserer Unkenntnis an und argumentieren, daß in dem Maße, wie das biologische Wissen sich ausweitet, sich die Anzahl der Fälle von ASW vermindern wird. Zugunsten der Parapsychologen hat sich diese Sichtweise durch die jüngere experimentelle Arbeit als weniger haltbar erwiesen, als dies vor zehn Jahren noch den Anschein hatte.

Während der fünfziger Jahre nahmen Dr. J. G. Pratt und seine Mitarbeiter am parapsychologischen Institut der Duke University [Durham (N.C.)] das Problem des Heimfindens der Tauben ernsthaft in Angriff (Pratt 1964). Die plausibelste Hypothese, die sich auf die Sinneswahrnehmung bezieht, stellt auf diesem Gebiet die von Dr. G.V.T. Matthews vorgeschlagene These über den Sonnenbogen dar. Nach dieser Vorstellung orientieren sich die Tauben, indem sie die Bewegung der Sonne beobachten, wie sie einen kleinen Bogen durchläuft, was sie zusammen mit Kenntnis der Tageszeit instand setzt, die heimatliche Richtung zu bestimmen (Matthews 1968). Es ist bekannt, daß viele, wenn nicht alle Tiere eine Art inneren Zeitmesser oder eine

* New Scientist *54,* 27. April 1972, S. 192

«Biologische Uhr» haben, so daß dieser Teil der Theorie keine Schwierigkeiten darstellt. Der Hauptnachteil der Matthewschen Theorie liegt in der sehr kurzen Zeit, die einige Tauben benötigen, um die Sonne zu beobachten, bevor sie sich in der korrigierten Richtung in Bewegung setzen. Selbst wenn man ihnen die Sonne für nur 10 Sekunden zu sehen erlaubt, scheinen sich einige Vögel korrekt zu orientieren, so daß angenommen werden muß, daß sie den Bogen, den die Sonne in diesem sehr kurzen Zeitraum durchlaufen hat, beobachten; eine Leistung, die ganz klar die des menschlichen Auges übersteigt. Pratt entwickelte nun Tests über einen möglichen Psifaktor beim Heimfinden der Tauben, indem er bewegliche Taubenkäfige verwendete, die an zufällig ausgewählten Orten abgestellt wurden. Unglücklicherweise machte das Temperament der Vögel die Durchführung eines entscheidenden Versuchs zur Psi-Hypothese unmöglich, so daß die Frage bis zum heutigen Tage ungelöst bleibt. Pratt hat vorgeschlagen, Tauben darauf zu dressieren, einen Taubenschlag zu akzeptieren, der sich an Bord eines Schiffes befindet, so daß während des Tests zum Heimflug das Schiff in eine neue Position gebracht werden kann, während die Vögel abwesend sind. Das ist ein genialer Einfall, und es kann sein, daß einige unternehmungslustige Parapsychologen, die mit Tauben umzugehen verstehen, ihn eines Tages ausführen werden. Bis dahin werden die meisten Biologen ohne Zweifel die Sonnenstandshypothese vorziehen, auch wenn sie verlangt, daß man den Vögeln bemerkenswert komplizierte Fähigkeiten der Beobachtung und der Berechnung zuschreiben muß. Kürzlich wurde über einige Tauben berichtet, die ihren Weg nach Hause fanden, obwohl an ihren Augen mattierte Kontaktlinsen angebracht worden waren.* Sollte sich dieser Bericht bestätigen, würde dies alle sensorischen Hypothesen, die auf der visuellen Wahrnehmung basieren, anscheinend ausschließen.

Ähnlich dem Verhalten beim Heimflug, aber eben noch schwieriger in Begriffen der sinnlichen Wahrnehmung zu erklären, sind die Fälle des «Nachfolgens mittels Psi» [Psi trailing].** Dies sind Fälle, bei denen ein Hund oder eine Katze, die von einer umherziehenden Familie am alten Ort zurückgelassen wird, nachher den Weg zu ihr

* New Scientist *56*, 26. Oktober 1972, S. 193.

** Anmerkung des Übersetzers: «Psi trailing» ist ein kaum übersetzbarer Ausdruck; er hat sich im parapsychologischen Sprachgebrauch jedoch allgemein eingebürgert (Psi = parapsychisch, to trail = auf der Spur verfolgen).

über eine beträchtliche Entfernung findet. Hier kehrt das Tier nicht in eine frühere, vertraute Umgebung zurück (wie beim Heimflug), sondern macht irgendwie sein Herrchen in einem völlig unbekannten Gebiet ausfindig. Einige der am besten dokumentierten Beispiele des «Psi trailings» weisen Reisen auf über hundert Meilen auf, und es scheint keine Möglichkeit zu geben, sie in Begriffen der bekannten physikalischen Sinne des Tieres zu erklären. Der an solchen Fällen interessierte Leser sei auf einen ausgezeichneten Übersichtsartikel von J. B. Rhine (RHINE 1951) verwiesen.*

PSI-KOMMUNIKATION ZWISCHEN MENSCH UND TIER

Bis vor jüngster Zeit wurden die meisten der experimentellen Arbeiten mit Tieren derart durchgeführt, daß ein menschlicher «Agent» das Verhalten des Tieres ohne direkten sensorischen Kontakt zu beeinflussen versuchte. Einer der ersten Experimentatoren auf diesem Gebiet war der russische Neurophysiologe Wladimir Bechterew, der einige Experimente mit Hunden vor dem Ersten Weltkrieg durchführte. Bechterew war ein Konkurrent des berühmten Pawlow, und zur Zeit der Hundeexperimente war er Direktor des Hirnforschungsinstituts in St. Petersburg. Die Experimente bestanden darin, stumm zu wollen, daß das Tier bestimmte Handlungen ausführen möge, und danach sein Verhalten zu beobachten. Bechterew kam zu dem Schluß, daß die Hunde auf seine unausgesprochenen Gedanken reagierten, und er probierte die Wirkung aus, die sich ergab, wenn er Schirme aus verschiedenem Material zwischen sich und die Tiere stellte. Nach einer ziemlich langen Reihe von Experimenten, in denen versucht wurde, sensorische Zeichen auszuschließen, schloß Bechterew, daß eine Art von Gedankentransfer zwischen Mensch und Tier stattgefunden hatte. Sein Aufsatz über die Experimente erschien in der *«Zeitschrift für Psychotherapie» (1924)*, aber er scheint wenig oder kein Interesse in der wissenschaftlichen Welt hervorgerufen zu haben. Eine verkürzte Fassung daraus wurde später im «Journal of Parapsychology» im Jahre 1949 (BECHTEREW 1949) veröffentlicht.
Ein weiterer einzeln dastehender Bericht über augenscheinliche tieri-

* Anmerkung des Übersetzers: Vergl. auch den zusätzlich aufgenommenen Aufsatz von J. B. Rhine (RHINE und FEATHER 1962).

sche ASW erschien 1929, als das Ehepaar Rhine über seine Untersuchungen mit einem Pferd mit angeblich paranormalen Fähigkeiten berichtetete. Das Pferd, «Lady» genannt, beantwortete Fragen wie: «Wieviel ist die Wurzel aus 64», oder «Wie buchstabiert man Mesopotamien?», indem es mit seiner Nase einen mit Buchstaben und Zahlen versehenen Klotz berührte. Das Ehepaar Rhine fand heraus, daß das Pferd nur die richtige Antwort gab, wenn die eine oder andere Person sie wußte, was darauf verwies, daß das Tier auf geringe Bewegungen im Gesicht oder des Körpers reagierte. Eine Anzahl solcher Fälle wird berichtet, bei denen von Tieren bekannt wurde, daß sie auf Bewegungen reagierten, die so gering waren, daß sie für die anwesenden Personen kaum zu bemerken waren (zum berühmtesten dieser Fälle – dem Pferd «Der kluge Hans» – siehe PFUNGST 1965). Im Fall der «Lady» schien dies nicht die Erklärung gewesen zu sein, denn selbst als Schritte unternommen wurden, visuelle Hinweise auszuschließen, dauerte der Erfolg an, und die Experimentatoren kamen zum Schluß, daß ASW mit im Spiele war (RHINE und RHINE 1929).
Mit der Entwicklung der statistischen Methode in der Parapsychologie versuchten mehrere Forscher Psi-Effekte zwischen Menschen und Tieren unter Verwendung von quantitativen Laborexperimenten zu demonstrieren. Dr. K. Osis versuchte, Katzen in einen T-förmig ausgestalteten Irrgarten zu setzen und eine Versuchsperson wollen zu lassen, daß sich die Katzen nach rechts oder links wendeten, entsprechend einer zufälligen Zielanweisung (OSIS 1952). Der Agent war in einer Kabine mit einem Einwegfenster untergebracht, so daß er durch die Katze nicht gesehen werden konnte. Unter diesen Bedingungen wurden statistisch signifikante Ergebnisse erzielt. Später wurde das Experiment umgestaltet, um bei der Katze Hellsehen im Unterschied zur Telepathie zu testen (OSIS und FOSTER 1953). In dieser Version des Experiments hatten die Katzen herauszufinden, welcher aus einem Paar Becher Futter enthielt; der Zielbecher war beiden der anwesenden Versuchsleiter unbekannt. Eine elektrische Belüftung wurde verwendet, um sicher zu gehen, daß der Luftstrom über dem Becher immer von der Richtung der Annäherung weggerichtet war, so daß die Katze den Zielbecher nicht durch den Geruch lokalisieren konnte. Auch gab es einen schwachen elektrischen Schock als «Bestrafung» für einen Fehler. Wieder wurden signifikante Ergebnisse mit einigen Tieren erzielt, was die Einwirkung irgendwelcher Art eines Psi-Effekts nahelegte.

Eines der besten Psi-Experimente der fünfziger Jahre war das von Wood und Cadoret (WOOD und CADORET 1958) mit einem nicht ganz reinrassigen Hund namens «Chris». Diesem Hund war beigebracht worden, Fragen nach Zahlen dadurch zu beantworten, daß er die erforderlichen Male mit der Pfote am Ärmel seines Herrchens zupfte. Die Experimentatoren verwendeten ASW-Standardkarten, wobei sie die fünf Symbole nach einem vorher festgelegten Code in Zahlen umwandelten. Eine ausgedehnte Reihe von Tests unter zunehmend strengeren Bedingungen führte schließlich zur Situation, in der «Chris» die Karten richtig riet, selbst als sie in einen schwarzen Umschlag gesteckt wurden und in Kärtchenstapeln [decks] zusammengefügt wurden [sog. Down-Through-Technik]. Eine solche Versuchsreihe lieferte einen kritischen Bruch von CR = 7,38, was durch Zufall in einem von einer Milliarde Experimenten vorkommt. Da keine der anwesenden Personen die Reihenfolge der Karten kannte, war direkte Telepathie zwischen Mensch und Tier ausgeschlossen. Entweder zeigte «Chris» «tierisches Hellsehen» in einem hohen Maße, oder eine der Personen spielte die Rolle einer ASW-Versuchsperson und übertrug die Information dem Tier über geringe Körperbewegungen.

Versuche, einen Psi-Einfluß auf Tiere, kleiner als Katzen oder Hunde, auszuüben, sind von verschiedenen Autoren unternommen worden, bisweilen mit recht bescheidenem Erfolg. In keinem dieser Fälle gab es jedoch gute Replikationen durch andere Forscher. Dies ist angesichts der geringen Zahl von biologisch orientierten Parapsychologen nicht überraschend, aber es bedeutet doch, daß die von den Experimentatoren auf diesem Gebiet behaupteten Effekte mit Vorsicht zu genießen sind. Für diejenigen, die diese Fragestellung interessiert weiter verfolgen möchten, sei auf die Arbeiten mit Einzellern (RICHMOND 1952), mit Kugelasseln (RANDALL 1971), mit Ameisen (DUVAL 1971), Mottenlarven (METTA 1971) und mit Wüstenmäusen [gerbils], gelegentlich auch Rennmäuse genannt (RANDALL 1972), verwiesen. Selbst wenn die zukünftige Forschung die Existenz eines Psi-Effekts in diesen Situationen bestätigen sollte, ist es keineswegs klar, wie ein solcher Effekt zu interpretieren ist. Der Ausdruck „PK mit lebenden Targets“, wie er gewöhnlich von amerikanischen Autoren verwendet wird, beinhaltet, daß der Organismus der passive Empfänger eines vom menschlichen Agenten stammenden PK-Effekts ist, aber es gibt noch eine Anzahl anderer Interpretationen. Es wäre vielleicht besser, eine Art von neutralem Begriff wie „Psi-Wechselwirkung" zu verwenden, um signifikante Ergebnisse bei Experimenten dieser Art zu beschreiben.

PRÄKOGNITION BEI TIEREN

Ein Weg, den Ausschluß aller bekannten physikalischen Kanäle der Kommunikation in einem Psi-Experiment zu sichern, besteht darin, das Experiment präkognitiv anzulegen. Der erste Forscher, der dies mit Tieren unternommen hat, war Dr. R. Morris von der Amerikanischen Psychical Research Foundation. Er setzte neunzehn Ratten in ein offenes Labyrinth und maß die Aktivität jeder Ratte dadurch, daß er die Anzahl der von der Ratte in einem Zeitraum von zwei Minuten überquerten Zwischengänge zählte. Daraufhin tötete ein zweiter Experimentator die Ratte oder verschonte sie, je nachdem, ob dem Tier durch eine Zufallszahlentabelle in der Hand des zweiten Experimentators eine gerade oder ungerade Zahl zugeordnet worden war. Es stand zu erwarten, daß die Ratte, die im Begriff war zu sterben, diesen Umstand vorhersehen würde und demnach weniger Aktivität zeigen würde als die weiterlebenden Ratten. In der Tierpsychologie ist es wohlbekannt, daß Ratten, die unter Streß stehen, weniger Aktivitäten zeigen als diejenigen, bei denen das nicht der Fall ist. Morris' experimenteller Aufbau ist von verschiedenen Gesichtspunkten her von beträchtlichem Interesse; es ist nicht nur das erste Experiment über Psi bei Tieren, bei dem die Existenz von Präkognition nachgeprüft wird, sondern es beinhaltet auch die Verwendung von somatischen oder emotionalen Reaktionen, anstatt das Tier mit nur einer festen Abwahl von zwei oder mehr alternativen Handlungsmöglichkeiten zu zeigen. Es gibt gutes Beweismaterial, das nahelegt, daß einige Menschen unbewußt ein unmittelbar bevorstehendes Unglück erkennen (wie in einigen Fällen auch ihren eigenen Tod) und darauf mit körperlichen Symptomen reagieren (Barker 1968). Es ist deshalb von erheblichem Interesse, ob ein solcher Effekt mit Tieren unter Laborbedingungen gezeigt werden kann. In diesem Falle ergaben sechzehn der neunzehn Ratten, die Morris verwendete, signifikante Ergebnisse, über weitere Replikationen wurde jedoch nicht berichtet.
In einer zweiten Untersuchung, bei der Morris mit Goldfischen arbeitete, maß er die Aktivität der Fische, kurz bevor einige von ihnen in einem Netz hochgehoben wurden – eine Bedingung, die für Gold-

fische als äußerster Streß angesehen werden kann. Wie zuvor wurde die Entscheidung, welcher Fisch dem Streß unterworfen werden sollte, durch eine Zufallsprozedur herbeigeführt, nachdem die Aktivitätsmessungen beendet waren. Die Ergebnisse zeigten, daß der Goldfisch, der im Begriff stand, gestreßt zu werden, eine größere Aktivität als die anderen zeigte. Dies deckt sich mit dem, was man über das Verhalten von Fischen weiß. Während Ratten erstarren, wenn sie bedroht werden, werden Goldfische aktiver, da sie sich anstrengen, der Gefahr zu entfliehen.

Angesichts des offensichtlichen Interesses an den Experimenten von Morris möchte der Leser wahrscheinlich wissen, warum keine anderen Parapsychologen den Versuch unternommen haben, sie zu wiederholen. Die Antwort liegt wahrscheinlich in dem Umstand, daß im Jahr nach der Arbeit von Morris eine überraschend neue Entwicklung stattfand, die die Existenz von Psi bei Tieren fast außer Frage stellte. Die Anerkennung für den Beginn dieser neuen Entwicklung gebührt einem renommierten französischen Biologen, der es zu diesem Zeitpunkt vorzieht, anonym zu bleiben. 1968 veröffentlichte er und sein junger Assistent die Ergebnisse des ersten vollautomatischen Experiments über Präkognition bei Mäusen (DUVAL und MONTREDON 1968). Die Maus war in einem Käfig untergebracht, dessen Boden in zwei Hälften durch eine niedrige Barriere eingeteilt war. Ein binärer Zufallszahlengenerator sorgte für einen elektrischen Schock durch den Käfigboden in der einen oder anderen Hälfte des Käfigs, und eine Photozelle zeigte jedesmal die Bewegung der Maus an, wenn sie über die Barriere sprang. Die Registrierung geschah automatisch, so daß das Experiment in Abwesenheit des Versuchsleiters ablaufen konnte (siehe Abbildung 4.1). Es ergab sich, daß die Maus in der Lage war, die Hälfte des Käfigs, die im Begriff stand, einen elektrischen Schock zu empfangen, in einem überzufälligen Maße zu meiden (Abweichungen vom Zufall: über 1000 zu 1). Bei der Analyse ihrer Ergebnisse schlossen Duval und Montredon (Pseudonyme) alle Versuchsdurchgänge aus, bei denen die Mäuse nur ruhig herumsaßen (statisches Verhalten) sowie Versuchsläufe, bei denen die Mäuse von einer Seite zur anderen als Reaktion auf einen eben erhaltenen Schock sprangen (mechanisches Verhalten).

Somit bezog sich die Analyse auf jene Versuchsdurchgänge, bei denen das Tier von der einen Seite zur anderen ohne erfindlichen Grund wechselte; eine geniale Idee, die es den Forschern ermöglichte, den

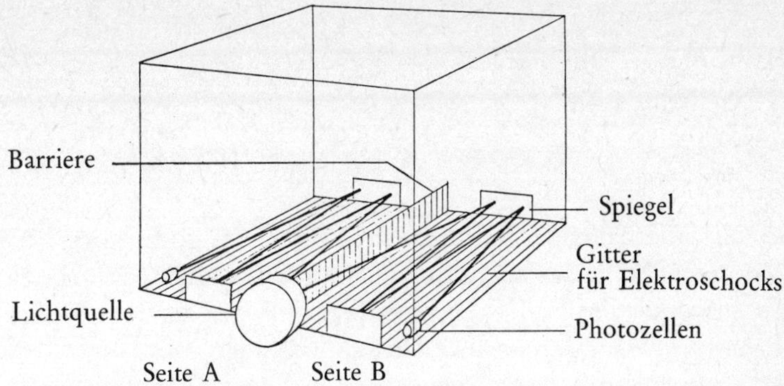

Abb. 4.1: Skizze des Versuchskäfigs (entnommen aus Journal of Parapsychology *35*, 1971, S. 5)

Psi-Effekt von dem durch andere Faktoren verursachten gewöhnlichen Verhalten zu trennen. Die Entscheidung, die Analyse auf diese Weise durchzuführen, wurde natürlich im voraus getroffen.
Nach dem Erfolg der französischen Experimente wurden Versuche zur Wiederholung am Institut für Parapsychologie in North Carolina [Durham, USA] unternommen. Hier führte ein Team von jungen Wissenschaftlern eine lange Reihe von Tests mit Nagetieren aus, bei denen sie statistisch hochsignifikante Ergebnisse erhielten. Jedoch hatte diese erfolgreiche Angelegenheit ein böses Nachspiel: Im Sommer 1974 wurde ein Mitglied des amerikanischen Teams dabei ertappt, als es gerade ein Experiment fälschte; der Betreffende wurde aus seiner Stellung entfernt. Obwohl das fragliche Experiment keines der Wiederholungen der Duval-Montredon-Experimente war, mußte die Entlarvung eines betrügerischen Experimentators unvermeidlich ein zweifelhaftes Licht auf alle vorigen Experimente werfen. Es ist daher nicht mehr länger möglich, die zwischen 1971 und 1974 veröffentlichten amerikanischen Experimente mit Nagetieren als Bestätigung des Duval-Montredon-Effektes anzusehen. Tabelle 4.1 faßt die

Tabelle 4.1: Präkognitive Versuche mit Nagetieren – Französische Arbeit

Anzahl der Versuche	Trefferzahl	Treffer in %	C.R.	p (zweiseitig)
612	359	58,7	4,27	$1{,}9 \cdot 10^{-5}$
376	208	55,3	2,06	0,04
8317	4415	53,2	5,67	$1{,}3 \cdot 10^{-8}$

drei französischen Wiederholungsexperimente zusammen, die einen hohen Grad an innerer Stimmigkeit aufweisen.

PSYCHOKINESE BEI TIEREN?

Die automatisierten Experimente über Präkognition bei Tieren können vielleicht das beste Beweismaterial, soweit es vorliegt, für die Existenz einer Psi-Fähigkeit bei anderen Arten als dem Menschen abgeben. Es gab jedoch andere Untersuchungen mit Tieren, und einige davon haben zu äußerst verwirrenden Ergebnissen geführt.

An einem kalten Tag des Jahres 1970 setzte Dr. H. Schmidt eine Katze in eine ungeheizte Gartenhütte. Die einzige Wärme in der Hütte kam von einer 200-Watt-Lampe, die mit einem der Ausgänge eines binären Zufallszahlengenerators verbunden war. Jedesmal, wenn der Generator einen + 1-Impuls erzeugte, wurde die Lampe angeschaltet und blieb dies auch, bis der Generator einen − 1-Impuls erzeugte, dabei wurde sie ausgeschaltet. Nach der Wahrscheinlichkeitstheorie hätte das Gerät annähernd eine gleiche Anzahl von + 1- und − 1-Impulsen erzeugen müssen, und die Lampe hätte etwa die Hälfte der Zeit angeschaltet sein müssen. Schmidt fand aber tatsächlich heraus, daß das Gerät signifikant mehr + 1-Impulse als − 1-Impulse erzeugte, wenn die Katze in der Hütte war, so daß das Tier einen längeren Zeitraum über Wärme erhielt als erwartet. Um sicherzugehen, daß der Effekt nicht von irgendeiner im Gerät liegenden Zufälligkeit herrührte, führte Schmidt Kontrolläufe in Abwesenheit der Katze durch und ebenso häufig vertauschte er die beiden Anschlüsse des Generators. Er fand, daß das Gerät sich vollkommen normal verhielt, wenn die Katze abwesend war, aber weiterhin bei Anwesenheit der Katze die Lampe häufiger als erwartet anschaltete. Die Abweichung gegenüber diesen Ergebnissen durch Zufall lagen über 60 zu 1.

Da Schmidt in Betracht zog, daß die Katze vielleicht irgendeine Art von PK-Wirkung auf das Gerät ausübte, versuchte er es als nächstes mit einem Experiment, bei dem Küchenschaben jedesmal einen elektrischen Schock versetzt bekamen, wenn das Gerät einen + 1-Impuls erzeugte. Überraschenderweise stellten sich bei den Küchenschaben negative Trefferleistungen heraus, da sie *mehr* Schocks erhielten, als sie nach dem Zufall entsprechend haben dürften. Die beiden Experimente mit Küchenschaben von Schmidt ergaben Abweichungen gegenüber

dem Zufall von 143 zu 1 respektive 8000 zu 1. Wie auch beim Katzenexperiment zeigten die Kontrollreihen auf seiten des Geräts kein anomales Verhalten (SCHMIDT 1970).
Seit den Schmidtexperimenten haben weitere Autoren nachzukontrollieren versucht, ob Zufallszahlengeneratoren durch die Anwesenheit von lebenden Organismen beeinflußt werden. So versuchte Graham Watkins, einen Effekt zu bekommen, indem er 50 Eidechsen der Art *Anolis sagrei* unter eine 250-Watt-Heizungslampe brachte, die an einem Zufallszahlengenerator angeschlossen war. Er entdeckte, daß der von ihm erhaltene Effekt entsprechend den Wetterbedingungen variierte (WATKINS 1971). An heißen, feuchten Tagen blieb die Lampe häufiger *aus*geschaltet, als dies nach der Wahrscheinlichkeitstheorie hätte der Fall sein sollen, während an kalten, regnerischen Tagen der angeschaltete Zustand häufiger war. Diese Ergebnisse können durch die biologischen Bedürfnisse eines Kaltblütlers interpretiert werden.
Nimmt man diese Experimente einmal für bare Münze, so scheint es, als ob lebende Organismen in irgendeiner Weise fähig sind, den Ablauf eines Zufallszahlengerätes zu beeinflussen. Einige Parapsychologen haben vermutet, daß der Einfluß eher vom Versuchsleiter als von dem zu testenden Organismus ausgeht, so daß die hier beschriebenen Effekte nur ein weiteres Beispiel für menschliche Psychokinese wären. Da Schmidt bei der sehr überzeugenden Demonstration der Wirkung von menschlicher Psychokinese auf Geräte dieses Typs Erfolg hatte, erscheint eine solche Annahme sehr plausibel. Gegen diese Hypothese spricht der Umstand, daß viele dieser Experimente ohne einen irgendwo näher anwesenden Versuchsleiter durchgeführt wurden. In manchen Fällen liefen die Experimente über Nacht, wobei der Experimentator zu Hause war und in einiger Entfernung schlief. Während dabei die Möglichkeit einer PK-Wirkung auf weite Entfernung nicht ganz ausgeschlossen ist, macht es diese Teilerklärung doch weniger plausibel, als dies sonst der Fall wäre.

DIE UTRECHTER EXPERIMENTE

Von der Abteilung für Parapsychologie des Psychologischen Laboratoriums der Universität Utrecht stammt jedoch ein anderer Zugang zur Untersuchung von Psi bei Tieren (SCHOUTEN 1952). Dieser verwendet anstelle von Elektroschocks positive Belohnungen als Anreiz sowie einen experimentellen Aufbau, der anstatt Präkognition Telepathie und Hellsehen ermöglicht. Man dressiert Mäuse zuerst eine Zeitlang darauf, einen Hebel zu drücken, jeweils in der Hälfte des Käfigs, in der das Licht angeschaltet ist. Erfolgreiches Drücken des Hebels in der beleuchteten Hälfte des Käfigs wird mit einem Wassertropfen belohnt; das Berühren des falschen Hebels wird damit bestraft, daß die Belohnung zurückgehalten wird. Das Target, also die beleuchtete Hälfte des Käfigs, wird während der Dressur so oft gewechselt, daß die Bildung eines festen Verhaltensmusters beim Tier möglichst gering wird.

Ist die Dressur abgeschlossen, werden zwei Mäuse genommen und in getrennte Käfige gesetzt, die in Räumen in einiger Entfernung voneinander stehen. Eine Maus spielt die Rolle des «Agenten»; ihr Käfig enthält zwei Glühbirnen, die jeweils in der einen Hälfte des Käfigs angebracht sind. Die andere Maus ist der «Perzipient», und ihr Käfig enthält die zwei Hebel. Der Beginn eines Versuchsdurchlaufs wird durch den Ton eines Summers im Käfig des Agenten angezeigt, und ein Zufallsselektor schaltet eine der Lampen in diesem Käfig an. Wenn die Maus, die Agent ist, ihren Genossen im anderen Raum telepathisch darüber informieren kann, welche der beiden Lampen an ist, dann müßte der Perzipient in der Lage sein, den richtigen Hebel niederzudrücken. Das Gerät ist so konstruiert, daß das Herunterdrücken des richtigen Hebels durch den Perzipienten die Belohnung *beider* Mäuse mit einem Wassertropfen zur Folge hat. Jegliche Registrierung geschieht automatisch, so daß der Versuchsleiter nicht in einem der beiden Räume während des Versuchslaufs zu sein braucht. Das Gerät kann auch zum Test unter Hellsehbedingungen verwendet werden: Die Maus, die Agent ist, wird ganz einfach entfernt, und dem Perzipienten wird gestattet, in Abwesenheit eines «Senders» seine Wahl zu treffen.

In seinem ersten Bericht über Experimente, die mit dieser Einrichtung ausgeführt wurden, beschreibt Sybo Schouten die Ergebnisse des Tests mit 10 Mäusen; dabei durchlief jede Maus sechs Versuchsabläufe mit jeweils 25 Einzelversuchen. Drei der Versuchsläufe fanden unter «Telepathie»-Bedingungen statt (was tatsächlich die Auswirkung sowohl von Telepathie als auch von Hellsehen zuläßt) und drei unter Hellsehbedingungen. Die Gesamtergebnisse waren gerade noch signifikant, und es gab eine ziemlich starke negative Korrelation zwischen den Trefferleistungen der Mäuse bei den Telepathieversuchen und ihren Trefferleistungen bei den Hellsehversuchen (r = – 0,76; P = 0,01). Dieses letzte Ergebnis zeigt, daß diejenigen Mäuse, die unter Telepathiebedingungen gute Trefferleistungen haben, dazu neigen, unter Hellsehbedingungen schlecht abzuschneiden und umgekehrt.

EXPERIMENTE ÜBER PARANORMALE HEILUNG

Aus der vorangegangenen Beschreibung ist ersichtlich, daß die Parapsychologen während der etwa letzten vierzig Jahre eine Anzahl von höchst ausgeklügelten und wohl überlegten Methoden entwickelt haben, um die Psi-Phänomene nachzuprüfen. Es ist deshalb ziemlich überraschend, festzustellen, daß diese Methoden sehr selten auf dem Gebiet der paranormalen Heilung angewendet worden sind, was möglicherweise ein Thema der Parapsychologie darstellt, das irgendwelche Hoffnungen, von direktem Wert für die Menschheit zu sein, eröffnen könnte. durch die ganze Geschichtsschreibung hindurch gibt es viele Berichte über augenscheinlich unerklärliche Heilungen; im allgemeinen (wenn auch nicht immer) stehen sie in einem religösen Kontext. Natürlich gibt es viele Fallstudien über solche Phänomene, und einige davon wurden von medizinischen Autoritäten verfaßt (West 1957; Rose 1971). Bis zur Arbeit von Dr. B. Grad und seinen Mitarbeitern scheint jedoch kein Versuch unternommen worden zu sein, kontrollierte Laborexperimente zur paranormalen Heilung durchzuführen (Grad, Cadoret und Paul 1961).
Grad war in der glücklichen Lage, über die Dienste eines erstklassigen Wunderheilers [psychic healer], Oskar Estebany, zu verfügen. 1897 in Ungarn geboren, trat Estebany der ungarischen Armee bei und diente während des Ersten Weltkriegs als Leutnant. Man berichtet von ihm, daß er seiner heilenden Kräfte erst gewahr wurde, als ihm als Kavallerieoffizier auffiel, daß von ihm massierte kranke Tiere schneller gesund wurden, als dies bei konventioneller Behandlung der Fall war. Folgerichtig ging er daran, Menschen zu behandeln, und trotz eines in diesem Land allgemeinen amtlichen Verbots des Wunderheilens gewann er die Unterstützung mehrerer ungarischer Ärzte. Später wanderte er nach Kanada aus, wo er sich für eine Reihe sorgfältig kontrollierter Experimente unter der Leitung von Dr. Grad zur Verfügung stellte.

Grads Methode bestand darin, Mäusen unter Äthernarkose durch das Entfernen eines kleinen Hautstücks Wunden zuzufügen. Die Wundflächen wurden sorgfältig durch das Abdecken mit einem Stück durchsichtiger Plastikfolie gemessen, wobei der Umriß mit einem Fettstift nachgezeichnet wurde und die Fläche auf der Plastikfolie mit einem Planimeter ausgemessen wurde. Vorläufige Untersuchungen über einen Zeitraum von zwei Jahren zeigten an, daß von Estebany behandelte Mäuse schneller heilten als solche, die nicht so behandelt wurden. Daher wurde ein voll skaliertes Experiment aufgebaut, bei dem ein Plan für die zufällig ausgewählte Testgruppe verwendet wurde, um Auswirkungen der äußeren Umgebungsvariablen auszuschließen. Es wurde sorgfältig darauf geachtet, sicherzustellen, daß die Experimentatoren, die die Messungen vornahmen, nicht wußten, welches die behandelten Mäuse waren. Das Ausheilen der Wunden wurde bei drei Gruppen von Mäusen verglichen: solchen, die von Estebany behandelt wurden, solchen, die von Personen behandelt wurden, die keine heilenden Kräfte für sich in Anspruch nahmen, und solchen, die überhaupt nicht behandelt wurden. Da es bekannt ist, daß das Streicheln von Mäusen eine günstige Auswirkung auf ihr körperliches Befinden hat, wurde dem Heiler das Berühren der Mäuse nicht gestattet. Die Mäuse waren in Käfigen in große Papiertüten eingeschlossen. Eine Gruppe der Papiertüten wurde versiegelt, und Estebany wurde nur erlaubt, die Außenseite der Tüten zu berühren; eine andere Gruppe wurde am einen Ende offen gelassen, und dem Heiler [Estebany] wurde gestattet, seine Hand in die Tüten zu führen und den Käfig (aber nicht die Maus) zu berühren. Die Behandlung wurde den Mäusen zweimal am Tag fünfzehn Minuten lang zuteil. Nach sechzehn Tagen ergab sich ein klarer signifikanter Unterschied zwischen den von Estebany behandelten Mäusen in den offenen Papiertüten und denjenigen, die von anderen Leuten behandelt wurden, und denjenigen, die überhaupt nicht behandelt wurden. Die Bedingung der geschlossenen Tüte zeigte einen Unterschied in derselben Richtung, aber nichts, was klar gekennzeichnet werden könnte.
Nachfolgende Experimente mit Oskar Estebany sind nicht weniger bemerkenswert gewesen. In zwei ausgedehnten Untersuchungen entdeckte Grad, daß Gerste, die mit einer einprozentigen Salzlösung gegossen wurde und die in der Hand des Heilers gehalten worden war, besser wuchs als solche Pflanzen, die mit unbehandeltem Wasser versehen wurden (Grad 1963, 1964). Der Experimentator konnte nach-

weisen, daß die Wirkung auch bestehenblieb, wenn die Flüssigkeit in versiegelten Glasbehältern untergebracht war, eine detaillierte Untersuchung mit spektroskopischen Methoden zeigte jedoch keine nachweisbaren physikalischen oder chemischen Unterschiede zwischen behandelten oder unbehandelten Lösungen. Eine weitere Untersuchung über Estebany wurde von Sister Justa Smith, der Leiterin des Biologie- und Chemiedepartments der Rosary-Hill-Universität in Buffalo durchgeführt, in der sie zeigte, daß der Heiler anscheinend eine beschleunigende Wirkung auf die Aktivität des Verdauungsenzyms Trypsin ausüben konnte (SMITH 1968).

G. und A. Watkins haben neulich, dem Beispiel von Grad folgend, ein Experiment durchgeführt, bei dem die Versuchspersonen die Rate des Erwachens bei Mäusen zu beeinflussen versuchten, die einer Äthernarkose unterzogen worden waren (WATKINS und WATKINS 1971). Paare von Swiss-Webster-Mäusen desselben Geschlechts und aus demselben Wurf wurden gleichzeitig in identischen Betäubungseinrichtungen in bewußtlosen Zustand versetzt. Die Versuchsperson konzentrierte sich dann auf irgendeine der beiden Mäuse, die in zufälliger Weise als Target ausgewählt worden war. Das Ziel war, die Targetmaus auf paranormale Weise dazu zu bringen, schnell aufzuwachen, die andere Maus wurde zur Kontrolle herangezogen. Dreizehn Versuchspersonen wurden bei diesem Experiment herangezogen, davon behaupteten zehn, die Gabe der Heilung zu besitzen, oder sie hatten in anderen PK-Labortests gut abgeschnitten. Die Ergebnisse waren im gesamten hochsignifikant, mit Abweichungen gegenüber dem Zufall von über 100000 zu 1. Drei Versuchspersonen, die nicht von vornherein den Anspruch erhoben, als gute Psi-Versuchspersonen angesehen zu werden, schnitten nur auf dem Zufallsniveau ab, und dies war auch der Fall bei einer der übrigen Versuchspersonen. Die restlichen neun Versuchspersonen hatten jedoch alle Trefferleistungen, die über dem Zufall lagen, vier davon in herausragender Weise. Das Experiment wurde seither von zwei verschiedenen Versuchsleitern wiederholt, wobei als Versuchspersonen die vier herausragenden Personen vom vorherigen Experiment herangezogen wurden (WELLS und KLEIN 1972). Die Ergebnisse dieser Wiederholung waren signifikant, allerdings nicht so ausgesprochen wie die Ergebnisse des früheren Experiments. Der Hauptnachteil bei dieser Art von Forschung liegt in der Möglichkeit des Versuchsleitereffekts; selbst wenn der Versuch mit blinden Versuchsleitern abläuft, ist es immer noch denkbar, daß sie über ASW oder durch eine andere Weise wissen könnten, welches nun die Targetmaus ist, und den Ausgang des Experiments durch ihre Verbindung mit dem Experiment beeinflussen. Ein vollständig automatisierter Aufbau scheint wohl die einzige Antwort auf dieses Problem zu sein.

Eine weitere Reihe von Forschungen, die für das Problem des paranormalen Heilens relevant sein könnte, wurde von Dr. J. Barry durchgeführt, einem in Bordeaux lebenden Arzt (Barry 1966 und 1968). Versuchspersonen wurden gebeten, sich auf auf Steintischen befindliche Kulturen von krankheitserregenden Pilzen mit der Absicht zu konzentrieren, das Wachstum der Organismen zu verlangsamen. Messungen zeigten einen deutlichen Rückgang des Wachstums bei den als Target ausgewählten Tischen im Vergleich mit den Kontrolltischen. Schließlich sollte noch eine Pionieruntersuchung von G. Elguin erwähnt werden, bei der anscheinend ein PK-Effekt angewendet wurde, um das Wachstum von Tumoren bei Mäusen zu verlangsamen (Elguin 1966).

Akzeptiert man die Effekte, wie sie von Grad und anderen berichtet werden, dann kann eine Theorie der paranormalen Heilung entschieden vernachlässigt werden, nämlich die Ansicht, daß sie völlig auf Suggestion zurückzuführen sei. Mäuse, in Papiertüten eingeschlossen, sind wahrscheinlich kaum Suggestionen zugänglich; Gerstenkörner und krankheitserregende Sporen ebensowenig. Dies heißt natürlich nicht, daß die Suggestion beim menschlichen Heilen überhaupt keine Rolle spielen würde, es gibt beträchtliches Beweismaterial, daß dies der Fall ist. In manchen Fällen kann jedoch auch ein objektiver paranormaler Faktor mitspielen. Von einigen Heilungen in Lourdes sagt man zum Beispiel, daß sie trotz beträchtlicher Zweifel auf seiten des Patienten vorgekommen sind. Es ist wahrscheinlich, daß man es in alltäglichen Situationen, in denen eine Heilung geschieht, mit einer Anzahl von wechselwirkenden Faktoren zu tun hat, körperlichen, psychologischen und parapsychologischen. Nur unter kontrollierten Laborbedingungen können die verschiedenen Faktoren für die Untersuchung getrennt werden, und darin liegt der Grund, weshalb die Art von Forschung, die von B. Grad initiiert worden ist, als ein äußerst wichtiger Beitrag anzusehen ist.

SCHLUSSFOLGERUNGEN

Am Ende eines Kapitels wie diesem wäre es zufriedenstellend, könnte man alle Fäden zusammenfassen und ein Gesamtbild der Forschung und der Richtung geben, wohin sie führt. Unglücklicherweise kann dies nicht geleistet werden. Obwohl es nun einen starken Hinweis für die Realität von Psi bei Tieren gibt, ist unser Wissen über die Bedingungen, unter denen es Wirkung zeigt, minimal. Die Zukunft sieht jedoch ermutigend aus. Man verfügt zur Erforschung all der verschiedenen Faktoren, die die Wirkungsweise von ASW bei Tieren beeinflussen können, nunmehr über ausgereifte Techniken; es geht nur noch darum, die nötige Grundlagenarbeit mit einzubringen. Gegenwärtig besteht die dringendste Aufgabe darin, für weitere Replikationen der Arbeiten, die schon geleistet worden sind, zu sorgen (besonders jener amerikanischen Experimente, bei denen Betrug mit im Spiel gewesen sein mag) und auch den Entwurf neuer Typen von Experimenten voranzutreiben, so daß die Prinzipien, denen die Phänomene unterliegen, aufgeklärt werden können. Es ist schon genügend erreicht worden, was uns die Sicherheit gibt, daß wir letzten Endes unsere Zeit nicht verschwenden.

LITERATURHINWEISE

Barker, J. C.: Scared to Death. Frederick Muller, London 1968

Barry, J.: Essais relatifs à l'influence de la pensée sur la croissance des champignons. Revue métapsych. *2* (1966) S. 43–66

Barry, J.: General and comparative study of the psychokinetic effect on a fungus culture. J. Parapsychol. *32* (1968) S. 237–243

Bechterev, W.: «Direct influence» of a person upon the behaviour of animals. J. Parapsychol. *13* (1949) S. 166–176 [Versuche über die «unmittelbare Einwirkung» auf das Verhalten von Tieren. Deutsche Fassung, erschienen in: Z.P.G.P. *5* (1961) S. 155–166; sowie in: Bender, H. (Hrsg.): Parapsychologie. Entwicklung, Ergebnisse, Probleme. Wissenschaftliche Buchgesellschaft Darmstadt 1974, S. 624–636]

Brown, F. A.: Biological Clocks. American Institute of Biological Sciences, Boston (Mass.) 1962.

Duval, P.: Exploratory experiments with ants. J. Parapsychol. *35* (1971) S. 58 (Abstract)

Duval, P., Montredon, E.: ESP experiments with mice. J. Parapsychol. *32* (1968) S. 153–166 [vergl. auch: Chauvin, R.: Über die Möglichkeit parapsychischer Phänomene bei Tieren. Z.P.G.P. *5* (1961/62) S. 142–154]

Elguin, G. H.: Psychokinesis in experimental tumorogenesis. J. Parapsychol. *30* (1966) S. 220 (Abstract) [vergleiche auch: Elguin, G. H., Onetto-Bächler, B.: Psychokinese und experimentelle Tumorentwicklung. Z.P.G.P. *10* (1967) S. 48–59]

Grad, B., Cadoret, R. J., Paul, G. I.: The influence of an unorthodox method of treatment on wound healing in mice. Int. J. Parapsychol. *3* (1961) S. 5–24 [Eine unorthodoxe Behandlungsmethode der Wundheilung bei Mäusen. Z.P.G.P. *6* (1962/63) S. 147–164]

Grad, B.: A telekinetic effect on plant growth. Int. J. Parapsychol. *5* (1963) S. 117–133

Grad, B.: A telekinetic effect on plant growth, II. Int. J. Parapsychol. *6* (1964) S. 473–498

Matthews, G. V. T.: Bird Navigation. (2. Aufl.) Cambridge University Press, London 1968

Metta, L.: Psychokinesis on Lepidopterous Larvae. J. Parapsychol. *36* (1972) S. 213–221

Morris, R. L.: Psi and animal behaviour: a survey. J.A.S.P.R. *64* (1970) S. 242–260

Osis, K.: A test of the occurrence of a psi effect between man and the cat. J. Parapsychol. *16* (1952) S. 233–256

Osis, K., Foster, E. B.: A test of ESP in cats. J. Parapsychol. *17* (1953) S. 168–186

Pfungst, O.: Clever Hans: Holt, Rhinehart & Winston, New York 1965 [Deutsche Fassung: Der kluge Hans. Ein Beitrag zur nichtverbalen Kommunikation. Fachbuchhandlung für Psychologie, Frankfurt a. M. 1977]

Pratt, J. G.: Parapsychology: an Insider's View of ESP. Doubleday, New York 1964

Randall, J. L.: Experiments to detect a psi effect with small animals. J.S.P.R. *46* (1971) S. 31–39

Randall, J. L.: Two psi experiments with gerbils. J.S.P.R. *46* (1972) S. 22–30

[Randall, J. L.: Parapsychology and the Nature of life, Abacus London 1977; Erstauflage Souvenir Press, London 1975 (Deutsche Übersetzung von W. F. Bonin wird z. Zt. im Bauer Verlag, Freiburg i. Br., vorbereitet)]

Rhine, J. B.: The present outlook on the question of psi in animals. J. Parapsychol. *15* (1951) S. 230–251

[Rhine, J. B., Feather, S. P.: «Psi-Trailing» bei Tieren. Z.P.G.P. *6* (1962/63) S. 1–25; zuerst erschienen in J. Parapsychol. *26* (1962) S. 1–22]

Rhine, J. B., Rhine, L. E.: An investigation of a «mind-reading» horse. J. Abnorm. Soc. Psychol. *23* (1929) S. 449–466

Rhine, J. B., Rhine, L. E.: Second report on «Lady», the «mindreading» horse. J. Abnorm. Soc. Psychol. *24* (1929) S. 287–292

Richmond, N.: Two series of PK tests on paramecia. J.S.P.R. *36* (1952) S. 577–588

Rose, L.: Faith Healing, Penguin Books, London 1971

Schmidt, H.: PK experiments with animals as subjects. J. Parapsychol. *34* (1970) S. 255–261

Schouten, S. A.: Psi in Mice: Positive Reinforcement. J. Parapsychol. *36* (1972) S. 261–283

Smith, J.: Paranormal effects on enzyme activity. J. Parapsychol. *32* (1968) S. 281 (Abstract)

Watkins, G.: PK in the lizard (Anolis sagrei). J. Parapsychol. *35* (1971) S. 62 (Abstract)

Watkins, G., Watkins, A. M.: Possible PK influence on the resuscitation of anaesthetised mice. J. Parapsychol. *35* (1971) S. 257–272
Wells, R., Klein, J.: A replication of a «psychic healing» paradigm. J. Parapsychol. *36* (1972) S. 144–149
West, D. J.: Eleven Lourdes Miracles. Duckworth, London 1957
[Wood, G. H., Cadoret, R. J.: Test of clairvoyance in a man-dog relationship. J. Parapsychol. *22* (1958) S. 29–39]

J. GAITHER PRATT

Auf der Suche nach einem konstant guten Medium

ÜBERBLICK

Die meisten Parapsychologen müßten eigentlich zustimmen, kann ich mir vorstellen, daß es nichts Lohnenderes gibt, als mit einer besonderen Versuchsperson zu arbeiten, die durchgehend signifikante Trefferraten hervorbringen kann. Unglücklicherweise ist dies ein Privileg, das nur wenigen gewährt wird, jedenfalls über einen mehr als nur sehr kurzen Zeitraum. Eine wahre Flut solcher Versuchspersonen erschien in den dreißiger Jahren nach der Gründung des Laboratoriums an der Duke Universität unter J.B. Rhine, und später, in den vierziger Jahren, begründete S.G. Soal sein Ansehen aufgrund seiner Arbeit mit zwei herausragenden Versuchspersonen. Danach war jedoch ein Nachlassen zu verzeichnen, und die meisten der wichtigen Arbeiten während der fünfziger Jahre beschäftigten sich nicht mit den Phänomenen bei Einzelpersonen, sondern mit Ergebnissen bei Gruppen. Dann tauchte in den sechziger Jahren ein neues Starmedium an einem höchst unerwarteten Ort, nämlich in Prag, in der Person eines jungen Mannes auf, der der Held dieses Kapitels sein wird. Er war die Entdeckung eines tschechischen Parapsychologen und sollte, wie sich herausstellte, alle bisherigen aus der Literatur bekannten ASW-Versuchspersonen dank seiner Ausdauer und seiner Produktivität übertreffen. Denn obwohl seine Trefferleistungen niemals spektakulär waren und sein Repertoire auf eine spezielle Rateaufgabe mit zwei Alternativen beschränkt war, verschaffte ihm seine Zähigkeit, mit der er daran festhielt, gepaart mit seiner nie versagenden Freundlichkeit, Geduld und Bescheidenheit, einen einzigartigen und dauerhaften Platz in der Geschichte der Parapsychologie.

Der Verfasser, selbst ein Veteran des Duke-Laboratoriums und heute wahrscheinlich der erfahrenste Untersucher in der Welt, gewann an dieser Versuchsperson fast von Beginn ihrer Karriere an Interesse und stellt seitdem Untersuchungen mit ihr an, wobei er zu diesem Zwecke, wenn notwendig, zwischen Charlottesville in Virginia und der tschechoslowakischen Hauptstadt hin und her pendelte. Anderen Besuchern aus dem Ausland wurde jedoch nie der Zugang zu «P.S.» verwehrt, und der Verfasser hebt hier besonders den Besuch dreier holländischer Wissenschaftler im April 1963 hervor. Er erwähnt, daß einer von ihnen nach seiner Rückkehr nach Amsterdam an ihn schrieb, um mitzuteilen, daß sie sehr skeptisch bezüglich der über diese Versuchsperson aufgestellten Behauptungen nach Prag gekommen waren, jedoch «mit der Überzeugung..., daß sie Zeugen eines ASW-Wunders gewesen waren», zurückkehrten. Sie hatten gut daran getan, denn von den 2048 Versuchen, die sie durchführten, riet P.S. bei 1216 Fällen richtig und nicht richtig in 832 Fällen (die Zufallserwartung ist 50 zu 50), was eine Chance von über 10^{14} zu eins dafür ergibt, daß eine solche Diskrepanz durch Zufall zustande kommt. Solches Beweismaterial und das aus nachfolgenden

Experimenten, die der Verfasser selbst durchgeführt hat, bei denen sogar noch strengere Vorsichtsmaßnahmen gegen mögliche, sensorisch wahrnehmbare Anhaltspunkte ergriffen wurden, führt den Autor zu dem Schluß: «Die Ergebnisse sollten als überzeugender Beweis für ASW von jedem akzeptiert werden, der intellektuell in der Lage ist, Beweismaterial, das sich auf die Psi-Hypothese bezieht, abzuwägen und es zugunsten dieser Hypothese zu interpretieren.»

Die eigentliche Aufgabe bei all diesen Untersuchungen bestand darin, herauszufinden, welche Seite einer zweifarbigen Karte, grün oder rot, zuoberst lag, wenn die Karte in einem undurchsichtigen Umschlag vorgelegt wurde. Ein eigentümlicher Zug bei den Leistungen dieser Versuchsperson, der bald die Aufmerksamkeit zu beanspruchen begann, lag darin, daß, selbst wenn sie die falsche Farbe nannte, ihre Angaben oft in hohem Maße folgerichtig waren. Das heißt, daß sie dazu neigte, immer dann dieselbe Antwort zu geben, wenn eine bestimmte Karte vorgelegt wurde, wenngleich sie mit gewöhnlichen Mitteln niemals wissen konnte, daß es diese bestimmte Karte war, da sie ja verborgen war. Dieses seltsame Phänomen wurde als «Fokussierungseffekt» bekannt und wurde Gegenstand von eigenständigem Interesse. Denn es begann sich herauszustellen, daß es nicht nur eine Fokussierung auf eine bestimmte Karte gab, sondern daß oftmals die Angaben in hohen Maße gleichblieben, wenn ein bestimmter Umschlag vorgelegt wurde, unabhängig davon, was für eine Karte er enthielt; und dies war auch der Fall, wenn sogar der Umschlag in einem größeren Umschlag verborgen war, um so jedes normale Mittel der Identifizierung auszuschließen. Diese Tendenz hätte man beliebig weitertreiben können, indem man das Fokussieren vom äußeren Umschlag eines Satzes von Zielpäckchen auf die Schutzumschläge verschoben hätte, in die sie ihrerseits hineingesteckt worden waren.

Hier bietet der Verfasser nun zum ersten Mal eine plausible Interpretation dieser rätselhaften Eigenart im Rateverhalten seiner Versuchsperson an. Er weist darauf hin, daß P.S. als Versuchsperson bei Ryzel begann, dessen Forschungen darauf abzielten, die Fähigkeit des Hellsehens unter Hypnose zu trainieren. Bei diesen Versuchen war er dazu angehalten worden, seine ASW-Fähigkeiten wie einen Röntgenstrahl anzusehen, der in der Lage wäre, undurchsichtige Stoffe zu durchdringen. Nehmen wir jedoch einmal an, daß die Durchdringung das Zielobjekt nicht erreicht – in diesem Falle die eingefärbte Oberfläche einer Karte. Sollte er sich dann nicht eine andere Oberfläche im Targetpäckchen aufs Korn nehmen? Wenn dem so ist, könnte dies sehr wohl eher die Identifikation des Umschlags als die seines Inhalts zum Ergebnis haben und die Art der Reaktion hervorbringen, die wir hier den Fokussierungseffekt nennen.

Insoweit alle bekannten ASW-Versuchspersonen gelegentlich in ihren Leistungen nachlassen und schließlich ihre Psi-Fähigkeiten verlieren, scheint P.S. keine Ausnahme zu sein. Eine Zeitlang sah es in der Tat so aus, als ob seine Brauchbarkeit als Versuchsperson schließlich zu Ende wäre, und gegenwärtig scheint es unsicher, ob sie noch viel länger andauern kann. Der Verfasser, der sich bemüht hat, P.S. bislang vor dem Verschleiß zu bewahren, sieht darin eine Herausforderung. Müssen die Psi-Fähigkeiten unvermeidlich zerfallen, fragt er, oder können wir dies mit Geduld verhindern? Er gibt zu verstehen, daß man ebenso beharrliche Experimentatoren braucht, wie man konstante Versuchspersonen benötigt.

Der Herausgeber

Die Arbeit mit einer Einzelperson, die herausragende Psi-Leistungen zeigen kann, übt auf viele Forscher aus einer Reihe von Gründen einen Anreiz aus. Die Seltenheit der Personen, die Psi-Fähigkeiten im täglichen Leben hatten, von denen sie selbst überzeugt waren, führten die ersten Untersucher zur Annahme, daß Personen, die ASW unter Testbedingungen demonstrierten, ebenso selten seien. Der hohe Grad an Treffern, den eine solche Versuchsperson gewöhnlich schnell erreicht, gibt eine überzeugende Demonstration eines real ablaufenden Geschehens, und ein Beobachter kann sich leichter davon überzeugen, wie der Ablauf durch die Änderung der Bedingungen, die er möglicherweise anlegen mag, beeinflußt wird. Die Evidenz für irgendeinen besonders ablaufenden Prozeß bei einer ausgewählten außergewöhnlichen Versuchsperson kann recht dramatische Züge annehmen und kann, selbst für einen bezüglich Psi skeptischen Beobachter, rasch an Überzeugungskraft gewinnen. Die Vorteile des Arbeitens mit einem starken Effekt liegen von selbst klar auf der Hand, sofern man die Aussichten auf schnellere Fortschritte beim Wissen und Verständnis über diesen Prozeß in Betracht zieht.

Gleichzeitig gibt es viele Fragen, die aufgrund von Einzelergebnissen nicht leicht zu beantworten sind, da sie Sachverhalte anschneiden, die eine Verallgemeinerung aus den Ergebnissen einer großen Anzahl von Versuchspersonen verlangen. Wir müssen uns deshalb wieder daran erinnern, daß der Anreiz, mit besonderen Versuchspersonen zu arbeiten, keine Rechtfertigung für die Vernachlässigung der problemorientierten Forschung mit unausgewählten freiwilligen Versuchspersonen darstellt.

Schaut man sich die Entwicklung auf diesem Gebiet vom historischen Gesichtspunkt aus an, so kommen einander widerstreitende Trends und periodischer Wechsel in der Forschungsstrategie ans Tageslicht, soweit sie die Verwendung der beiden experimentellen Ansätze anbelangt. Die früheren Jahrzehnte waren durch eine überragende Anzahl von Experimenten mit nur einer Versuchsperson charakterisiert.*

* Es ist nützlich, für nähere Einzelheiten in diesem Punkt auf den umfassenden Überblick über die quantitative ASW-Forschung während der sechs Jahrzehnte zu verweisen, die auf die Gründung der Society of Psychical Research (SPR) 1882 folgten. Er wurde vom Forschungsteam des Duke University Laboratoriums geschrieben (PRATT, RHINE, SMITH, STUART und GREENWOOD 1940). Die Tabelle 29 gibt dort eine chronologische Abfolge aller ASW-Experimente wieder, die von 1882 bis zu Beginn 1939 durchgeführt worden sind, und eine Spalte gibt die Anzahl der bei jeder Untersuchung beteiligten Versuchspersonen wieder.

Selbst die Ausnahmen von dieser Regel waren meistens Untersuchungen, die mit nur einer kleinen Anzahl von Versuchspersonen durchgeführt wurden. Es gab jedoch Ausnahmen, die bei näherem Hinsehen zeigten, daß die Untersucher gelegentlich herauszufinden versuchten, ob das Arbeiten mit Gruppen aus unausgewählten Einzelpersonen bei der Behandlung der Fragen über ASW ergiebig sein könnte.

Eine dramatische Verschiebung der Anzahl der bei einzelnen ASW-Versuchen teilnehmenden Versuchspersonen fand mit der Veröffentlichung der ersten Resultate des Duke-Laboratoriums statt (RHINE 1934a). Von dieser Zeit an wurde die Verwendung einer größeren Anzahl von Versuchspersonen beim ASW-Labortest die Regel, obwohl Untersuchungen, die auf der Arbeit mit Einzelpersonen basierten, in vergleichsweise geringerer Anzahl noch veröffentlicht wurden. Bei näherer Betrachtung erweisen sich zwei dieser ungewöhnlichen Beispiele als Fälle, in denen die Untersucher als ihre eigenen Versuchspersonen fungierten (PEGRAM 1937; ANONYMOUS 1938). In anderen Fällen arbeiteten die Untersucher mit Personen, die zu ihnen als möglicherweise besonders ASW-begabt kamen oder die unter einer großen Anzahl von getesteten Personen herausragten (RHINE 1934b, 1936; WARNER 1937; RIESS 1937; MARTIN und STRIBIC 1938; DRAKE 1938). Man sollte nicht die Tatsache übersehen, daß ein relativ großer Teil der während dieser Zeit unternommenen Untersuchungen auf der europäischen Seite des Atlantiks ASW-Tests mit einer Versuchsperson waren und somit die Tradition fortführten, die dort früher überzeugend gewesen war (BENDER 1936; GOLDNEY und SOAL 1938).

In Amerika wurde es fast ohne Ausnahme die Regel, daß der Schwerpunkt auf der Arbeit mit Gruppen von Freiwilligen lag, während in Europa der Schwerpunkt weiterhin beim Aufspüren von Individuen lag, die in der Lage waren, eine hervorragende Fähigkeit zu zeigen, um dann ausschließlich mit ihnen zu arbeiten. Es gab natürlich Ausnahmen von dieser Regel auf beiden Seiten des Ozeans. Die amerikanische Richtung wurde stark von J. B. Rhine gefördert, während das beste Beispiel für die europäische Vorliebe die Arbeit von S. G. Soal in England (SOAL und GOLDNEY 1943; SOAL und BATEMAN 1954; SOAL und BOWDEN 1959) war. Innerhalb des Gebiets waren in der Tat die vierziger und fünfziger Jahre durch starke Argumente gekennzeichnet, was die einwandfreie Methode betraf, Psi-Forschung zu

Abb. 5.1: Pavel Stepanek während einer Versuchspause an der University of Virginia 1968

betreiben. Die Rhinesche Position führte spielend, was die Zahl der Anhänger betraf, während der Ansatz von Soal eine stärkere Beachtung in der Gemeinschaft der Wissenschaftler dank den erhaltenen eindrucksvolleren Ergebnissen gewann.*

Man kann nunmehr eine weitere Wendung des Gangs der Ereignisse ausmachen; sie fand in den frühen sechziger Jahren statt. Den Beginn kann man auf die Arbeit von M. Ryzl in Prag zurückführen, der besonderen Wert auf die Notwendigkeit legte, hervorragende Versuchspersonen zu haben, und der 1961 mit ASW-Tests mit einer Versuchsperson, Pavel Stepanek (P. S.), begann, der nun (1973) seit mehr als einem Jahrzehnt mitgearbeitet hat (siehe Abbildung 5.1). Eine Gruppe von Wissenschaftlern hat in verschiedenem Maße einen aktiven Anteil an diesen Untersuchungen über seine Fähigkeiten, was die Erörterung auf diesen Seiten und das Schriftenverzeichnis zur Genüge illustrieren.

Forschungsgeschichte in der Parapsychologie ist jüngst auch von an-

* Anmerkung des Übersetzers: Vergleiche hierzu das Vorwort zur deutschen Ausgabe, insbesondere den Abschnitt über die Devalidierung der Soal-Experimente.

deren Einzelpersonen gemacht worden, die besondere Psi-Fähigkeiten für sich in Anspruch nahmen und die sich selbst als Versuchsperson für Experimente zur Verfügung gestellt haben, entsprechend ihrem Talent. Die Namen von Lalsingh Harribance, Ted Serios und Nina Kulagina stehen in der Literatur bereits für Personen, die unsere besondere Aufmerksamkeit erregt haben, und weitere wie Ingo Swann und Bill Delmore stehen nun auf der Bühne und sind bereit, ihre Rolle als Starmedium zu übernehmen.
Nicht alle diese besonderen Persönlichkeiten sind so weit untersucht worden, daß sie nun alle für ihre wissenschaftliche Leistung mit Beifall bedacht werden könnten; es besteht jedoch kein Zweifel über die Herausforderung, die sie für den aktiven Forscher darstellen.*
Das gegenwärtige Interesse an der Forschung mit außergewöhnlichen Versuchspersonen scheint voraussichtlich kein voller Pendelausschlag weg vom Interesse am Gruppenexperiment mit unselektierten Freiwilligen zu werden. Es scheint eher ein nun verbreitetes Akzeptieren des Umstandes zu sein, daß die Arbeit in beiden Richtungen gebraucht wird. Die gegenwärtige Ungeduld der aktiven Forscher, Fortschritte in der Entwicklung auf allen Gebieten der Parapsychologie zu sehen, ist ein willkommenes Anzeichen für eine wissenschaftliche und berufliche Reife auf diesem Gebiet.
Der Rest dieses Kapitels wendet seine Aufmerksamkeit der Arbeit mit P. S. zu als einem Beispiel für die Forschung mit einer außergewöhnlichen Versuchsperson. Die Gründe für die Wahl dieser Versuchsperson sind:

1. Ein Jahrzehnt anhaltender Arbeit macht ihn zur vielleicht herausragendsten Versuchsperson in der Geschichte der Parapsychologie, sowohl was die gesamte Anzahl der durchgeführten Versuche als auch den Zeitraum anbelangt, in dem er erfolgreich als ASW-Versuchsperson in einer vernünftigen kontinuierlichen Weise diente.
2. Die Anzahl der Untersucher, die mit P. S. so weit gearbeitet haben, daß sie sich von der Echtheit seiner ASW-Fähigkeiten überzeugen konnten und die Ergebnisse in der wissenschaftlichen Literatur veröffentlichten, ist größer als bei irgendeiner anderen Versuchsperson bei quantitativen Tests.

* Anmerkung des Übersetzers: Vergleiche hierzu das Vorwort zur deutschen Ausgabe.

3. Ich war persönlich an der Arbeit mit P. S. während der längsten Zeit seiner Laufbahn als Versuchsperson beteiligt, und sein Fall ist einer, den ich aus dem jüngeren Zeitraum des erneuten Interesses an besonderen Versuchspersonen am besten kenne.

Ein Hauptmerkmal der Arbeit von Ryzl (RYZL 1960), die mithalf, die Aufmerksamkeit anderer Untersucher zu gewinnen, war seine Behauptung, daß er eine besondere Methode des hypnotischen Trainings entwickelt habe, mit der er die latenten ASW-Fähigkeiten bei normalen Personen hervorbringen könne, welche über keinen Hintergrund an Psi-Erfahrung verfügten. Zu der Zeit begann er mit P.S. zu arbeiten; im Sommer 1961 war eine Reihe von Untersuchern, mit denen er in anderen Ländern in Briefwechsel stand, wohl darauf vorbereitet, dies zur Kenntnis zu nehmen.

Ende 1961 erhielten die Herausgeber des Journals of Parapsychology eine Abhandlung von Ryzl, die sich mit zwei Experimenten, die er unter Mithilfe seiner Frau mit P. S. durchgeführt hatte, befaßte. Ryzl hatte zu dieser Zeit die Sprachbarriere [noch] nicht überwunden, und so blieben begreiflicherweise einige Fragen, die einer Klärung für die Herausgabe bedurften. Glücklicherweise wurde es mir möglich, im darauffolgenden Juni Prag zu besuchen, und als Ergebnis wurde der erste experimentelle Bericht über die Arbeit mit P. S. kurz danach veröffentlicht (RYZL und RYZLOWA 1962).

Bei meiner Ankunft in Prag schlug mir Ryzl vor, daß wir die Gelegenheit nützen sollten, um eine gemeinsame Forschung mit P.S. durchzuführen. Der Vorschlag bestand darin, daß ich die Kontrollen bestimmen und die Entscheidung über die Aufteilung der Verantwortung zwischen den beiden Untersuchern treffen sollte, was es mir ermöglichen würde, mich für die ASW-Interpretation der Ergebnisse zu verbürgen.

Gerne nahm ich die Gelegenheit wahr und schlug meinerseits vor, daß wir am besten dem Vorhaben dienten, wenn wir innerhalb des Rahmens des experimentellen Vorgehens arbeiteten, mit dem P.S. bereits vertraut war. Dies führte zu einem Hellsehversuch, bei dem die Versuchsperson bei jedem Durchlauf anzugeben versuchte, ob die weiße oder farbige Seite einer Karte, die in einer undurchsichtigen Kartonhülle versteckt war, ihm in diesem Augenblick zugewandt war. Die Zielkarten waren 75 mm breit und 125 mm lang, und die Kartonhüllen waren lang und breit genug, sicherzustellen, daß die Karten, wenn sie hineingesteckt wurden, vollkommen gegen Einblicke abgeschirmt waren. Unter Bedingungen, die mich von Ryzl und P.S. abschirmten, mischte ich nach einem Zufallsverfahren die zehn Karten in ihren Hüllen, händigte dann Ryzl den Satz der abgedeckten Targets aus, der die Umschläge, einer nach dem anderen vor P.S. hielt, während dieser seine Angaben über die ihm zugewandten Farben machte. Ich beobachtete den Versuchshergang und schrieb die Antworten der Versuchsperson auf, und nach dem Versuchsdurchlauf registrierten die beiden Experimentatoren die Reihenfolge der Targets und prüften die Anzahl der Treffer.

Diese Beschreibung liefert offensichtlich nur eine allgemeine Vorstellung der experimentellen Methode. Die vollen Einzelheiten über das Material, das in diesen über ein Jahrzehnt andauernden Experimenten verwendet wurde, und die nachfolgende Testmethode, wären zu weitschweifig und zu lang, um hier wiederholt zu werden. Jeder, der diese Einzelheiten näher studieren möchte, sei auf die von den Untersuchern geschriebenen experimentellen Berichte verwiesen, die meistens in Teams zu verschiedenen Zeiten an dieser Forschung teilnahmen; viele davon enthält das Schriftenverzeichnis am Ende dieses Kapitels. Über dieses Jahrzehnt der Forschung wurde ein langer Übersichtsartikel und eine Neubewertung vorgestellt (Pratt 1973). Dieses Kapitel ist notwendigerweise auf die Angabe einiger Höhepunkte bei den Versuchsergebnissen beschränkt.

Bei der Frage, ob der Erfolg der Forschung durch eine hypnotische Methode für das ASW-Training möglich gemacht würde, gibt es einfach keine Grundlage für eine schlüssige Antwort. Ryzl führte keinerlei Kontrollversuche aus, um den Faktor Hypnose von anderen denkbaren Faktoren abzutrennen, z.B. solche wie der Glaube und die Begeisterung des Experimentators, die günstige Erwartungen bei der Versuchsperson hätten hervorrufen können. Drei andere Untersucher haben diese Hypothese über das ASW-Training zu testen versucht, ohne irgendeine klare Bestätigung zu erhalten (Beloff und Mandleberg 1966; Stephenson 1965; Haddox 1966).

Ein Aspekt der Ergebnisse mit P.S. von besonderem wissenschaftlichem Interesse besteht in seiner Fähigkeit, erfolgreiche ASW-Trefferleistungen bei zahlreichen Gelegenheiten in der Anwesenheit von vielen verschiedenen Untersuchern zu zeigen. Der Fortschritt der Forschung in der Parapsychologie wurde durch den Umstand gehemmt, daß viele hervorragende ASW-Versuchspersonen, die in der Gegenwart des Versuchsleiters, an den sie gewöhnt waren, gut abschnitten, zu einer durchschnittlichen Trefferleistung abfielen, sobald andere Beobachter in die Versuchssituation mit hereingebracht wurden. P.S. war eine eindrucksvolle Ausnahme von dieser Regel. Der erste Hinweis für seine Zuverlässigkeit in der Anwesenheit eines Fremden ergab sich im ersten veröffentlichten Bericht, da P.S. die Frau von Ryzl bis zu dem Zeitpunkt nicht getroffen hatte, als sie ihm zu Beginn eines besonderen Experiments vorgestellt wurde. Die Untersuchungen, die während meines ersten Besuchs durchgeführt wurden, zeigten, daß selbst die Gegenwart eines ausländischen Wissenschaftlers seinen Erfolg nicht stoppte (Ryzl und Pratt 1962). Das Wahrscheinlichkeitsniveau der Signifikanz, das bei dieser Arbeit erreicht wurde, lag bei nur $P = 0{,}001$, was im Vergleich mit dem Niveau von $P = 10^{-9}$, das beim Experiment durch Ryzl und Ryzlowa mit derselben Testprozedur erreicht wurde, bescheiden war (Ryzl und Ryzlowa 1962, Experiment I).

Bei meinem zweiten Besuch in Prag im Januar 1963 wurden zwei Experimente durchgeführt. Das erste verwendete den oben angedeuteten Aufbau (2000 Versuche), in undurchsichtige Pappkartonhüllen gesteckte farbige Karten (Ryzl und Pratt 1963a). Die Ergebnisse, die auf einem höheren Niveau der Trefferleistung lagen, als wir vorher erzielt hatten, waren mit den Trefferraten vergleichbar, die in der Arbeit mit Ryzl und seiner Frau als Mituntersucherin erreicht worden waren.

Das zweite Experiment (5000 Einzelversuche) beinhaltete einen grundlegenden Wechsel der Vorgehensweise. Vor dem Experiment wurden zwanzig weiß-grüne Karten in zwanzig Pappkartonhüllen gesteckt. Diese Vorbereitungen wurden so durchgeführt, daß gesichert war, daß keiner der Experimentatoren irgendeine Kenntnis der Reihenfolge irgendeiner Karte innerhalb des Umschlags gaben konnte. Die zwanzig Umschläge wurden dann durch eine Zahl und einen Buchstaben auf jeder Seite gekennzeichnet. Danach wurden die verschlossenen Umschläge in eine zufällige Reihenfolge gebracht und durch einen Experimentator, der allein in einem Zimmer mit verschlossenen Türen arbeitete, in einzelne Pappkartonumschläge gesteckt. Dann beobachteten beide Experimentatoren die Testprozedur während des Versuchsablaufs, die Aufzeichnung und die Überprüfung der Resultate. Dieses Vorgehen wurde in einem Zeitraum von fünf Tagen so lange wiederholt, bis 250 Versuchsdurchläufe abgeschlossen waren (Ryzl und Pratt 1963b).

Die Ergebnisse mit den verborgenen Targets waren hoch signifikant, ganz besonders aufgrund eines überraschenden Aspekts bei der Durchführung durch die Versuchsperson. Es handelte sich hier darum, daß P. S. nicht denselben Grad an ASW-Leistung bei allen versteckten Targets zeigte. Bei über der Hälfte der Targets zeigte er eher eine starke Vorliebe für bestimmte «Calls», während er im Vergleich zur anderen Hälfte nur zufällige Antworten gab. Wir nannten diese Neigung der Versuchsperson, bestimmte Targets zu bevorzugen, den «Fokussierungseffekt». Er ist zum herausragenden Grundzug seiner Testleistungen während eines Jahrzehnts geworden, und er hat die meiste Aufmerksamkeit der Untersucher erfahren. Wir werden auf diesen Punkt gleich zurückkommen.

Vorher sollten wir jedoch noch die Beweiskraft herausarbeiten, die mit der Stabilität der ASW-Leistungen von P.S. zusammenhängt, die er mit verschiedenen Experimentatoren und unter unterschiedlichen Umständen gezeigt hat. Auch ist es nützlich, die Stärke des Beweismaterials, das diese Leistung liefert, zugunsten von ASW in Betracht zu ziehen, da einige Leser ohne Zweifel immer noch an der Frage interessiert sein werden, ob ASW wirklich vorkommt.

Eine weitere Stufe der Demonstration der Zuverlässigkeit der Trefferleistung dieser Versuchsperson in Gegenwart Fremder wurde im April 1963 erreicht, als drei holländische Wissenschaftler nach Prag kamen. Sie hatten eigentlich nur vor, zwei Tage dort zu verbringen, um mit Ryzl über seine hypnotische Trainingsmethode zu reden, aber sie stimmten sofort einer Änderung ihrer Pläne zu, als Ryzl sie dazu einlud, ihre eigenen Experimente mit P.S. durchzuführen. Ryzl stellte sie der Versuchsperson vor, besorgte Testmaterial, stellte zwei Zimmer seiner Wohnung, die er für seine Forschung benutzte, zur Verfügung und hielt sich dann weitgehend dem Geschehen fern. Er kam nur gelegentlich, um P.S. zu ermutigen und festzustellen, wie die Dinge liefen.

Bei ihrem Experiment (Ryzl, Barendregt, Barkema und Kappers 1965) verwendeten [die holländischen Wissenschaftler] Karten, die in Umschlägen versteckt waren, und ließen diese während der ganzen Untersuchung unverändert. Die Umschläge wurden vor jedem Run bezüglich ihrer oberen Seite innerhalb der Pappkartonhüllen in eine zufällige Reihenfolge gebracht. Einer der Untersucher schrieb mir nach seiner Rückkehr nach Amsterdam und sagte, daß sie voller Skepsis über die Behauptung, die Ryzl aufgestellt hatte, nach Prag gefahren seien, aber nun mit der Überzeugung zurückgekommen seien, daß sie Zeugen eines ASW-Wunders geworden waren. Die Ergebnisse ihrer Tests erreichten ein Signifikanzniveau, dessen Wahrscheinlichkeit, durch Zufall zustande gekommen zu sein, bei weniger als 10^{-14} lag. In 2048 Versuchen hatte P.S. die Farben 1216mal richtig genannt und sechs in 832 Fällen verfehlt (siehe Tabelle 5.1).

Die nächste Stufe, die Trennung von P.S. von seiner vertrauten Testsituation, in der er bisher erfolgreich war, wurde im November 1963 erreicht. Experimentatoren, die zu Besuch waren, «borgten» sich die Versuchsperson bei Ryzl und fanden einen neuen Ort für ihre Experimente, allerdings einen, der P.S. persönlich vertraut war. Die Untersucher benutzten ihr eigenes Testmaterial, das sie in ihrem Gepäck mitgebracht hatten. Signifikante Ergebnisse wurden in drei unter

Tabelle 5.1: Aufschlüsselung der Antworten auf den Satz mit 16 Targets beim Experiment in Prag mit den besuchenden holländischen Wissenschaftlern (siehe RYZL, BARENDREGT, BARKEMA und KAPPERS 1965)

Sätze ohne signifikante Ergebnisse mit den versteckten Objekten				Sätze mit signifikanten Ergebnissen bezügl. der versteckten Objekte			
Versteckte(r)		Call		Versteckte(r)		Call	
Umschlag	Karte	weiß	grün	Umschlag	Karte	weiß	grün
C	W	37	22	A	G	4	69
D	G	35	34	B	W	33	22
(Calls gesamt)		(72)	(56)*			(37)	(91)
M	W	9	68	E	G	11	56
N	G	3	48	F	W	37	24
		(12)	(116)			(48)	(80)
R	G	4	59	G	G	21	38
S	W	13	52	H	W	39	30
		(17)	(111)			(60)	(68)
3	G	17	54	K	W	29	36
4	W	8	49	L	G	17	46
		(25)	(103)			(46)	(82)
9	W	17	38	T	W	29	32
10	G	18	55	U	G	17	62
		(35)	(93)			(46)	(88)

Versteckte(r) Umschlag	Karte	Call weiß	Call grün	Versteckte(r) Umschlag	Karte	Call weiß	Call grün
13	G	9	53	1	W	36	26
14	W	13	53	2	G	4	62
		(22)	(106)			(40)	(88)
15	G	22	48	5	G	14	61
16	W	13	45	6	W	25	28
		(35)	(93)			(39)	(89)
(Summe – 7 Sätze)		(218)	(678)***	7	W	10	56**
				8	G	27	35
						(37)	(91)
				11	W	57	18
				12	G	10	43
						(67)	(61)
				(Summe	9 Sätze)	(420)	(732)***

Allgemeiner Hinweis:
Jede Karte blieb versteckt und während des ganzen Experiments unverändert in ihrem Umschlag, der Umschlag wurde nach einer Zufallsprozedur vor jedem Run in seiner Hülle umgedreht oder so belassen. Die Hüllen wurden immer mit derselben Seite zuoberst vorgezeigt. (Vergl. Fußnote zur Tabelle 5.1).

* Erster Tag 21 Weiß, 43 Grün; zweiter Tag 51 Weiß, 13 Grün. Somit ist klar, daß der Satz C/D eine starke «Weiß»-Reaktion am zweiten Tage hervorbrachte, was hinreichend zeigt, daß die starke Neigung für «Grün», die sich bei den anderen sechs Sätzen mit nichtsignifikanten Ergebnissen bei den versteckten Objekten zeigte, nicht allein einer allgemeinen Neigung zugeschrieben werden kann, Grün allzuhäufig zu nennen.

** Satz 7/8 zeigt eine signifikante Beziehung zwischen der Seite des versteckten Targets, die obenaufliegt, und der genannten Farbe ($P<0{,}002$), aber die Präferenz für die Antworten sind denen der präsentierten Farben entgegengesetzt. Dies reicht für die Annahme aus, daß die ASW-Antworten der Einzelversuche bezüglich der Seiten der Umschläge gemacht wurden und daß sie durch P. S. unkorrekterweise mit der Plazierung der darin befindlichen Karte in Verbindung gebracht worden ist.

*** Ein Chi-Quadrat-Test des Unterschiedes zwischen den Antworttendenzen «Grün» und «Weiß» in den beiden Gruppen der Sätze ist hoch signifikant ($P < 10^{-7}$); dies zeigt, daß die starke Tendenz, Grün zu nennen, bei den Sätzen mit den unsignifikanten Ergebnissen über die versteckten Targets in einem gewissen Grad durch die Antworten auf die versteckten Targets der anderen neun Sätze in Schach gehalten wurde.

diesen Umständen durchgeführten Experimenten erzielt (PRATT 1964; PRATT und BLOM 1964; BLOM und PRATT 1968).

Schließlich besuchte P.S. bei drei Gelegenheiten für weitere ASW-Überprüfungen die Universität Virginia. Der erste Besuch 1967 war höchst ergiebig (PRATT und ROLL 1968; ROLL und PRATT 1968), und beim zweiten war dies ebenso der Fall (KEIL und PRATT 1969; PRATT und KEIL 1969; PRATT, KEIL und STEVENSON 1970; PRATT, STEVENSON, ROLL, BLOM, MEINSMA, KEIL und JACOBSON 1968).

Zur Zeit des dritten Aufenthalts Anfang 1969 war P.S. in einem verhältnismäßig unproduktiven Zustand, und die Ergebnisse waren nicht signifikant. Seit diesem letzten Besuch in Charlottesville wurde die Arbeit mittels mehrerer Besuche in Prag mit relativ wenig neuem Beweismaterial für ASW fortgeführt, aber es hat gelegentliche Perioden mit bemerkenswertem Erfolg gegeben (PRATT und RANSOM 1972, PRATT und KEIL 1972).

Wenn wir uns fragen, ob diese Forschung Ergebnisse erbracht hat, für die ASW die einzig vernünftige Erklärung darstellt, dann sollten wir zunächst das beste verfügbare Beweismaterial in Augenschein nehmen. Liefern die am besten kontrollierten Experimente einen strengen Beweis für die Unterstützung der ASW-Hypothese, dann können wir vernünftigerweise annehmen, daß P.S. auch bei anderen Tests, die weniger streng kontrolliert waren, ASW benutzt hat, für die aber keine konkreten Schwächen der experimentellen Bedingungen je nachgewiesen worden sind.

Ein Experiment, das ein besonders starkes Beweismaterial für die außersinnliche Wahrnehmung erbrachte, wurde in Prag im November 1963 (BLOM und PRATT 1968) durchgeführt. Diese Untersuchung erwuchs aus der früheren Arbeit der holländischen Gruppe. Nach weiteren Überlegungen war ihnen klar geworden, daß ihre Ergebnisse zugunsten der ASW-Hypothese sprachen, aber daß das von ihnen benutzte Vorgehen keinen schlüssigen Beweis für die ASW-Antworten bezüglich der verdeckten Farben lieferte. In ihrem Test blieben die farbigen Karten innerhalb der Umschläge in der Stellung, wie sie ursprünglich hineingelegt worden waren. Wurden die Umschläge innerhalb der Hüllen umgedreht, um für das Material eine Zufälligkeit zu erreichen, folgten die Karten dieser Prozedur unverändert. Es war deshalb nicht möglich, sicherzugehen, ob die Antworten der Versuchsperson nur mit den Karten in Verbindung standen, die unter zwei Schichten undurchsichtigen Pappkartons lagen. Schließlich konnten einige der Antworten im Zusammenhang mit den Umschlägen gegeben worden sein, die nur durch eine einzige Schicht der Pappkartonhüllen verdeckt waren.

In jedem Fall lieferten die Ergebnisse einen Beweis für ASW, da jedermann, der aus nächster Nähe der Situation beiwohnte, zugab, daß es keine Möglichkeit gab, wie P.S. auf einer sinnlich wahrnehmbaren Grundlage hatte wissen können, in welcher Weise ihm der Umschlag präsentiert wurde. Nichtsdestoweniger war es einleuchtend, daß der Beweis für ASW anderen [Wissenschaftlern] gegenüber auf objektive Weise noch strenger gemacht werden konnte, wenn man klar zeigen konnte, daß die Versuchsperson in der Tat auf die zweifach eingeschlossene Karte reagieren konnte. Weiterhin wäre es von einigem theoretischem Interesse zu wissen, ob ASW in der Lage ist, Farben in der vollständigen Dunkelheit, die die zweifach eingeschlossenen Karten umgab, auszumachen.

Wir planten daher eigens ein Experiment, um uns mit diesen Fragen auseinanderzusetzen. Dieses beinhaltete eine tägliche Sitzung von 1000 Einzelversuchen und dauerte vier Tage lang. Das Testmaterial bestand aus vierzig verschlossenen Pappkartonumschlägen, von denen jeder eine weiß-grüne Karte enthielt, sowie aus zwei Sätzen von acht Pappkartonhüllen, in denen die Umschläge steckten, wenn sie der Versuchsperson gezeigt wurden. Die Karten wurden durch ein doppelt blindes Vorgehen in die Umschläge getan, um sicher zu gehen, daß keiner der Experimentatoren ihre Reihenfolge kennen konnte. Dies war der Teil des experimentellen Vorgehens, der während des Experiments vor jeder täglichen Sitzung jeweils viermal durchgeführt wurde.

Während der Testprozedur selbst wurden diese Umschläge durch den Experimentator, der allein in einem abgeschlossenen Raum arbeitete, in eine zufällige Reihenfolge gebracht, und dann wurden sie, jeweils acht auf einmal, in die Pappkartonhüllen gesteckt (siehe Abbildung 5.2). Die beiden Sätze der Hüllen wurden alternativ verwendet. Der zweite Experimentator testete P.S. mit einem Satz, während der andere Satz gerade hergerichtet wurde.

Beide Experimentatoren nahmen an der Aufzeichnung der Targets (die Seiten der umhüllten Umschläge, die nach unten zeigten) nach jedem Run teil und tabellierten die Ergebnisse nach dem Ende jeder täglichen Sitzung. Von allen Daten wurden Duplikate hergestellt und von diesen wurde eine von jedem Exemplar verwahrt.

Abb. 5.2: Aufschlüsselung des Materials, das bei vielen ASW-Tests Verwendung fand. Von links nach rechts: Karte mit weißer Seite nach oben, Umschlag aus Pappkarton; Hülle aus Pappkarton; eine weitere Hülle, sie wird verwendet, um die Pappkartonhülle abzudecken, worin sich der Umschlag und die Karte bei der Untersuchung des Fokussierungseffektes befinden.

Das zufällige Vermischen der Karten in den Umschlägen vor jeder der vier Sitzungen machte es möglich, den Effekt der Karten von dem der Umschläge zu trennen. Der Grad der Unabhängigkeit rechtfertigte es, eine getrennte statistische Behandlung der beiden Datensätze anzuwenden. Die Ergebnisse bei den Karten zeigten, daß P.S. eine hochsignifikante Trefferrate für die Farbe hatte ($P < 2 \cdot 10^{-6}$). Insgesamt gab es auch eine gewisse Konsistenz der Reaktion auf die vierzig Umschläge, allerdings lag dies auf einem viel geringeren Signifikanzniveau, als es für die 40 Karten ermittelt wurde. Der «Umschlag-Effekt» kann daher vernünftigerweise als ein Artefakt der starken Reaktion auf die Farbe interpretiert werden sowie als Ergebnis des teilweisen zufälligen Durchmischens der Karten in den Umschlägen, das statt vor jedem Einzelversuch täglich vorgenommen wurde.
Im Anschluß an die Veröffentlichung des strengen Berichts über diese Forschung veröffentlichte einer der Experimentatoren eine Auswertung der Ergebnisse, soweit sie die Farben im Rahmen einer Mehrheitsanalyse [«majority-vote»-analysis] betrafen, welche er auf die

vierzig Targets für jeden Tag anwendete. In dieser Analyse wurden alle Antworten, die jeden Tag bezüglich jedes Umschlages gegeben worden waren, als Treffer gezählt, wenn die Mehrzahl davon mit der Lage der Karte, die sich darin befanden, übereinstimmte, und als kein Treffer [miss], wenn die Mehrheit sich bezüglich der Plazierung der Karte als falsch erwies. Über die vier Tage hinweg waren die mehrheitlichen Angaben richtig für 96 Karten und falsch für 56 (die übrigen 8 Karten hatten «Stimmengleichheit» oder eine gleiche Anzahl von Angaben über Grün und Weiß). Eine Differenz in der Größenordnung von 40 in einer Zufallsstichprobe von 152 Beobachtungen, wobei der Erwartungswert die Null-Differenz ist, hat eine Wahrscheinlichkeit des rein zufälligen Auftretens von weniger als 2mal in 1000 Fällen. Selbst diese herkömmliche Grundlage der Auswertung liefert somit eine adäquate signifikante Evidenz zur Unterstützung der Schlußfolgerung, daß P.S. auf die Farben reagierte.

Bei der Planung und Durchführung des Experiments achteten wir sorgfältig auf die Möglichkeit und führten deswegen entsprechende Kontrollen durch, daß irgendeine physikalische Eigenschaft der Karte wie z.B. eine Krümmung irgendeine Art von sinnlich wahrnehmbarem verstecktem Hinweis durch die zwei bedeckenden Schichten des Pappkartons hindurch hätte liefern können. Die Testbedingungen schlossen auch andere denkbare Möglichkeiten des Irrtums der Experimentatoren oder der falschen Interpretation aus, mit Ausnahme des vorsätzlichen Schwindels, verübt durch die beiden Experimentatoren. Dies ist ein Niveau von Sicherheitsmaßnahmen, das jenseits dessen liegt, was in der Wissenschaft gewöhnlich erforderlich ist, und die Ergebnisse stehen daher als unzweideutiger Beweis für außersinnliche Wahrnehmung.

Die weitere Forschung, auf die ich hinweisen möchte und die den stärksten Beweis für ASW anbietet, gehört zu einem späteren Abschnitt der Forschung, nämlich zu dem Zeitraum des zweiten Besuchs an der University of Virginia im Februar–März 1968. Diese Ergebnisse werden in einem Forschungsbericht behandelt, der mit Nachdruck auf den Umstand hinweist, daß ein dritter Experimentator zum bisherigen Team von zwei Untersuchern stieß, um das Vorgehen wirksam und genau zu überprüfen und die Angemessenheit der experimentellen Absicherungen zu bewerten (Pratt, Keil und Stevenson 1970). Bevor diese Arbeit in Angriff genommen wurde, hatte sich ein Wandel im Testverhalten von P.S. vollzogen, indem der

Fokussierungseffekt sich in starkem und unverkennbarem Maße eher mit dem einen oder anderen Aspekt des abdeckenden Materials, das verwendet wurde, um die innere Zielkarte abzuschirmen, als mit den Farben verband. Tatsächlich zeigte P.S. eine Zeitlang in erster Linie stark ausgeprägte Reaktionen auf die vorliegenden äußeren Kartonhüllen. Es ergaben sich nur selten signifikante Ergebnisse bezüglich der verborgenen Karten während dieses Zeitraums. Dann entdeckte man, daß die starken Reaktionsgewohnheiten, die sich bezüglich der gezeigten Oberflächen der Umhüllungen ausbildeten, ohne Unterbrechung andauerten, als diese Objekte selbst zu ASW-Targets gemacht wurden, indem man sie in noch größeren Umhüllungen versteckte (STANFORD und PRATT 1970).
Die zwei signifikanten Experimente, bei denen Stephenson als dritter Beobachter diente, führten zu hochsignifikant ausgeprägten Ergebnissen bezüglich der versteckten Objekte, wenn bestimmte Kontrollen herangezogen wurden, um ihre Erkennung aufgrund irgendeiner sinnlich wahrnehmbaren Ursache auszuschließen (Sicht, Gewicht, Form, Geräusch oder die unbewußte Übermittlung von Hinweisen von seiten des einen oder beider Experimentatoren). Das experimentelle Vorgehen wird in Abbildung 5.3 a–f illustriert.
Über diese und ähnliche Untersuchungen erschienen Artikel in *Nature* (PRATT et al. 1968) und in *New Scientist* (BELOFF 1968), und es gab hernach eine ausgedehnte Diskussion in den Leserbriefspalten beider Zeitschriften. Ein Kritiker meinte, daß jeder mögliche Zugang für das Durchsickern sinnlich wahrnehmbarer Hinweise außer dem des Geruchsinns ausgeschlossen gewesen sei. Diese Möglichkeit kann aus zwei Gründen als nicht zutreffend abgetan werden:

Abb. 5.3: Die einzelnen Schritte der Testprozedur, wie sie an der University of Virginia 1968 verwendet wurden.

a) Der erste Experimentator beim Erzeugen einer zufälligen Reihenfolge in einer Kabine.
b) Ordnen der Targets nach Zufallszahlen.
c) Durchreichen der vorbereiteten Targets zum zweiten Experimentator.
d) Der zweite Experimentator erhält die Targets durch eine von keiner Seite einsehbaren Öffnung in der Abschirmung.
e) Aufteilen des Stapels durch eine Zufallsziffer.
f) Die Versuchsperson rät die versteckten Targets, wobei sie jedes Paket beiseite legt und beide Experimentatoren das Ergebnis mitschreiben.

(a)

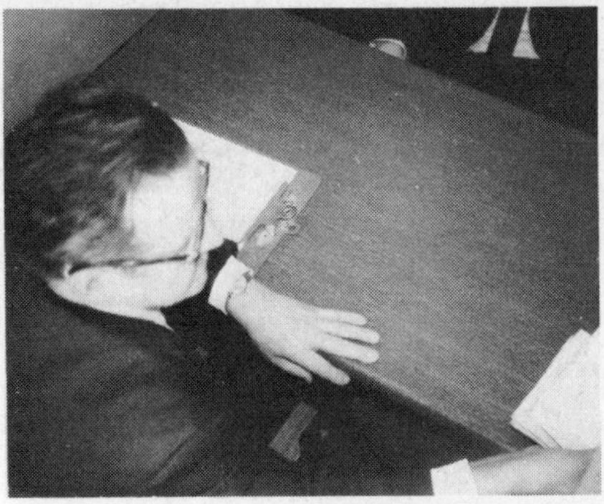

(d)

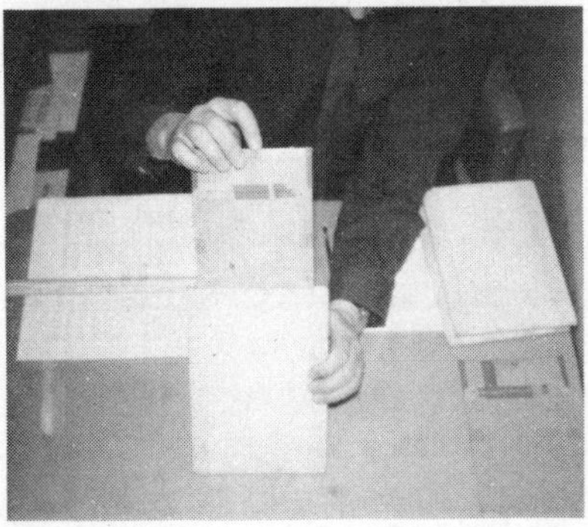

(b)

(e)

(c)

(f)

1. Der ganze Stapel der Objekte war in etwa derselben Distanz (ca. 46 cm) während des ganzen Runs von der Nase der Versuchsperson entfernt und unter diesen Umständen konnten keine spezifischen Geruchsquellen ausgemacht werden.
2. Nichtsdestoweniger wurde in einer späteren Versuchsreihe dieser Schritt unternommen, indem man einige der verborgenen Objekte in geruchsgeschütztem Plastikmaterial einwickelte, und dasselbe Muster der signifikanten Reaktionen auf diese Objekte dauerte an, so wie es vorher beobachtet worden war (PRATT und RANSOM 1972).

Im Lichte der sehr hohen Signifikanzniveaus, die bei diesen Experimenten erreicht wurden, sollten die Ergebnisse als überzeugender Beweis für ASW von jedem akzeptiert werden, der intellektuell in der Lage ist, Beweismaterial, das sich auf die Psi-Hypothese bezieht, abzuwägen und es zugunsten dieser Hypothese zu interpretieren.

Wir können nun auf die Betrachtung des Fokussierungseffekts zurückkommen, indem wir prüfen werden, ob dieser Effekt wirklich in einem frühen Stadium der Forschung als ein Fokussieren auf einzelne Karten begann und sich dann später zu einem Fokussieren auf die abdeckenden Umhüllungen verschob, und indem wir die Bemühungen kennzeichnen wollen, die unternommen worden sind, diesen Effekt im Rahmen der Parapsychologie oder der vertrauten Psychologie zu erklären.

Nachdem ich mich länger mit diesem Problem herumgeschlagen habe, als ich eigentlich zugeben möchte, erkenne ich endlich das, was mir wie ein Licht des besseren Verstehens am Ende des Tunnels der Verwirrung erscheint. Meine Überlegungen zu diesem Thema sind in Gänze in einem längeren Überblick über die Forschung mit P.S. dargestellt worden, der kürzlich veröffentlicht wurde (PRATT 1973). Ich will hier versuchen, den Kernpunkt der Sache in Kürze wiederzugeben.

Um es kurz zu fassen: Ich glaube nunmehr, daß das Beweismaterial der Forschung eines ganzen Jahrzehnts zeigt, daß P.S. durchweg in derselben Weise an die bezeichneten Aufgaben herangegangen ist, und was die Experimentatoren für eine starke Verschiebung seines Reaktionsverhaltens etwa ab Mitte des Jahrzehnts hielten, kam durch eine falsche Interpretation zustande, die den Ergebnissen aus dem früheren Zeitraum der Untersuchung aufgezwungen wurde. Der Fehler wurde durch die nicht vertretbare Annahme verursacht, daß der Berührungspunkt, den P.S. mit dem Targetmaterial hatte, der sei, den der Untersucher intendierte, nämlich die versteckte farbige Karte. Schließlich wurden die Experimente von der Innenseite her angelegt und nur von der weiß-grünen Karte, dem zentralen Objekt, nahm man an, daß sie eine Rolle beim Auslösen der ASW-Reaktion der Versuchsperson spielte. Die Versuchsperson wußte immer, daß die Karte mit all ihren Umhüllungen versteckt war, und ihr wurde gesagt, sie möge auf die ihr zugewandte Farbe reagieren. Ihre Ergebnisse waren, ausgewertet bezüglich der ihr vorliegenden Karten, signifikant, und sie reagierte immer, wie es von ihr verlangt wurde, mit der Wahl zwischen zwei Farben bei jedem Versuch, selbst wenn sie falsch riet.

Was konnte deshalb logischer erscheinen, als daß der Experimentator schließen mußte, daß P.S. regelmäßig versuchte, die Karten zu nennen, während er andere Aspekte ignorierte.

Ich behaupte, daß eine nähere Überprüfung der Daten zeigt, daß dies eine falsche Ansicht über das ist, was P.S. seit Beginn getan hat. Vielmehr reagierte er auf das ihm vorgelegte Testpaket bei jedem Einzelversuch von seinem Standpunkt aus als ein Beobachter, indem er im Bemühen, an die Targetfarbe heranzukommen, versuchte, von außen nach innen zu sehen.

Ausgehend von dem, was Ryzl (Ryzl 1962, 1966) über seine Methode der Verwendung der Hypnose zur Vorbereitung der Versuchsperson auf ASW-Aktivität gesagt hat, ist es ersichtlich, daß er auf eine enge Verbindung zwischen ASW und normalem Sehen großen Wert legte. Die Versuchspersonen wurden während der Hypnose dazu gedrängt, starke visuelle Eindrücke zu entwickeln; es wurde ihnen dann gesagt, daß sie in der Lage seien, einen Gegenstand mit verschlossenen Augen zu sehen, wenn dieser sich hinter ihnen befand.

Nehmen wir einmal an, daß dieses Vorgehen irgendwie denselben Effekt hat, als wenn man der Versuchsperson in Hypnose erzählt, sie habe einen Röntgenblick und sie könne die Karte geradewegs durch das abdeckende Material sehen. Nehmen wir weiter an, daß eine Versuchsperson, die mit einem solchen mentalen Hilfsmittel [mental set] arbeitet, nicht immer dazu fähig ist, bis zur Mitte des Targetpakets vorzudringen. Was würde man logischerweise unter solchen Umständen von den sich zeigenden Daten erwarten können?

Verschiedene Arten, wie sich die Reaktion auswirkt, könnten auftreten:

1. Eine Reaktion besteht tatsächlich im Fehlen jeglichen definierbaren Effekts, da es einige Päckchen geben könnte, für die P.S. keinerlei Assoziationen bilden würde, seien diese sensorisch oder außersinnlich, und da er deshalb nur zufällige oder dem Durchschnitt entsprechende Calls geben würde.
2. Eine andere Art von Effekt könnte eine signifikante Reaktionspräferenz von sinnlich wahrnehmbarer Natur sein, die sich auf die visuelle Verknüpfung im Zusammenhang mit den offenliegenden Oberflächen einiger Päckchen gründet.
3. Eine dritte Art von Effekt, die erste, die von ASW abhängt, könnte eine nichtzufällige Reaktion auf die erste innere abdekkende Oberfläche des Päckchens sein. Bei den meisten der früheren Experimente hätte ihn dies in Kontakt mit den Umschlägen gebracht, während er in den anderen Experimenten die Karten erreicht hätte (als keine Umschläge verwendet worden waren). Im ersten Fall scheint es offensichtlich, daß die Regel der Sparsamkeit der Hypothesen verlangt, daß wir den Effekt eher den Umschlägen als den Karten zuschlagen müssen, und zwar in dem Maße, wie dies die Ergebnisse erklären kann.

Diese Auffassung erfährt durch die Daten eine starke Unterstützung. Die Bemühungen, die in den Originalarbeiten unternommen wurden, um die Ergebnisse als ASW-Reaktionen auf die Karten zu erklären, verlangten die Interpretation, daß ASW-Treffer und ASW-Fehlleistungen bei jeder denkbaren Kombination von Oberflächen der verschiedenen Karten auftreten würden (Ryzl und Pratt 1963a). Sieht man sich von diesem Gesichtspunkt aus die Reaktionen auf die Umschläge an, stellt dasselbe Ergebnis weder die Treffer noch die Fehlertendenzen dar, sondern nur die Regelmäßigkeiten der Reaktion, die auf Verknüpfungen beruhen, welche auf einer ASW-Grundlage zwischen den Oberflächen der Umschläge und der beiden Farbreaktionen gebildet worden sind.

Es ist unglücklicherweise nicht möglich, die Daten aller früheren Experimente nach allen Arten der oben skizzierten Reaktionen durchzuprüfen. Bei vielen Reihen wurden über die Seite des äußeren Umschlages, die bei jedem Versuch oben lag, keine schriftliche Aufzeichnung gemacht. Jedoch können wir über die Reaktionen, die sich auf die Umhüllungen bezogen, einiges dank dem Umstand schließen, daß die versteckten Targets in den Umhüllungen innerhalb einer Testserie nicht umgeschichtet wurden.

Es gibt zum Glück ein Experiment, bei dem wir genau sagen können, wie die Reaktion der Versuchsperson mit den Umhüllungen in Beziehung stand. Dies ist die Forschung des holländischen Teams. In dieser Untersuchung wurden die Hüllen immer mit derselben Seite nach oben vorgelegt, wohingegen in anderen Experimenten beide Seiten zufällig verwendet wurden. Für den gegenwärtigen Zweck werden wir uns deshalb auf eine kurze Vorstellung der Ergebnisse einer ausführlichen nachträglichen Überprüfung der holländischen Experimente (Ryzl, Barendregt, Barkema und Kappers 1965) beschränken.

In diesem Experiment wurden sechzehn Targetpäckchen, in der Veröffentlichung «Sätze» [sets] genannt, verwendet. Davon bestand jedes aus der äußeren Pappkartonhülle, dem inneren Kartonumschlag und zuinnerst der grün-weißen Karte (die während dieses ganzen Experiments in ihrem Umschlag unverändert blieb). Die Targetsätze wurden durch codierte Bezeichnungen auf beiden Seiten der Umschläge identifiziert, wobei Buchstaben für die eine Gruppe der acht Sätze und Zahlen für die andere verwendet wurden. Die Frage, die sich hier stellte, ist: Was läßt eine nähere Überprüfung der Daten bei jedem Targetsatz erkennen in bezug darauf, wie P.S. reagierte?

1. Unter den sechzehn Sätzen wurden keine gefunden, bei denen nur rein zufällige Reaktionen auftraten.
2. Bei sieben Sätzen lassen die Daten eine signifikante Tendenz zu einer Reaktion nur auf die Hülle erkennen, indem entweder Grün oder Weiß genannt wird, ohne daß auf die Lage des darin verborgenen Targets Bezug genommen wird. Diese sieben sind: C/D, M/N, R/S, 3/4, 9/10, 13/14, 15/16 (siehe Tabelle 5.1). Bei allen außer der ersten zeigte P.S. eine starke Vorliebe dazu, Grün zu nennen, und bei C/D eine Verschiebung der Präferenz zwischen zwei Experimentiertagen. Calls der Farbe Weiß dominierten am zweiten Tag stark.
3. Die anderen neun «Sets» (A/B, E/F, G/H, K/L, T/U, 1/2, 5/6, 7/8, 11/12) führten zu Ergebnissen, die anzeigten, daß P.S. signifikant auf die versteckten Targets reagierte, und zwar aufgrund eines Unterschieds in seinen Antworten auf jeden Set in bezug darauf, welche Seite des versteckten Umschlags obenauf lag. Dies waren die einzigen «Sets» des Experiments, die für das Auftreten von ASW relevante Ergebnisse erbrachten. Acht dieser Sätze wurden in einer Weise genannt, die mit der Lage der Karte innerhalb des Umschlags übereinstimmte, einer davon (7/8) wurde ge-

nannt, der mit der Plazierung der Karte nicht übereinstimmte. Es ist interessant zu sehen, daß die Tendenz des Verfehlens [missing tendency] völlig auf jene Versuche zurückzuführen war, bei denen die Umschlagseite 7 obenauf lag. Bei solchen Versuchen war die weiße Seite der Karte P. S. zugewandt, aber er nannte Weiß 10mal und 58mal Grün. Lag die andere Seite oben, nannte er die Farbe öfters richtig als falsch (35mal Grün zu 27mal Weiß), jedoch ist diese Differenz nicht signifikant.

Es gibt keinen Grund, weshalb wir nicht annehmen sollten, daß die Ergebnisse in bezug auf diese neun versteckten Targets in erster Linie ASW-Reaktionen auf die Umschläge waren, vergleichbar mit der sensorischen Verknüpfung von Weiß oder Grün zu den Hüllen der anderen sieben Sätze. Man könnte natürlich annehmen, daß die ASW-Reaktionen nur bezüglich der Karten stattgefunden hätten, während die Umschläge ignoriert wurden. Dies hieße jedoch, eine unbegründete und wenig sparsame Annahme zu machen. Weiterhin würde die Hypothese von der außersinnlichen Wahrnehmung der Farben die unbequeme Frage aufwerfen, warum die weiße Karte, die der Umschlagseite 7 zugewandt war, das einzige Target hätte sein sollen, um einen starken Psi-Fehlleistungseffekt [Psi missing effect] unter den achtzehn Oberflächen dieser neun Karten hervorzurufen.

Wo spielt diese nochmalige Überprüfung der Daten der holländischen Versuchsserie eine Rolle, was die Beweiskraft für ASW anbelangt? Gerade da, wo es der Fall war, daß die äußeren Hüllen dazu verwendet wurden, die sinnlich wahrnehmbaren Hinweise an die darin enthaltenen Umschläge auszuschließen, und die Experimentatoren zufrieden waren, daß sie in diesem Punkt richtig lagen. Sie [die nochmalige Überprüfung] zieht nur die Interpretation in Zweifel, die in den veröffentlichten Berichten gegeben wurde, wonach die Daten eine hochsignifikante Beweiskraft für die ASW-Reaktion auf die Karten liefern würden.

Einige Beweise für einen ASW-Effekt bezüglich der Karten innerhalb des statistisch haltbaren Experiments bestehen in dem Umstand, daß acht von neun Karten nach dem Prinzip der Mehrheit richtig gekennzeichnet wurden. Wegen der kleinen Anzahl der Targets ist dieses Ergebnis kaum hinreichend, als daß wir sagen dürften, dieses Experiment allein sichere schon die ASW-Identifikation der Karten. Dies ist der Grund, weshalb Blom und ich später in demselben Jahr das Experiment ausführten, um uns ausführlich dieser Frage zu widmen. Diese

Arbeit lieferte, schon als sie begonnen wurde, den klaren Beweis, daß P.S. durch ASW auf die Farben reagierte.

Die Untersucher merkten erst nach der Mitte des Jahrzehnts, daß die Reaktionstendenzen auf die Eigenschaften des Hüllenmaterials stärker als die ASW-Reaktionen auf die Karten waren. Blickt man nun mit dem Vorteil, den ein Rückblick mit sich bringt, und im Licht solcher neuer Überlegungen, wie sie hier dargelegt wurden, zurück, kann man verstehen, daß dies wahrscheinlich nicht der grundlegende Wandel in [seiner] Reaktionsweise war. Eine nähere Nachprüfung anderer früherer Experimente zeigt auf, daß einige der hochsignifikanten Reaktionseffekte, die vorkamen, zu dieser Zeit fälschlicherweise mit den versteckten Karten in Verbindung gebracht wurden. Sie hätten als ASW-Antwort erkannt werden müssen, anstatt manchmal mit den abgedeckten Umschlägen in Verbindung gebracht zu werden, und sie hätten Reaktionen auf die dargebotenen Umschläge sein können, in denen andere Targetobjekte hätten stecken können. Eine ausführliche Erörterung dieser und anderer Eigenschaften der Daten, die nach einer neuen Auswertung verlangen, findet sich an anderer Stelle (PRATT 1973).

Es scheint jedoch, daß eine graduelle Änderung im Testverhalten von P.S. während der Jahre stattgefunden hat. Er zeigte eine graduelle Abschwächung seiner ASW-Reaktionen auf Karten, während seine ausgeprägten Reaktionen auf Eigenschaften des Hüllenmaterials vergleichsweise stärker wurde. In der Tat hat die Forschungsarbeit der letzten drei Jahre meistens Hinweise für einen starken Fokussierungseffekt auf die offengelegte Oberfläche des äußeren Behältnisses geliefert, und wir sehen der Zeit entgegen, wo wir zulassen müssen, daß der unbewegte ASW-Vorgang der Versuchsperson in der Testsituation schließlich völlig durch rein sensorische Reaktionen blockiert wird, die in diesem Falle ebenso unbewußt sind.

Zwei unterschiedliche Hypothesen sind als mögliche Erklärung für den Fokussierungseffekt angeboten worden. Ryzl (RYZL 1968) denkt, daß eine Erklärung die Entdeckung einer Art von neuer Energiewirkung erforderlich macht, die ihrer Natur nach parapsychologisch sei. Er sagt, daß ein Objekt durch diese Energie irgendwie imprägniert wird, wenn die Versuchsperson durch ASW mit ihm in Kontakt tritt, und daß diese Imprägnierungen sich ansammeln und eine «Spur» im Objekt bilden, die dazu tendiert, dieselbe ASW-Reaktion in der Versuchsperson hervorzurufen, wenn dieses Objekt bei einem

späteren Versuch vorgelegt wird. Andere Untersucher (Pratt und Keil 1969; Keil 1971, Pratt und Keil 1972) haben eine Erklärung vorgeschlagen, die den bekannten psychologischen Lernprinzipien folgt. Ryzl war nicht in der Lage gewesen, irgendeinen Weg zur Analyse der nun verfügbaren Daten zu finden, um eine entscheidende Unterstützung für seine Hypothese zu geben, während die übereinstimmenden Grundzüge des hier gestreiften Beweismaterials doch einer Erklärung im Rahmen der herkömmlichen Psychologie eine Unterstützung zu verschaffen scheinen.
Die typische ASW-Versuchsperson mit konstanter Trefferleistung, wie sie in diesem Kapitel erörtert wurde, ist jemand, der als Versuchsperson nur eine begrenzte Zeitspanne erfolgreich sein wird. Alle solche ausgesuchten Personen aus den Annalen der Forschung haben früher oder später damit aufgehört, mit guten Trefferraten abzuschneiden, und in der Regel wurde die Arbeit mit ihnen deshalb unterbrochen, weil sie ihre ASW-Fähigkeiten verloren hatten. Das ist eine Erklärung, die nichts erklärt. Ich habe seit langem darauf bestanden, daß der Abfall des Testverhaltens bis hin zum Erwartungswert bei einer Person, die ihre Fähigkeit, durchgehend erfolgreiche ASW-Trefferraten zu zeigen, demonstriert hat, nicht ein Zeichen zur Einstellung der Forschung sein sollte, sondern eine Herausforderung zur neuen Forschung, die darauf ausgerichtet ist, herauszufinden, weshalb das Erfolgsniveau abgefallen ist, und die das Ziel hat, die ASW-Leistung noch einmal zur maximalen Stärke zu bringen.
Die Ausrichtung der parapsychologischen Forschung, die ich meinen Kollegen sowohl jetzt wie in Zukunft empfehlen würde, ist eine wirklich neue und unentdeckte Richtung. Dies ist eine Ausrichtung, bei der ausdauernde Experimentatoren ständig auf der Suche nach wirklich durchgehend erfolgreichen Versuchspersonen mit guten Trefferraten bei Psi-Tests sind. Eine erfolgreiche Arbeit in dieser neuen Richtung würde viel dazu beitragen, die vergangenen Erfolge in der Parapsychologie abzusichern, und einen vernünftigen und sich beschleunigenden Fortschritt auf diesem Gebiet für die kommenden Jahre sichern.
Mein Mitarbeiter Ian Stevenson, der gelegentlich an der Forschung mit P.S. teilnahm und immer ein enthusiastischer Befürworter der Untersuchungen war, meinte, daß ihm die Versuchsperson in den veröffentlichten Berichten wie eine Art Ratemaschine vorkäme. Da mir mein Wissen über den Fall das Ausmaß zeigte, wieweit dieser Ein-

druck gerechtfertigt war, hielt ich nach Gründen dafür Ausschau. Die meisten der Berichte beinhalten Untersuchungen, die von Experimentatoren auf Besuch über einen kurzen Zeitraum durchgeführt wurden, die wenig Gelegenheit boten, tiefer auf die menschlichen und persönlichen Aspekte der Forschung einzugehen. Es ist deshalb nicht überraschend, daß die Betonung auf den objektiven Grundzügen der Arbeit lag. Die Testprozedur war bereits fix und fertig und, sie wurde den Besuchern als die einzige Methode präsentiert, die sie bei P. S. verwenden konnten, wenn sie erwarteten, einen erfolgreichen ASW-Ablauf zu beobachten.

Für viele dieser besuchenden Untersucher war die wichtig[ste] Sache, die Behauptung zu überprüfen, daß P. S. so beständig bei der Demonstration seiner Psi-Fähigkeiten sei, daß er signifikante Ergebnisse in einer kurzen Zeit produzieren konnte. Das Hauptgewicht der meisten Versuchsserien lag daher auf den experimentellen Absicherungen, und in den nachfolgenden Berichten lag der Schwerpunkt auf den hochsignifikanten Ergebnissen, die man erhalten hatte. Diese Art des Arbeitens und des Veröffentlichens ist zwar verständlich, aber diesen Umstand zu erkennen heißt noch lange nicht, ihn zu entschuldigen. Hinter den Initialen P. S. steht eine wirkliche Persönlichkeit, die von den Untersuchern beachtet werden muß, wenn sie sich bemühen, die Arbeit mit dieser ausgesuchten Versuchsperson auszuwerten. Es ist nicht möglich, an dieser Stelle im einzelnen die persönlichen Seiten der Forschung darzustellen, aber der Leser hat schließlich einen Anspruch darauf, das Gefühl zu haben, daß er weiß, wer Pavel Stepanek ist. Eine andere Quelle, die mehr Einzelinformationen liefert, ist für diejenigen, die weiter in das psychologische Thema eindringen wollen, verfügbar (PRATT 1973).

P. S. war dreißig Jahre alt, als er mit Ryzl 1961 zu arbeiten begann. Er war der einzige Sohn von Arbeitereltern aus einer Familie mit sehr kärglichen wirtschaftlichen Verhältnissen (sein Vater arbeitete als Straßenkehrer). Seit den ersten sieben Jahren seines Lebens hat P. S. eine Reihe von geschichtlichen Krisen und Veränderungen durchlebt, die über die Tschechoslowakei hinweggefegt sind. Diese Entwicklungen haben von ihm einen größeren Preis als von einem durchschnittlichen Tschechen dank der Tatsache gefordert, daß er von Natur aus eine sehr zurückgezogene und vorsichtige Person ist. In der Tat bedrückt ihn in vielen Situationen, von denen er glaubt, daß sie möglicherweise sedine oder in geringem Grade die Sicherheit der anderen, die ihm nahestehen, bedrohen, eine schwere Last von Ängsten.

Ein paar Beispiele sollen dazu dienen zu zeigen, wie diese Überlegungen den Lauf seines Lebens beeinflußt haben. Er gab seine erste Stelle an einem Informationsschalter einer Bank auf, als ihm mitgeteilt wurde, daß er eine Handfeuerwaffe bei sich führen müsse. Seither hatte er eine Reihe von ähnlichen Jobs, die ihm unkompliziert erschienen und ihm gleichzeitig den erwünschten Kontakt mit der Öffentlichkeit verschafften. Bei seiner ersten Reise in die USA reiste er beide Male auf dem Luftweg, aber er kündigte kurz darauf an, daß er nicht wieder käme, wenn er nicht mit dem Schiff reisen könne. Beim Autofahren ist er nervös, besonders auf langen Fahrten in dichtem Verkehr, aber er geht dieses Risiko ein, wenn er die Reise wirklich unternehmen will. Bei irgendeiner Gelegenheit sagte man ihm, daß der Ort an der Küste, auf dem er gerade stand, in wenigen Stunden etwa 2 Meter unter Wasser stehen würde, und [schon] wollte er den Strand unverzüglich verlassen. Sein Bestreben, Verwicklungen mit den Behörden aus dem Wege zu gehen, hat ihn dazu geführt, ungewöhnlich gut über die Gesetze, soweit sie ihn angehen, informiert zu sein und sie peinlich genau zu befolgen.

P. S. hatte in seinen jüngeren Jahren den Wunsch, katholischer Priester zu werden, aber Umstände, die er nicht beeinflussen konnte, führten zur Aufgabe seines Ziels. Er schloß seine Ausbildung in öffentlichen Schulen ab, was etwa dem Stand entspricht, den man nach zwei College-Jahren in Amerika erreicht.* Er ist Junggeselle, lebt bei seinen Eltern und tut dies, weil er sich dafür verantwortlich fühlt, sich um ihr Wohlergehen zu kümmern. Meiner Meinung nach (sie wird geteilt von anderen, die ihn gut kennengelernt haben) ist er überdurchschnittlich intelligent, aber man kann ihn nicht als einen Intellektuellen charakterisieren.

P. S. ist bei den Gefühlen und den Rechten anderer, mit denen er umgeht, außerordentlich umsichtig, und er erwartet umgekehrt dieselbe Behandlung auch für sich. In der Tat behandelt er persönliche Beziehungen und Bindungen mit äußerster Ernsthaftigkeit, und einige seiner größten Enttäuschungen in seinem Leben hängen mit Vorfällen zusammen, bei denen er fühlte, daß die Leute sich nicht in der Weise ihm gegenüber verhielten, wie sie dies versprochen hatten.

* Anmerkung des Übersetzers: Etwa die mittlere Reife.

Jedermann, der mit P. S. Bekanntschaft macht, sieht in ihm einen sehr freundlichen Menschen, eine Seele von Liebenswürdigkeit. Während er ein äußerlich einfaches Leben führt, machen ihn solche Züge, wie sie eben geschildert wurden, im Inneren zu einem komplexen Menschen.

Wenn wir uns die Frage stellen, warum er treu und offensichtlich ohne zu ermüden immer wieder dieselbe Routinetestprozedur über sich hat ergehen lassen, derweil es andere Versuchspersonen in einer viel kürzeren Zeit satt hatten, müssen wir die Forschung von dem Hintergrund her betrachten, der sein Leben ohne sie gewesen wäre. Eines Tages sagte er mir, als er es höflich ablehnte, Einzelheiten über seine Jugend zu ergänzen, daß es da nichts Interessantes von Belang gäbe. Er sagte, daß sein Leben langweilig gewesen war und eigentlich nur noch versprach, genauso langweilig zu bleiben, bis er als ASW-Versuchsperson zu arbeiten begann. Diese neue Tätigkeit brachte ihm nicht nur die Anregung ausländischer Besucher, die ihn schätzten und anerkannten und die ihm viele interessante Dinge über die Welt [da] draußen erzählten. Sie machten ihn auch weithin als Mensch mit einer Fähigkeit bekannt, die von besonderem wissenschaftlichem Interesse war. In gewissem Grade wurde er in seinem eigenen Land eine öffentlich bekannte Persönlichkeit, aber P. S. fühlte sich immer etwas über die Aufmerksamkeit beunruhigt, die seiner Arbeit zu Hause gezollt wurde. Er zog es vor, mit Wissenschaftlern außerhalb seines eigenen Landes zu arbeiten, und er legte immer Wert darauf, daß seine Arbeit im Ausland veröffentlicht wurde.

Einer der erregendsten Augenblicke seines Lebens fand während eines Besuches statt, den ein Kollege und ich im September 1970 machten. Anfangs des Jahres hatten wir entdeckt, daß sein Bild und ein kurzer Bericht über das, was er zustande gebracht hatte, im Guinness Book of World Records [dem Guinness-Buch der Weltrekorde] zu lesen stand, wo ihm zugebilligt wurde, den Rekord für überragende ASW-Leistung zu halten. Während er darauf sehr stolz war, diese ausländische Auszeichnung erhalten zu haben, war er, dessen bin ich mir sicher, unglücklich darüber, nun in Prag weithin bekanntgeworden zu sein.

Bei zwei anderen Gelegenheiten wurde seine Arbeit besondere Beachtung zuteil, beide Male in einer mehr wissenschaftlichen Weise. Zweimal wurde der McDougall-Preis, der einem Wissenschaftler oder Wissenschaftlern, die den ausgezeichnetsten Beitrag zur parapsychologischen Literatur während des Jahres veröffentlicht haben, verliehen wird, aufgrund der Forschungen, die mit P.S. durchgeführt worden waren, vergeben. Einmal geschah dies am Anfang des Jahrzehnts (1962) aufgrund der Arbeit, die Ryzl und ich zusammen durchgeführt hatten, und das andere Mal sieben Jahre später (1969) für zwei Forschungsberichte, die Keil und ich publiziert hatten. Wenn ich all diese Eindrücke von diesen und anderen Beobachtungen zusammenfasse, kann ich mit Sicherheit sagen, daß P.S. ein tiefes Verständnis für die wissenschaftliche Wichtigkeit der Psi-Forschung aufbringt und daß er, was seine eigene Rolle dabei anbelangt, mächtig stolz ist.

LITERATURHINWEISE

Anonymous: A scientist tests his own ESP ability. J. Parapsychol. *2* (1938) S. 65–70

Beloff, J.: ESP: Proof from Prague? New Scientist *40* (1968) S. 76–77

Beloff, J., Mandleberg, I.: An attempted validation of the «Ryzl technique« for training ESP subjects. J.S.P.R. *43*(1966) S. 229–249

Bender, H.: Zum Problem der Außersinnlichen Wahrnehmung. Johann Barth Verlag, Leipzig 1936

Blom, J. G., Pratt, J. G.: A second confirmatory ESP experiment with Pavel Stepanek as a «borrowed» subject. J.A.S.P.R. *62* (1968) S. 28–45

Drake, R. M.: An unusual case of extra-sensory perception. J. Parapsychol. *2* (1938) S. 184–198

Goldney, K. M., Soal, S. G.: Report on a series of experiments with Mrs. Eileen Garrett. Proc. S.P.R. *45* (1938) S. 43–87

Haddox, V.: A pilot study of a hypnotic method of training subjects in ESP. J. Parapsychol. *30* (1966) S. 277-278 (Abstract)

Keil, H. H. J., Pratt, J. G.: Further ESP tests with Pavel Stepanek in Charlottesville dealing with the focusing effect. J.A.S.P.R. *63* (1969) S. 253–272

[Vergl. auch: Keil, H.H.J.: Pavel Stepanek und der Fokussierungseffekt. Z.P.G.P. *19* (1977) S. 1–22]

Martin, D. R., Stribic, F.P.: Studies in extra-sensory perception: I. An analysis of 25000 trials. J. Parapsychol. *2* (1938) S. 23–30

Pegram, M. H.: Some psychological relations of extra-sensory perception. J. Parapsychol. *1* (1937) S. 191–205

Pratt, J. G.: Preliminary experiments with a «borrowed« outstanding ESP subject. J.S.P.R. *42* (1964) S. 333–345

Pratt, J. G.: A decade of research with a selected ESP subject: an overview and reappraisal of the work with Pavel Stepanek. Proc. Amer. S.P.R. *30* (1973) S. 1–78

Pratt, J. G., Blom, J. G.: A confirmatory experiment with a «borrowed» outstanding ESP subject. J.S.P.R. *42* (1964) S. 381–389

Pratt, J. G., Keil, H. H. J.: The focusing effect as patterned behavior based on habitual object-word associations: a working hypothesis with supporting evidence. J.A.S.P.R. *63* (1969) S. 314–337

Pratt, J. G., Keil, H. H. J.: Further consideration of the Stepanek focusing effect in the light of recent research findings. J.A.S.P.R. *66* (1972) S. 345–356

Pratt, J. G., Keil, H. H. J., Stevenson, I.: Three-experimenter ESP tests of Pavel Stepanek during his 1968 visit to Charlottesville. J.A.S.P.R. *64* (1970) S. 18–39

Pratt, J. G., Ransom, C.: Extrasensory perception or extraordinary sensory perception? A recent series of experiments with Pavel Stepanek. J.A.S.P.R. *66* (1972) S. 63–85

Pratt, J. G., Rhine, J. B., Smith, B. M., Stuart, C. E., Grennwood, J. A.: Extra-sensory perception after sixty years. Holt, New York 1940. 2. Auflage bei Bruce Humphries, Boston 1966

Pratt, J. G., Roll, W. G.: Confirmation of the focusing effect in further ESP research with Pavel Stepanek in Charlottesville. J.A.S.P.R. *62* (1968) S. 226–245

Pratt, J. G., Stevenson, I., Roll, W. G., Blom, J. G., Meinsma, G. L., Keil, H. H. J., Jacobson, N.: Identification of concealed randomized objects through acquired response habits of stimulus and word association. Nature *220* (1968) S. 89–91

[Vergl. auch Kap. IV: Pavel Stepanek, der tschechische ASW-Spezialist. In: J. G. Pratt, Psi-Forschung heute. Entwicklungen der Parapsychologie seit 1960. Ins Deutsche übertragen von Ch. und E. Bauer, Aurum Verlag, Freiburg i. Br. 1976, S. 91–106]

Rhine, J. B.: Extra-sensory perception. Boston Society for Psychic Research, Boston 1934 (a) Paperback-Ausgabe bei Bruce Humphries, Boston 1964, Branden Press, Boston 1973

Rhine, J. B.: Telepathy and clairvoyance in the normal and trance states of a «medium». Character and Personality *3* (1934) S. 91–111 (b)

Rhine, J. B.: Some selected experiments in extra-sensory perception. J. Abnorm. and Social Psychology *31* (1936) S. 216–228

[Rhine, J. B., Pratt, J. G.: Parapsychology. Frontier Science of the Mind. Thomas, Springfield (Ill.) 1957. Ins Deutsche übertragen von H. Bender und I. Strauch: Parapsychologie. Grenzwissenschaft der Psyche. Francke, Bern, München 1962]

Riess, B. F.: A case of high scores in card guessing at a distance. J. Parapsychol. *1* (1937) S. 260–263

Roll, W. G., Pratt, J. G.: An ESP test with aluminium cards. J.A.S.P.R. *62* (1968) S. 381–386

Ryzl, M.: Training the psi faculty by hypnosis. J.S.P.R. *41* (1962) S. 234–252

Ryzl, M.: A method of training in ESP. Int. J. Parapsychol. *8* (1966) 501–532

Ryzl, M.: Some observations on the mental impregnation hypothesis. Proc. Parapsychol. Assoc. No. 5 (1968) S. 44–46

Ryzl, M., Barendregt, J. T., Barkema, P. R., Kappers, J.: An experiment in Prague. J. Parapsychol. *29* (1965) S. 176–184

Ryzl, M., Pratt, J. G.: Confirmation of ESP performance in a hypnotically prepared subject. J. Parapsychol. *26* (1962) S. 237–243

Ryzl, M., Pratt, J. G.: A further confirmation of stabilized ESP performance in a selected subject. J. Parapsychol. *27* (1963) S. 73–83 (a)

Ryzl, M., Pratt, J. G.: A repeated-calling ESP test with sealed cards. J. Parapsychol. *27* (1963) S. 161–174 (b)
Ryzl, M., Ryzlova, J.: A case of high-scoring ESP performance in the hypnotic state. J. Parapsychol. *26* (1962) S. 153–171
Soal, S. G., Bateman, F.: Modern Experiments in Telepathy. Yale University Press, New Haven (N. J.) 1954
Soal, S. G., Bowden, H. T.: The Mind Readers. Faber, London 1959
Soal, S. G., Goldney, K. M.: Experiments in precognitive telepathy. Proc. S.P.R. *47* (1943) S. 21–150
Stanford, R. G., Pratt, J. G.: Extrasensory elicitation of sensorially acquired response patterns? J.A.S.P.R. *64* (1970) S. 296–302
Stephenson, C. J.: Cambridge ESP – hypnosis experiments (1958–64). J.S.P.R. *43* (1965) S. 77–91
Warner, L.: A test case. J. Parapsychol. *1* (1937) S. 234–238.

HANS BENDER

Moderne Spukforschung – ein Plädoyer für eine vorurteilsfreie Forschung*

ÜBERBLICK

In diesem Kapitel werden wir mit Phänomenen konfrontiert, die von einer anderen Größenordnung sind, als solche, denen wir bisher begegnet sind, und so sind wir entsprechend gezwungen, an unsere Leichtgläubigkeit strengere Maßstäbe anzulegen. Der anspruchsvolle Leser muß vorgewarnt werden: Dies ist in der Tat eine harte Kost. Angesichts des bizarren Aufgebots an unheimlichen Wundern, die hier ans Tageslicht gebracht werden, wird der Leser wohl das sagen wollen, was die Worte des ehrenwerten Herrn waren, den der Verfasser weiter unten zitiert: «... Hat denn die Sonne der Aufklärung wirklich 1782 gesiegt?»

Der Pfad eines Poltergeistes [vulgo: Spuk] ist für den Unvorsichtigen mit grobem Unfug gepflastert, und ihn zu beschreiben verlangt vor allem Mut und einen kühlen Kopf. Es gereicht dem Autor, Leiter des Freiburger Instituts und eine der zwei einzigen Persönlichkeiten, die einen Lehrstuhl für Parapsychologie an einer europäischen Universität innehaben**, zur Ehre, ohne Furcht dieses trügerische Gebiet betreten zu haben. Spukforschung könnte verglichen werden mit dem Versuch, Elektrizität nur durch das Beobachten von Lichtblitzen zu untersuchen! Der typische Ausbruch eines Spuks ist von kurzer Dauer, und bis der Untersucher am Ort des Geschehens ankommt, haben sich die Phänomene wahrscheinlich schon verflüchtigt. Um die Sache noch schlimmer zu machen, erzeugt die Publizität, die ein solches Ereignis gewöhnlich bei der Presse hervorruft, und die Aufregung, die sie in der Nachbarschaft hervorbringt, eine Atmosphäre, die alles andere als förderlich für eine wissenschaftliche Feldforschung ist. Allzuoft, selbst wenn zu Beginn die Phänomene echt waren, wurden sie von Manipulationen von Schwindlern und Spaßvögeln überlagert. Darüber hinaus gibt es, wie der Autor erklärt, eine Art prinzipiell ausweichendes Verhalten der Phänomene, was sie «Beobachter-scheu» macht.

Trotzdem sind wir nicht ganz hilflos in dieser Situation. Die moderne elektronische Technologie hat es bekanntlich erleichtert, die Wohnung oder die Büros nichtsahnender Bürger zu «verwanzen»; sie kann hier zu einem guten Zweck benutzt werden, um das Spukgeschehen aufzuzeichnen und unsere Aufmerksamkeit darauf zu richten,

* Der Beitrag wurde in englischer Sprache verfaßt.

** Der andere Lehrstuhlinhaber ist Dr. Martin Johnson an der Universität Utrecht.

Anmerkung des Übersetzers: Prof. Bender ist seit 1975 emeritiert; sein Nachfolger auf dem Freiburger Lehrstuhl für Psychologie und Grenzgebiete der Psychologie ist Dr. Johannes Mischo.

was wirklich gespielt wird. Das Freiburger Institut hat sich bereits mit diesen neuen Einrichtungen der Überwachung ausgerüstet.
Der Autor gibt jedoch zu bedenken, daß wir einem klaren Verständnis der Phänomene seit dem Mittelalter nicht viel näher gekommen sind, trotz des Umstandes, daß schon so viele Fälle und diese detailliert aufgezeichnet worden sind.
Es ist zwar wahr, daß wir die Phänomene nicht mehr länger Foppgeistern zuschreiben, aber die Rolle, die die auslösende Person [poltergeist focus] spielt, ist alles andere als klar. Manche Theoretiker gingen so weit anzunehmen, daß es eine Art von psychischer Kraft gibt, die vom Körper der Versuchsperson ausgeht und die für die beobachteten Effekte verantwortlich ist. Wenn man jedoch den Betrag an Energie in Betracht zieht, der dafür erforderlich ist – manchmal werden schwere Möbelstücke bewegt, die zu stoßen oder zu ziehen die Versuchsperson durch ihre Muskelkraft gar nicht in der Lage wäre –, scheint dies irgendwie nicht ganz einleuchtend zu sein. Ich für meinen Teil halte die Vorstellung für nützlicher, daß die Versuchsperson gewöhnliche physikalische Energie, die in der Umgebung vorhanden ist, auslöst, um an entfernten Stellen zu wirken, so wie ein Blitzableiter nicht nur in der Lage ist, den Weg einer elektrischen Entladung zu kanalisieren, sondern sie auch irgendwo aus der Atmosphäre heraus in Gang setzen kann. Der Autor hütet sich weiter davor, sich auf das theoretische Thema festzulegen, aber er macht klar, daß das typische Spukphänomen eben nicht ein ungerichteter Ausbruch von Energie wie bei einer Explosion ist, sondern ein kontrolliertes Vorgehen, das jedermann wie das Werk einer unsichtbaren Hand erscheint.
Spuk ist seit dem scheinbaren Verschwinden der physikalischen Medien für die Parapsychologie um so wichtiger geworden. Die erstaunlichen Geschehnisse rund um die junge Annemarie während des mittlerweile berühmten Rosenheim-Falles, der hier ausführlich beschrieben wird, sind in gewisser Weise Reminiszenzen an eine Art von Dingen, wie sie von den Seancen der Eusapia Paladino und anderen Medien während der Hochblüte des Spiritismus berichtet wurden. Es gibt sogar Hinweise dafür, daß gewisse Medien ihre Laufbahn als Spukkinder begannen. Es war die Hoffnung des Verfassers gewesen, die Spukkräfte bändigen zu können, indem er die auslösende Person [focus] in eine für die experimentelle Parapsychologie besonders verwendbare Versuchsperson umzuwandeln versuchte, obwohl seine Bemühungen in dieser Richtung bis heute enttäuscht worden sind. Ob man Annemarie jedoch als ein physikalisches Medium in der Anfangsphase oder als eine Hexe aus jüngster Zeit ansehen mag – es ist doch ein hübscher Zug von Modernität, als Ziel ihrer «Zauberkraft» die Telephonanlage und die elektrischen Haushaltsgeräte ihres Arbeitgebers zu wählen.
Obwohl das Freiburger Institut seit dem Kriege an die 35 Spukfälle untersucht hat, räumt der Autor mit Recht dem Rosenheim-Fall den Ehrenplatz ein, nicht nur wegen der spektakulären oder phantastischen Natur der Phänomene, sondern weil verschiedene zusammenfallende Umstände ihn zu einem der beweiskräftigsten Fälle in der heutigen Zeit machten, der weitreichende Folgen für die öffentliche Meinung in Deutschland hatte. Denn es waren gerade nicht nur die Parapsychologen, die darauf brannten, diesem Mysterium auf den Grund zu gehen, sondern auch die Behörde der Bundespost und die Telephoningenieure, das städtische Elektrizitätswerk und nicht zuletzt die Polizei. Zusätzlich nahm man die Dienste zweier Physiker aus dem re-

nommierten Max-Planck-Institut in Anspruch, und beide waren verblüfft und höchst beeindruckt.
Bender fährt bei seinem Überblick mit zwei jüngeren Fällen aus den Unterlagen des Freiburger Instituts fort, dem Fall Pursruck von 1970–71 und dem Scherfede-Fall von 1972–73. In beiden Fällen scheint die Rolle der auslösenden Person mit einem pubertierenden Mädchen besetzt gewesen zu sein, aber während der Pursruck-Fall eine sagen wir vergleichsweise Routineangelegenheit mit den archetypischen Geräuschen und dem Klopfen (was das Wort Poltergeist ursprünglich nahelegte) darstellt, fällt der Scherfede-Fall in eine andere Kategorie, da bei ihm paranormales Auftreten von großen Mengen Wassers vorkam. Ein «Wasserspuk» ist in der Literatur eine große Seltenheit – Owen (Owen 1964) führt nur wenige solcher Fälle an, hauptsächlich aus dem Amerika des späten neunzehnten Jahrhunderts –, so daß sich jeder am Spuk Interessierte glücklich schätzen kann, auch nur einem einzigen solchen Fall zu begegnen. Wenn, wie der Verfasser behauptet, für die außerordentlichen Geschehnisse, die er in diesem Zusammenhang beschreibt, keine natürliche Erklärung gefunden werden kann, dann übersteigt dies in seiner flagranten und anarchischen Verletzung der Naturgesetze alles, mit was wir bisher in diesem Buch rechnen mußten.
Der Weg des Spuks ist, wie ich schon bemerkte, mit zahllosen Hindernissen und Zufällen behaftet. Ob er sich, wie der Autor zu verstehen gibt, am Ende als der Königsweg für die Erweiterung unseres Wissens über uns selbst und unser Universum erweist, ist eine Sache, die dem Leser zur Beurteilung überlassen werden muß.

Der Herausgeber

In seinem höchst informativen Buch «Can we explain the Poltergeist?» erklärt A.R.G. Owen den Ursprung des deutschen Wortes Poltergeist, das nun häufiger in England als in meiner eigenen Sprache Verwendung findet. Das Wort bedeutet einen «Geist, der Lärm veranstaltet» und war zur Reformationszeit in Deutschland geläufig, wo es von Luther gebraucht wurde, um einen lauten und turbulenten Typus eines Dämons zu beschreiben (Owen 1964). In einem Klassiker der Spukliteratur «The Night Side of Nature» von 1848 (zitiert in Sitwell 1940) schrieb Catherine Crowe auch ein Kapitel über «The Poltergeist of Germans», das später die Grundlage dafür abgab, die Definition für die Aktivitäten beim Spuk zu formulieren, so wie sie Andrew Lang und Frank Podmore verwendeten.
Owen übernahm die Definiton, die Lang und Podmore annehmbar erschien und formulierte wie folgt:
Spuk ist das Vorkommen von einem oder beiden der folgenden Aktivitäten, die in einer augenscheinlich spontanen, oft aber sporadischen Weise stattfinden:
a) Erzeugung von Lärm wie Klopfen, Sägen, heftige Schläge,
b) Bewegung von Gegenständen ohne physikalische Hilfsmittel.

Wie Owen in seinem Buch zeigte, ist Spuk tatsächlich ein weitaus komplexeres Problem. Aber dieser Grundzug mag zur Einführung in diesen Artikel dienen, in dem ich einige neue Spukfälle in Deutschland erläutern werde.

DIE BARRIERE DES VORURTEILS

Spukphänomene sind immer noch lebhaft umstritten. Psi-Gegner sehen in ihnen den Gipfel des Aberglaubens. Es widerstrebt Befürwortern – Laien und Wissenschaftlern – offenbar weniger, unerklärliche Begebenheiten im Bereich der sog. Außersinnlichen Wahrnehmung zu akzeptieren, als Vorkommnisse, die die geheiligten Gesetze verletzen, denen das Verhalten physikalischer Objekte unterworfen ist. Wie ich in meiner Präsidentenansprache bei der Parapsychological Association darlegte, hat dies eine lange Geschichte und scheint in einigen Grundfaktoren der Persönlichkeitsstruktur zu wurzeln [Bender 1969]. Schon immer gab es «Goats» und «Sheep», Gläubige und Ungläubige in bezug auf das Paranormale, besonders auf die physikalischen Phänomene. Ich brauche nur Joseph Glanvil, eines der ersten Mitglieder der Royal Society zu zitieren, der 1666 seinen berühmten Bericht mit den Worten begann, er wisse sehr wohl, «... daß die Zeitgenossen alle solche Geschichten mit Gelächter und Verachtung quittieren und fest davon überzeugt sind, daß sie als Zeitverschwendung und Altweibergeschwätz abgetan werden müßten ...» (Glanvill 1721). Obwohl durch die Jahrhunderte berichtet, sind die Spukphänomene immer im Zwielicht von Täuschung und betrügerscher Manipulation gestanden. Tricks, schlechte Beobachtung, Halluzinationen sind als einleuchtende Gründe für die angeblichen Ungeheuerlichkeiten beim Spuk angeführt worden; die Berichte wurden mit Hohn und Spott bedacht. Andrew Langs mutiger Durchbruch wurde wieder durch eine Generation Ungläubiger zugemauert, die die Theorie vom «kleinen ungezogenen Mädchen» [naughty-little-girl theory] verfochten oder unterstellten, daß Erdbewegungen, hervorgerufen durch eine Verwerfung durch Grundwasser oder durch Gezeitentätigkeit, Bewegungen in der Konstruktion von Gebäuden und deshalb auch Geräusche und möglicherweise Bewegungen von Gegenständen innerhalb der Gebäude verursachen würden.

C. G. Jung, der berühmte Schweizer Psychologe, zielte auf diese Art verallgemeinerter, ausweichender Behauptungen, als er im Vorwort zu Fanny Mosers Buch «Spuk» schrieb: «Die vielerorts herrschende Voreingenommenheit gegenüber den hier in Betracht kommenden Tatsachenberichten weist alle Symptome primitiver Gespensterfurcht auf. Selbst gebildete Leute, die es besser wissen könnten, brauchen gelegentlich die unsinnigsten Argumente, werden unlogisch und verleugnen das Zeugnis ihrer eigenen Sinne» (MOSER 1950, [1977]).

Das Vorurteil gegen die Spukphänomene kann nur durch eine unbefangene wissenschaftliche Untersuchung des Problems überwunden werden, das so alt wie die Menschheit zu sein scheint. Der Spuk ist eine Herausforderung für den Wissenschaftler – eine Herausforderung, die die Parapsychologen nach einer langen Zeit des reinen Experimentierens im Labor nunmehr anzunehmen beginnen. Die Aufhebung des Tabus wurde begleitet von einer neuen Änderung in der Nomenklatur: Poltergeister [resp. Spuk], die nach Jung die Geisterfurcht wachzurufen schienen, sind nun durch die wissenschaftliche Bezeichnung der «spontan wiederkehrenden Psychokinese» *R*eccurrent *S*pontaneous *P*sycho*k*inesis (RSPK)] neutralisiert. Es ist nicht mehr die Rede von einem „Poltergeist“ als einer realen Wesenheit, die sich unabhängig von irgendeinem menschlichen Auslöser [focus] manifestieren kann. In 34 von 35 Fällen, die das Freiburger Institut seit 1948 untersucht hat – manche an Ort und Stelle, andere aus zweiter Hand – war der Spukauslöser [poltergeist focus] eine identifizierbare Person, im allgemeinen ein Jugendlicher. So scheint ein Abwehrmechanismus gegen die erschreckende Welt von Dämonen unnötig zu sein. Nur einer unserer Fälle war ein Fall des klassischen «Spukhauses». Optische und akustische Phänomene, wie auch das Verrücken von Gegenständen, wurden über einen Zeitraum von 60 Jahren beobachtet. Ich gebe zu, daß es schwierig ist, Fälle solcher Art in den Griff zu bekommen, da sie nur wenig Analogien zu dem zeigen, was wir in unserer experimentellen Laborforschung beobachten.

GRUNDMUSTER BEI SPUKFÄLLEN

Unerklärliche Vorkommnisse in der Welt der körperlichen Natur sind mit bemerkenswerter Gleichförmigkeit seit Jahrhunderten berichtet worden. Ein Überblick über historische Fälle im Vergleich mit modernen steht jetzt in den Werken von Fanny Moser (MOSER 1950), Owen (OWEN 1964), Thurston (THURSTON 1954) und anderen zur Verfügung. Alle diese Autoren, besonders aber Owen, weisen auffallende Ähnlichkeiten der in allen Ländern und durch die Jahrhunderte hindurch beobachteten Fallberichte nach. Eine Analyse der wiederkehrenden Muster in den jüngeren Berichten über Spukphänomene ist von dem französischen Polizeioffizier Emile Tizané durchgeführt worden; sie basiert auf einer großen Anzahl von Fällen angeblicher Spukgeschehnisse, die von der französischen Polizei zwischen 1925 und 1950 untersucht wurden. Unter den einheitlichen Mustern, die Tizané bei Vergleich der voneinander unabhängigen Berichte fand, möchte ich folgendes besonders hervorheben:

a) Bombardement. Oft wird ein Haus Zielobjekt eines regelrechten Hagels von Wurfgeschossen, Steine fallen auf das Dach, zerbrechen Fensterscheiben und dringen durch Öffnungen in das Innere. Selten beginnen Phänomene im Innern des Hauses vor einem solchen Bombardement von außen.

b) Schläge gegen Türen, Wände oder Möbel sind zu hören, manchmal an ein und demselben Platz, manchmal in allen Teilen des Hauses.

c) Türen, Fenster und selbst sorgfältig geschlossene Schränke öffnen sich von selbst.

d) Gegenstände werden geschickt verstellt oder zugeworfen, zerbrechliche bleiben oft intakt – selbst nach einem Sprung von mehreren Metern – während solide oft vollständig zerstört werden.

e) Ein eigentümliches Krachen und merkwürdige Geräusche werden manchmal vernommen.

f) Die Bewegung von Gegenständen erfolgt mitunter nicht in einer normalen Flugbahn. Sie verhalten sich, als ob sie transportiert würden, und folgen manchmal sogar den Konturen der Möbel.

g) In seltenen Fällen dringen fremde Objekte in geschlossene Räume ein.

h) Werden sie vom Beobachter aufgenommen, fühlen sie sich warm an.

i) Gegenstände scheinen sich in der Luft zu bilden.

Ich lege besonderen Wert auf die Absonderlichkeit dieser in Frage kommenden Phänomene, weil sie offenbar von hervorragender Bedeutung für das Problem der Erklärung von Spukphänomenen und für die Erstellung einer Arbeitshypothese sind. Sie stellen eine Art

Kontrapunkt zu den sorgfältig untersuchten Analogien der «wiederkehrenden spontanen Psychokinese» mit vertrauten energetischen Prozessen dar, die Artley und Roll (ARTLEY und ROLL 1971) kürzlich beschrieben haben. Ihre Analyse legt nahe, daß die bei den Vorgängen beteiligte Energie mit wachsender Distanz abnahm und daß eine Umwandlung von Psi-Energie in kinetische Energie stattfand. Eine exponential verlaufende Zerfallskurve schien den Daten am besten zu entsprechen. Diese Hypothese wurde aus dem Material des Stanford-Falles entwickelt, den Pratt und Roll (PRATT und ROLL 1958) untersuchten. Wie in den späteren Newark- und Miami-Fällen, die durch dasselbe Team untersucht wurden, zeigten diese keine der Absonderlichkeiten aus der Liste von Tizané. Nichts Außergewöhnliches konnte an der Flugbahn der Objekte entdeckt werden. Es gab keine Hinweise, daß sie sich entlang der Ecken bewegten, und der Ort, an dem sie niederfielen, entsprach in allen Fällen einer geradlinigen Bewegung vom Ursprungsort aus. Es gab keine Durchdringungsphänomene und keine Apporte in verschlossene Räume noch eine Bildung von Gegenständen in der Luft usw. Es gibt also offenbar verschiedene Typen von Spukvorgängen, und wir haben bis jetzt noch keinerlei klare Vorstellungen, ob verschiedene Formen einer «Psi-Energie» – wenn es eine solche überhaupt gibt – beteiligt sind oder ob ein und derselbe Psi-Prozeß in verschiedenen Erscheinungsformen auftritt. Wir können zur Zeit auf der Suche nach einer Theorie nichts anderes tun, als die Verschiedenartigkeit der Muster im Auge zu behalten und in Zusammenarbeit im internationalen Rahmen die äußersten Anstrengungen zu unternehmen, um zwingende Beweise für die Realität dieser Muster zu bekommen, die wir aus der ganzen Welt und über die Jahrhunderte hinweg berichtet bekommen.

HINWEISE FÜR DIE ERFORSCHUNG VON SPUKPHÄNOMENEN

Bei der Untersuchung sowohl von aktuellen Fällen wie auch bei retrospektiv abgeschlossenen Fällen gilt die erste Überlegung des Forschers natürlich der Frage, ob die angeblichen Phänomene für oder gegen spontan wiederkehrende Psychokinese [RSPK] sprechen. Angebliche Spukerscheinungen können einfach auf eine Fehlinterpretation einer natürlichen Ursache zurückgeführt werden: Bei einem unserer Fälle stellte sich heraus, daß laute dumpfe Schläge, die mit Erschütterungen der Wände eines kleinen Hauses begleitet waren, von einem Fehler in der Wasserleitung herrührten. Vorsätzlicher Betrug scheint zu Beginn angeblicher Spukfälle seltener zu sein, als es die Theorie vom «ungezogenen kleinen Mädchen» [naughty-little-girl theory] annimmt. Tatsächlich geschieht dies im Verlaufe der Untersuchung eines echten Falles jedoch oft, wenn Wissenschaftler mit Bandgeräten und Kameras gespannt auf Phänomene warten und langsam die Geduld verlieren. Der Übergang von unbewußt hervorgerufenen echten Phänomenen zum Trick scheint oftmals aus derselben Quelle der Motivation zu stammen: Die Neigung zu Betrug als eine Art aggressiver Entladung innerer Spannungen. Daher findet man halbbewußten oder unbewußten Betrug bisweilen in solchen Fällen, in die hysterische Personen verwickelt sind, die in einem pathologischen Zustand, ähnlich dem des Schlafwandelns, spukähnliche Phänomene hervorrufen.

In den meisten der 35 Fälle, die vom Freiburger Institut untersucht worden sind,* war es ein leichtes, die auslösende Spukperson (poltergeist focus) auszumachen, gewöhnlich einen Jugendlichen. Die Phänomene scheinen an die Präsenz der auslösenden Person gebunden und ereignen sich in ihrer unmittelbaren Umgebung. Hier ergibt sich das Problem der Distanz, ein immer noch ungeklärter Punkt der Erforschung der spontan wiederkehrenden Psychokinese [RSPK]. Im bekannten Rosenheim-Fall gibt es ziemlich gute Hinweise dafür, daß Psychokinesephänomene in einer Anwaltskanzlei geschahen, als eine Angestellte, Annemarie S., unzweifelhaft die Auslöserin, etwa 1,4 km weit entfernt war. Andere Fälle scheinen auf eine unbewußte Zusammenarbeit zweier Personen hinzudeuten, im allgemeinen Mutter und Kind oder Geschwister, wie beim Pursruck-Fall, der weiter unten beschrieben wird. Wenn nicht klar ist, wer die auslösende Person ist, kann die systematische Elimination der Personen, die an dem Spukgeschehen beteiligt sind, dazu dienen, die betreffende Person herauszufinden.

Was die Zeugenaussagen anbetrifft, so braucht man wohl nicht zu sagen, daß eine perfekte Übereinstimmung durch eine «fable convenue» oder durch eine Konfabulation zustande kommen kann, das heißt, daß durch eine immer wiederkehrende Bezugnahme auf die er-

* Anmerkung des Übersetzers: Zum Zeitpunkt der Übersetzung sind es mittlerweile 45 Fälle.

staunlichen Ereignisse sich eine gewisse Version verselbständigt. Bestand ein solcher Verdacht auf eine «fable convenue», stellte es sich als nützlich heraus, die angeblichen Phänomene mittels Photographie und/oder Film in Hinblick auf die Kontrolle der Zeugenaussagen zu rekonstruieren. Die Reaktion auf eine solche Rekonstruktion, wie sie die individuellen Zeugen dann zeigen, kann sehr informativ für die ursprünglichen Beobachtungen sein.

Schwer zu erhalten, jedoch in hohem Maße wünschenswert, sind objektive Dokumente, auf Band oder Film aufgenommene Aufzeichnungen von Spukereignissen. Wir benutzten Fernsehkameras, Videorecorder usw., um die Situation zu überwachen, in denen möglicherweise Spukphänomene auftreten könnten. Ein Volkswagenbus als Labor auf Rädern enthält die technischen Überwachungseinrichtungen. So versuchen wir, soweit wie möglich einer Störung des spontanen Charakters der Phänomene durch sichtbare technische Aufbauten zu entgehen. Bis jetzt ist es uns kaum gelungen, objektive Aufzeichnungen zu erhalten, letzten Endes gelang es uns jedoch, eine plötzliche Rotation eines Gemäldes im Rosenheim-Fall auf Videoband aufzuzeichnen und auch den Trick eines 10 Jahre alten Mädchens aufzudecken, das nachdem es Phänomene, die größtenteils mit Sicherheit echte Psychokinese waren, hervorgebracht hatte, zu einem «naughty little girl» geworden war, das nun mit Gegenständen warf und Fensterscheiben zertrümmerte. Unglücklicherweise hat eine objektive Dokumentation von echten Ereignissen und von Trickserien mit denselben Schwierigkeiten zu kämpfen. Es braucht kaum gesagt zu werden, daß die Beweiskraft von auf Band aufgenommenen oder gefilmten Aufzeichnungen voll und ganz von der Integrität des Untersuchers abhängig ist.

Scheint ein Spukfall die Durchdringung von Materie durch Materie zu zeigen [matter-through-matter penetration], dann kann die Technik des Versiegelns der Kästen und der Schränke, in die oder aus denen sich angeblich Gegenstände bewegen, dadurch verbessert werden, daß auf Licht reagierende photoelektrische Schalter auf ein Relais einwirken, das dann Photo- oder Filmkameras oder den Videorecorder in Gang setzt. Das ideale Instrument, Flugbahnen von Gegenständen zu kontrollieren, von denen behauptet wird, daß sie aus verschlossenen Räumen kämen, wäre eine Hochfrequenzkamera, die bis zu 10000 Aufnahmen pro Sekunde erreicht. Dokumente dieser Art würden uns in die Lage versetzen, die Hypothese, wonach penetrierende Objekte dematerialisiert und wieder materialisiert worden seien, auf einer empirischen Basis zu diskutieren – ein etwas künstliches Postulat, das natürlich keinen Hintergrund im Rahmen der etablierten physikalischen Gesetze aufweist.

Versuche, Spukgeschehnisse durch posthypnotische Suggestion des vermeintlichen Auslösers zu provozieren, sind bei unseren Untersuchungen noch nicht erfolgreich gewesen. In einigen Fällen war es nicht möglich, der Versuchsperson eine tiefe hypnotische Trance zu induzieren, in anderen Fällen hatten wir den Wunsch der Eltern zu berücksichtigen, von allen Maßnahmen abzusehen, die den Bewußtseinszustand der Versuchsperson verändern könnten. Die Methode ist jedoch, wie Dr. Bjerres Erfolg im Fall Karin (BJERRE 1947) zeigt, vielversprechend.

Spukfälle sollten immer im Rahmen einer «Feldtheorie» analysiert werden: Die Wechselwirkung zwischen dem Auslöser und der sozialen Situation, in der die Spukphänomene auftauchen, muß sorgfältig mit Blick auf das Verständnis der Motivation studiert werden, die hinter den PK-Phänomenen liegt. Diese Analyse schließt natürlich auch die Untersuchung der Persönlichkeitsstruktur mit geeigneten Mitteln wie Lebensdaten, Testdaten verschiedener Art und Fragebogendaten mit ein (MISCHO 1958).

In allen Fällen, bei denen Laborexperimente mit den Versuchspersonen* möglich waren, fanden wir hochsignifikante ASW-Trefferleistungen, aber wir konnten keine experimentelle Psychokinese hervorrufen.

EIN EINSTELLUNGSWECHSEL GEGENÜBER SPUKPHÄNOMENEN IN WESTDEUTSCHLAND

Ende der fünfziger Jahre führte ein Institut für Meinungsforschung in Zusammenarbeit mit dem Freiburger Institut eine repräsentative Umfrage (nach Gallup) über die Einstellung deutscher Erwachsener gegenüber Spukphänomenen und Spukhäusern durch. Man erfuhr, daß 72% der erwachsenen Bevölkerung solche angeblichen Phänomene für puren Aberglauben hielten. 18% waren überzeugt, daß diese seltsamen Dinge tatsächlich geschähen, und die restlichen 10% hatten keine Meinung. Diese Verteilung erwies sich als nicht beständig. Als

* Anmerkung des Übersetzers: d. h. hier den Spukauslösern.

der Rosenheim-Fall und die Ergebnisse unserer Untersuchung in Zusammenarbeit mit Physikern bekanntwurden, stieg die Anzahl der Gläubigen in Bayern von 10% auf 28%, wo eine regionale Fernsehsendung darüber ausgestrahlt wurde. In der Zwischenzeit wurde es weithin bekannt, daß die Untersuchung des Rosenheimer Spukfalles durch die Deutsche Forschungsgemeinschaft unterstützt worden war, einer Körperschaft des öffentlichen Rechts, die Forschungsvorhaben fördert. Dieser Umstand trug mit dazu bei, den öffentlichen Widerstand gegen die Anerkennung solcher Forschung zu überwinden. So gesehen wurde der Rosenheim-Fall zu einer Art Durchbruch für eine vorurteilsfreie Einstellung gegenüber den Phänomenen der spontan wiederkehrenden Psychokinese in der Bundesrepublik und anderen deutschsprachigen Ländern. Eine Analyse der weiteren besonderen Umstände, sowohl der parapsychologischen wie der soziologischen, kann für das Verständnis dieser Einstellungsänderung hilfreich sein.

DER FALL ROSENHEIM 1967–68

Ende November 1967 wurden durch Berichte in der deutschen Presse rätselhafte Vorgänge in einer Anwaltskanzlei der oberbayrischen Stadt Rosenheim bekannt. Elektrische Glühbirnen zerplatzten, an einer zweieinhalb Meter hohen Decke befestigte Leuchtstoffröhren erloschen immer wieder. Elektriker stellten fest, daß sie um 90 Grad aus ihren Halterungen herausgedreht waren. Heftige Knallerscheinungen wurden gemeldet. Sicherungsautomaten sollten sich selbständig ausgelöst haben, die Entwicklerflüssigkeit des Photokopiergerätes sei mehrfach ausgelaufen. Die Arbeit der Anwaltskanzlei wurde ernstlich durch Telephonstörungen beeinträchtigt, die schon im vergangenen Sommer beobachtet worden waren: Die vier Apparate läuteten oft gleichzeitig, Gespräche brachen zusammen, und die Telephonrechnungen stiegen zu einer ungewöhnlichen Höhe an.

Der Anwalt und sein Personal vermuteten, daß Störungen im Stromversorgungsnetz der Stadtwerke die Ursache für die seltsamen Vorkommnisse sein müßten. Das Prüfungsamt der Stadtwerke und die Postbehörde begannen mit einer gründlichen Untersuchung: Spannungs- und Stromschreiber wurden zur ständigen Überwachung des in Frage stehenden Stromkreises in den Räumen der Anwaltskanzlei installiert, ebenso eine automatische Zähleinrichtung, die angewählte

Nummer, Zeitpunkt und Dauer jedes Telephongesprächs registrierte, das im Büro geführt wurde. Die Überwachungsinstrumente zeigten volle Ausschläge, die teilweise mit den abnormen Phänomenen auftraten und auch dann unvermindert anhielten, als – um als letzten Versuch unerfindliche Ursachen in der allgemeinen Netzversorgung auszuschließen – ein Notstromaggregat eingesetzt wurde, um eine «ungestörte» Stromversorgung in der Anwaltskanzlei sicherzustellen. Die Zähleinrichtung der Post registrierte unzählige Anrufe der Zeitansage (0119), oftmals sechsmal in der Minute angewählt und dies über Wochen. Das Bayerische Regionalfernsehen und das Zweite Deutsche Fernsehen produzierten Sendungen über diesen ungewöhnlichen Fall gegen Ende November 1967, die mittlerweile fast historische Dokumente geworden sind. Sie zeigten die Zerstörungen in der Anwaltskanzlei, die Installation der Überwachungseinrichtungen, die Aussagen der verblüfften Techniker, die Klagen des Anwalts und die offizielle Verlautbarung eines Postbeamten, wonach diese perfekte Organisation jederzeit in der Lage sei, Störungen ausfindig zu machen, und wonach die Anrufe mit der 0119 in der Kanzlei getätigt worden sein müssen. Die Angestellten verneinten, solche Anrufe geführt zu haben.

Die Fernsehsendung endete mit der offenen Frage: Handelt es sich bei diesen seltsamen Vorgängen um technische Störungen oder um mutwillige Störungen? Aber wer könnte an einem solchen fortdauernden Schabernack ein Interesse haben? Dies war die Situation, als im Dezember 1967 das Freiburger Institut mit seinen Untersuchungen begann.

Wir fanden heraus, daß nur während der Bürozeiten die außergewöhnlichen Erscheinungen und die Zeigerausschläge der Meßinstrumente auftraten. Der erste Ausschlag wurde oft genau in der Minute registriert, in der Annemarie S. (vergl. Abb. 6.1) eine 19jährige Angestellte, die Kanzlei am Morgen betrat. Wenn dieses junge Mädchen durch den Flur ging, begannen die Lampen hinter ihr mit wachsender Stärke zu schwingen (vgl. Abb. 6.2). Zerplatzten Beleuchtungskörper, dann flogen die Scherben auf sie zu. Darüber hinaus nahm die Anzahl der Erscheinungen ab in dem Maße, wie sich Annemarie S. entfernte. Es wurde offensichtlich, daß wir es mit spontan wiederkehrender Psychokinese in Verbindung mit Annemarie zu tun hatten.

Wir hatten zuerst die Hypothese von den Störungen in der Stromver-

Abb. 6.1: Annemarie S. Die Untersucher des Freiburger Instituts kamen zu dem Schluß, daß die sich im Rosenheim-Fall zeigenden Spukphänomene eng mit Annemarie in Verbindung standen.

sorgung zu entkräften. Zwei Physiker, Dr. F. Karger und Dipl. Phys. G. Zicha vom Max-Planck-Institut für Plasmaphysik in München, beobachteten und überprüften die Zeigerausschläge. Sie kontrollierten und eliminierten jede denkbare physikalische Ursache und konnten

Abb. 6.2: Abbildung der schwingenden Lampen in der Anwaltskanzlei. Die Phänomene ereigneten sich nur während der Bürostunden, wenn die Angestellte Annemarie S. sich im Gebäude aufhielt.

definitiv beweisen, daß die anomalen Schreiberausschläge nicht durch die Netzspannung verursacht wurden. Sie kamen zu folgenden Schlußfolgerungen:

1. Obwohl mit den Mitteln, wie sie der experimentellen Physik zur Verfügung stehen, aufgezeichnet, ist eine Beschreibung der Phänomene mit den vorhandenen Prinzipien der theoretischen Physik nicht möglich.
2. Die Phänomene zeigen sich als Ausdruck nichtperiodischer, kurzzeitig wirkender Kräfte.
3. Die Phänomene (einschließlich der Telephonstörungen) scheinen nicht unter Zuhilfenahme elektrodynamischer Effekte, sondern «mechanisch» hervorgerufen zu werden.

4. Es finden nicht nur einfache, explosionsartig verlaufende Ereignisse, sondern auch kompliziert geführte Bewegungen statt (Schreiberkurven, Bilderbewegungen).

5. Die Ausführung dieser Bewegungen scheint von intelligent gesteuerten Kräften herzurühren (z.B. die Telephonstörungen), die die Tendenz zu haben scheinen, sich der Untersuchung zu entziehen.

Die Entdeckung der psychokinetischen Natur der Vorkommnisse führte zu einer Intensivierung der Ereignisse: Bilder begannen zu schwingen und sich zu drehen, Schubladen kamen von selbst heraus, Dokumente verschwanden und tauchten an anderen Orten wieder auf, ein 175 Kilo schwerer Aktenschrank bewegte sich zweimal etwa 30 cm von der Wand weg und so weiter. Annemarie S., die immer nervöser wurde, zeigte schließlich hysterische Kontraktionen an Armen und Beinen. Als sie auf Urlaub geschickt wurde, geschah nichts, und als sie endgültig die Anwaltskanzlei wegen einer neuen Stellung verließ, hörten die Störungen ganz auf. Ähnliche Vorkommnisse geschahen jedoch weniger augenscheinlich und geheimgehalten noch für einige Zeit in dem neuen Büro, in dem sie dann arbeitete (vgl. Bender 1968 und 1969, Karger und Zicha 1968).

Der Rosenheim-Fall weist etwa 40 unmittelbare Zeugen auf, die einer genauen Befragung unterzogen wurden, darunter Techniker, die Kriminalpolizei (Anwalt Adam hatte Anzeige gegen Unbekannt erstattet), Physiker, Journalisten, Kunden der Anwaltskanzlei, deren Zeugnisse mit unseren Beobachtungen verglichen werden konnten. Das abschließende Ergebnis der Untersuchung wurde im Fernsehen der Bundesrepublik ausgestrahlt. Die kontrollierte Öffentlichkeit des Falles, die Verschiebung von einer zu falschen Annahmen führenden technischen Interpretation zu einem Beweis für Psychokinese, die von Millionen von Zuschauern verfolgt werden konnte, führte zu einem Durchbruch in der öffentlichen Meinung.

DER FALL PURSRUCK 1970–71

Symptomatisch für die sich wandelnde Einstellung gegenüber Spukphänomenen war das umsichtige Verhalten eines katholischen Geistlichen, des Pfarrers Jakob Wolfsteiner, der das kleine Dorf Pursruck, 65 Kilometer östlich von Nürnberg, seelsorgerlich betreut. Im

November 1970 lebten die beiden Schwestern Helga (13) und Anna R. (11) dort vorübergehend bei ihrer Großmutter in einem ehemaligen alten Schulhaus. Nachdem der Parterre-Bewohner dieses Hauses gestorben war, meldeten sich Klopfgeräusche und Schläge. Alle möglichen störenden Geräusche wurden über einen Zeitraum von drei Wochen gehört. Jeder Mieter beschuldigte den anderen, die Geräusche zu verursachen.

Ende Mai 1971 begannen die Klopfgeräusche von neuem. Außerdem vernahm man – und zwar immer dann, wenn gegen 20 Uhr die beiden Mädchen zu Bett gingen – Kratz- und Sägelaute. Es schien sich wie Maschinengewehrsalven, die von schweren Schlägen unterbrochen wurden, anzuhören. Dieselben Phänomene zeigten sich im Elternhaus der Mädchen; man konnte das Klopfen bis auf die Straße hören. Die Familie fühlte sich dadurch in größter Bedrängnis. Da die Geräusche meist von den Betten auszugehen schienen, wurde für die beiden Mädchen in einem besonderen Zimmer Hängematten angebracht, in der Hoffnung, daß die Klopfgeräusche nun zu einem Ende kämen. Doch die Geräusche dauerten, jetzt als Kratzen, weiter an.

Jeder im Umkreis wußte von den Phänomenen, und die Aufregung der Leute im Dorfe wuchs. Einige sprachen von «Hexerei» und nagelten Zweige gegen die Haustür, um die «bösen Geister» zu vertreiben, andere witterten böswilligen Schabernack und schalten die Mädchen wegen ihrer Streiche. Zeitungen waren voll von Vermutungen, Rutengänger wollten als des Rätsels Lösung unterirdische Wasseradern gefunden haben. In dieser Phase nahm ein Freiburger Student die Klopfphänomene auf Tonband auf und fand heraus, daß sie am stärksten waren, wenn beide Schwestern zusammen im Bett lagen, weniger stark, wenn Helga, und nur ganz schwach, wenn Anna sich allein hinlegte.

Als der Aufruhr um die Phänomene immer heftiger wurde, nahm Pfarrer Wolfsteiner die Mädchen und ihre Eltern zu sich in sein Pfarrhaus nach Lintach, einem Nachbarort von Pursruck. Die Mädchen legten sich dort auf den Holztisch – und die Klopfgeräusche waren wieder da. Viele Zeugen können bestätigen, daß es auch dann klopfte, wenn sie sich im Pfarrhaus auf einem Teppich ausstreckten. Von allen diesen Phänomenen existieren Tonbandaufzeichnungen. Von der Kanzel erklärte Pfarrer Wolfsteiner, daß es keine Veranlassung gebe, an dämonische Einwirkungen zu glauben. Er erklärte der Gemeinde weiter, daß eine junge Wissenschaft, die Parapsychologie, solche Phänomene unter der Bezeichnung «Psychokinese» untersuche und mit wissenschaftlichen Methoden von bloßem Betrug unterscheiden könne und daß sie meist unbewußt von bestimmten Personen ausgelöst würden. Er kündigte eine wissenschaftliche Untersuchung des Falles an und begann mit eigenen Beobachtungen. Seinen Untersuchungsbericht legte er dem Freiburger Institut vor. Die folgende Passage zeigt, daß er dabei wie ein gut geschulter Parapsychologe vorging:

Am Abend des 19. Juni 1971 begab ich mich mit Einverständnis der Eltern und der Kinder der Familie R. nach Pursruck. Ich brachte ... meine Contaflex mit Weitwinkelobjektiv und Stativ mit, dazu eine Taschenlampe und das Tonbandgerät. Ich machte an diesem Abend ca. 16 Blitzlichtaufnahmen, die man auf dem Tonband mitzählen kann, da der Schlitzverschluß der Kamera bei jeder Aufnahme deutlich als Zischlaut zu erkennen ist. In den ersten Minuten waren die in ihren Betten liegenden Mädchen mit der Bettdecke zugedeckt, sie hielten ihre Hände verschlungen auf der Stirn. Später entfernte der Vater der Mädchen die Bettdecken, so daß jetzt auch die Füße und der ganze Körper der Mädchen einzusehen waren. Machte ich zunächst die Blitzlichtaufnahmen noch im Dunkeln, sobald die Klopftöne sich einstellten, so beleuchtete ich später die Mädchen mit der Taschenlampe, so daß ich sie auch mit eigenen Augen genau beobachten konnte. Während die Mädchen mucksmäuschenstill im Bett lagen, traten die Klopfzeichen wieder auf, sie verstummten zum Teil auch dann nicht, wenn ich mich mit den Mädchen gerade unterhielt. Nach diesen Beobachtungen war es mir endgültig klar, daß die Mädchen unmöglich mit ihren Händen oder sonst mit ihrem Körper die Phänomene hervorrufen konnten.

Pfarrer Wolfsteiner hatte schon vor diesem Experiment den Pater Dr. A. Heimler, einen Psychotherapeuten, hinzugezogen, er sollte ihm bei Beobachtung und Therapie helfen. Pater Heimler ließ die Kinder zu ihrer Entspannung rhythmische Tänze ausführen und konnte ihre Angst so erfolgreich beruhigen. Auch sein Bericht ist ein Dokument der veränderten Einstellung gegenüber Spukphänomenen. Ich möchte einige Stellen zitieren:

Es scheint, daß der ‹Poltergeist› (das Unbewußte) direkt auf heiße Rhythmen reagiert und antwortet und die Geräusche da und dort wenigstens ansatzweise z. B. nach der Beat-Musik des Manhattan und des Spare-Hully-Gully variiert. (...)
Man kann die Geräusche nicht streng lokalisieren. Meist kommen sie von der Unterlage, worauf die Mädchen ruhen. Die Art der Unterlage bestimmt auch die Spielart des Geräusches. Wenn die Unterlage weich ist und schwebend (Hängematte), hört man nur ein Kratzen; wenn ein Brett damit verbunden ist (wie bei einem Bett) ein Klopfen. Die Geräusche können aber auch von einer entfernt stehenden Schranktür kommen, die mit einem lauten Knall aufspringt, so daß darin befindliche Gläser durch die allgemeine Erschütterung zu Boden fallen und zerbrechen.

Wie Dr. Heimler in seinem Bericht ausführt, traten die Phänomene erstmals am Tage nach dem Tode eines im Erdgeschoß des alten Schulhauses wohnenden Mieters auf. Helga, die von ihrem Fenster aus direkt auf den Friedhof und die Leichenhalle sehen konnte, wo der Leichnam inzwischen aufgebahrt war, fürchtete sich und konnte nicht einschlafen. Sie mußte an eine Gespenstergeschichte denken, die ihr Lehrer vor Monaten einmal erzählt hatte. Als sie dann das erste Klopfen hörte, glaubte sie, der Tote wolle sich bei ihr melden. Doch dann verwarf sie diese Deutung wieder und dachte wie ihre Schwester Anna und ihre Großmutter, die Frau des Verstorbenen würde zur Nacht die Bettdecke ausklopfen. Der zweiten «Poltergeist»-Phase waren Angstträume mit deutlich pubertärer Problematik vorausgegangen (ein Mann steht in Helgas Bett und bedroht sie mit giftigen Schlangen). Pater Heimler kam zu dem Schluß:

Der Hinweis auf die allgemeine Pubertätskrise reicht sicher nicht aus, denn sonst müßten die gleichen Erscheinungen auch bei anderen Kindern und Jugendlichen auftreten, die unter ähnlichen Spannungszuständen leiden. Warum sich die Spannungszustände gerade parapsychologisch auswirkten und nicht auf andere Weise abgeleitet werden konnten, bleibt ein Geheimnis. Im Falle von Pursruck treten die Phänomene für die ganze Öffentlichkeit als Anruf für die Gestaltung der Mitmenschlichkeit und als Frage nach der Wirklichkeit des Übersinnlichen zutage.

Durch die Pionierarbeit der beiden Geistlichen war unsere Untersuchung des Falles perfekt vorbereitet. Als wir an Ort und Stelle eintrafen, waren die Phänomene noch voll im Gange. So konnten wir die im Bett liegenden Mädchen mit unserem Videorecorder aufnehmen und Klopfgeräusche verschiedenster Qualitäten aufzeichnen: schnelles Klopfen, leichtes und schweres Pochen. Wir hörten Helga sagen: «Ich hab' so Angst.» Der Vater berichtete von einer Beobachtung, die ihn selbst sehr beängstigte: Von den Phänomenen nicht in Ruhe gelassen, hatten sich die Mädchen zu den elterlichen Betten geflüchtet. Als Herr R. sich aufrichtete, sah er, wie sich der Bettvorleger plötzlich «ganz von selbst» aufrollte. Wir rekonstruierten die Situation und filmten sie.
Nachdem der paranormale Ursprung der Klopfphänomene abgesichert war, lockerten wir unsere Kontrollmaßnahmen vorübergehend etwas auf, um wieder ein spontaneres Klima zu schaffen. Wir schlugen vor, dem «Klopfgeist», wie wir das Phänomen scherzhaft nannten, Fragen zu stellen. Die Mädchen sollten zunächst nach der Anzahl der anwesenden Personen fragen und dann langsam zu leichteren Rechen-

aufgaben übergehen. Unser Interesse an diesem Experiment war sowohl wissenschaftlich als auch therapeutisch bestimmt: Die Mädchen sollten eine aktiv-bestimmende Haltung gegenüber dem Phänomen einnehmen lernen und so ihre Angst vor ihm, einem bisher externalisiert erlebten Unberechenbaren, langsam überwinden. Begeistert gingen sie auf den Vorschlag ein, aber als wir im Zuge dieser Experimentierphase wieder strengere Kontrollen einsetzten, wurde deutlich, daß sie nun täuschten und mit Fingern und Zehen an Kopf- und Fußende des Bettes klopften. Darauf angesprochen, versuchten sie zunächst Ausflüchte, gaben dann aber ihren Betrug zu. Unser Vorgehen hatte seinen therapeutischen Erfolg. Die beängstigende Seite des Phänomens war in gewisser Weise gebannt, aber für die Untersuchung der paranormalen Seite bedeutete dies einen Kurzschluß. Wir luden dann die Kinder zur Erholung in den Schwarzwald ein, wo sie von klinischen Psychologen betreut wurden. ASW-Versuche brachten nur ein schwaches Resultat. Im August 1971 berichteten uns die Eltern über neue Vorkommnisse, aber es blieb ungeklärt, ob es noch echte Phänomene oder bloß Täuschungsmanöver waren. Eine erneute Inspektion durch unser Team verlief ergebnislos.

Die Einstellungsänderung, die beim Pursruck-Fall deutlich wurde, ist natürlich nicht generell. Es gibt immer noch fanatische Anti-Okkultgläubige, die mit ihren affektiven Aussagen gegen das Paranormale ihren eigenen Komplexen freien Lauf lassen. So schrieb der [damalige] Staatsanwalt [und heutige vorsitzende Richter des Mannheimer Landgerichtes], Dr. R. Wimmer, in einem Artikel: «Die seltsame Wissenschaft der Spukprofessoren» (Wimmer 1970): «Es muß mit grober Deutlichkeit gesagt werden, daß eine enge psychologische Verwandtschaft besteht zwischen dem blutigen und ekelhaften Hexenaberglauben und der Parapsychologie. [...] Wir haben die Nase noch voll von dem Leichengeruch, den die Greuelmärchen früherer Professoren erzeugt haben. [...] Hat denn die Sonne der Aufklärung wirklich 1782 gesiegt?» Wir zitieren diese bemerkenswerte Aussage oft als ein Beispiel für einen inversen Aberglauben.

DER FALL SCHERFEDE 1972–73

In den letzten Tagen des Jahres 1972 wandte sich der Amtsdirektor des Kreises Warburg-Land in Westfalen, 25 km westlich von Kassel, wegen rätselhafter Wasserphänomene an das Freiburger Institut, die einige Wochen lang in Scherfede, einem großen Dorf von 3000 Einwohnern, aufgetreten waren. Die Phänomene hatten im September 1972 in einem der kleinen Häuser einer Siedlung ihren Anfang genommen, die eine Baugesellschaft gegen Ende der fünfziger Jahre erstellt hatte. Zunächst erschienen kleine Wasserlachen im Bad, dann auch in der Küche und in anderen Räumen. Mechaniker überprüften die Wasserleitungen und Heizungsrohre, konnten aber kein Leck entdecken. Im Oktober und November zeigten sich feuchte Flecke an den Wänden, Tapeten wurden naß, obwohl sich das darunter liegende Material als trocken erwies. Pfützen zeigten sich auch außerhalb des Hauses, und mehrmals waren – wie durch einen Guß aus einer Gießkanne oder einem Gartenschlauch – die Außenwände naß. Ein für die Wasserversorgung des Dorfes zuständiger Techniker untersuchte immer wieder, woher das Wasser kommen könnte – ohne den geringsten Hinweis.

Eine dramatische Eskalation setzte am 10. Dezember ein. In Abständen von 20 bis 30 Minuten bildeten sich große Lachen im Wohnzimmer des Hauses. Die Familie K. – Vater, Mutter und ein 13jähriges Mädchen namens Kerstin – hörte ein Aufklatschen, wenn sie in einem anderen Raum waren. In ihrer Gegenwart geschah nichts, und keiner hatte je eine Lache bei der Entstehung gesehen. Techniker erschienen und mußten zugeben, daß sie völlig irritiert waren und keine Ursache feststellen konnten. Ein Betrug ließ sich durch sorgfältige Beobachtung des betroffenen Zimmers ausschließen. Um 19.30 Uhr kamen Nachbarn des übernächsten Hauses und baten um Hilfe: Ganze Wasserbäche hatten sich im zweiten Stock gebildet und kamen die Treppe herunter – in solchen Massen, daß sie mit Wischlappen nicht mehr aufgenommen werden konnte. Helfer mußten, in einer Kolonne aufgestellt, das Wasser aus dem Hause fegen. Sie waren noch nicht fertig, als aus dem nächsten Haus ein Hilferuf kam: Dort zeigten sich unerklärliche Wasserlachen und -spritzer, und nach einer weiteren Stunde passierte dasselbe im anschließenden Haus, dem letzten in der Reihe. Dies hielt, mehr oder weniger konstant, drei Tage lang an.

Die Techniker drehten die Hauptwasserleitung im ersten Haus, dem der Familie K., ab, doch nichtsdestoweniger erschienen weiterhin Pfützen und Spritzer. Die Untersuchung einer Wasserprobe in einem Paderborner chemischen Labor, das beauftragt war, die Wasserver-

sorgung Scherfedes laufend zu überwachen, ergab, daß es sich dabei um gewöhnliches Wasser aus Scherfede handelte. Experten wurden auf den Plan gerufen, Bautechniker, Geologen und Hydrologen. Sie alle konnten keine vernünftige Erklärung für diese verblüffenden Geschehnisse finden und empfahlen den örtlichen Behörden und dem Amtsdirektor der Kreisverwaltung schließlich, sich an das Freiburger Institut zu wenden, da ihnen die Fälle «Rosenheim» und «Pursruck» bekannt waren. In der Zwischenzeit berichteten die Zeitungen über den «Wasser-Spuk» von Scherfede, und die Zeugen wurden im Fernsehen vorgestellt.
Das Freiburger Team traf am 4. Januar 1973 dort ein. Das letzte Phänomen war im Dezember 1972 im «Ursprungshaus» aufgetreten. Wir erfuhren, daß Männer der Feuerwehr im Haus von K. Posten bezogen hatten. Einer von ihnen berichtete, daß sich in einem kurzen unbewachten Augenblick – er hatte gerade seinen Kopf abgewandt – auf dem Küchenboden eine Pfütze gebildet hatte. Wir befragten viele Zeugen, hielten die Spuren der Wasserschäden in den verschiedenen Häusern mit der Kamera fest und konnten unschwer die Richtung von Spritzern auf den Möbeln und andere Rückstände der Wasserinvasion erkennen: große Flecken an den Zimmerdecken und Wänden sowie Hölzer des Parkettfußbodens, die sich durch die Feuchtigkeit verzogen hatten.
Phantastische Erklärungsversuche kursierten in Scherfede um die erstaunlichen Phänomene. Eine Gruppe von Einheimischen brachte sie mit dem Bau einer neuen Straßenbrücke in Zusammenhang und dachte dabei an andrängendes Grundwasser, andere äußerten die Vermutung, daß vielleicht Gase im Raum sich kondensiert niedergeschlagen hätten. Ein paar ältere Leute erinnerten daran, daß das betroffene Gebiet einmal der Kirche gehört hatte, und glaubten an dämonische Einwirkungen. Schon zu Beginn unserer Untersuchungen war ein Gerücht unüberhörbar, demzufolge der Wasser«zauber» mit der 13jährigen Tochter Kerstin der Familie K. zu tun haben mußte. Wir gingen diesen Mutmaßungen nach und fanden heraus, daß Kerstin die Angewohnheit hatte, in fremden Häusern auf die Toilette zu gehen. In zwei Fällen war beobachtet worden, daß sich eine Wasserlache genau zu der Zeit gebildet hatte, als Kerstin auf der Toilette gewesen war. Im Hause eines Feuerwehrmannes, nahe den Siedlungshäusern, war einmal eine Lache entstanden, als Kerstin von der Toilette kam. Eine der von der Eskalation zwischen dem 10. und

14. Dezember mitbetroffenen Familien verbot ihr das Haus. Auf der Toilette des dem elterlichen direkt benachbarten Hauses war sie nie gewesen. Die Familien standen auf keinem guten Fuß miteinander. Dieses Haus blieb verschont.

Es war schwierig, mit Kerstin ins Gespräch zu kommen. Sie und ihre Eltern sperrten sich gegen persönliche Fragen. Statt dessen wurden wir gefragt, warum wir unsere Aufmerksamkeit ausgerechnet auf Kerstin und nicht auch auf andere konzentrierten. Auf eine erste Befragung reagierte sie mit Tränen, so daß wir die ganze für sie vorbereitete psychodiagnostische Testbatterie nicht voll zur Anwendung bringen konnten. Aber es gelang uns schließlich doch, sie und ihre Eltern zu beruhigen, und wir waren darauf bedacht, unsere Vermutung, daß sie der «Spukauslöser» sein könnte, für uns zu behalten. Hätten wir uns – aus der Sicht der betroffenen Familie – offen auf die Seite der Gerüchtemacher im Dorf gestellt, wäre es für Kerstin und ihre Eltern eine große Belastung gewesen. Wir möchten, wenn eben möglich, die klinische Analyse des Falles fortsetzen, der bereits auf das hinweist, was der deutsche Psychoanalytiker Schultz-Hencke eine «urethrale Neurose» genannt hat, ein Syndrom, das durch den Wunsch, dominieren zu wollen, aufgrund einer entsprechend großen Ich-Schwäche charakterisiert ist.

Unter diesen Umständen teilten wir unseren Schluß, daß die Wasser-Phänomene als Psi-Phänomene wahrscheinlich durch Kerstin ausgelöst worden waren, der Behörde, die sich an uns gewandt hatte, streng vertraulich mit und gaben ihn öffentlich nur als eine unspezifische Vermutung aus.

Der Scherfede-Fall weist viele interessante Eigenheiten auf. Die hervorstechendste ist für mich die der Durchdringung von Materie, die hier mit eine Rolle zu spielen scheint. Die Analyse von Proben aus den Pfützen ergab den Befund: Leitungswasser. Höchstwahrscheinlich stammte es aus den Wasserleitungen oder dem Heizungssystem mit dem angeschlossenen Boiler. Wären wir in den drei Tagen, als das Phänomen eskalierte, an Ort und Stelle gewesen, hätten wir das Wasser in den Wasserleitungen mit Methylen-Blau und das in den Heizungsrohren mit dem roten Spezialfarbstoff «Eosin» eingefärbt. Eine andere verblüffende Eigenheit stellt die Entfernung zu dem wahrscheinlichen Auslöser Kerstin dar: Sie war längst nicht immer in den Häusern, in denen sich die Phänomene zeigten. Das letzte betroffene Haus steht ungefähr 300 Meter von dem der Familie K. entfernt.

Die Phänomene weisen keinerlei Anzeichen einer Intensitätsminderung auf – in dem Sinne, wie sie Artley und Roll (ARTLEY und ROLL 1971) in ihrem Konzept der «exponential decay curve» vorgestellt haben, einer raum-zeitlichen Korrelation zwischen einer auslösenden Person und den betreffenden Störungen. Ich kann in diesem Fall nicht den mindesten Hinweis auf eine «Umwandlung von Psi-Energie in kinetische Energie» finden, die diese Autoren im Sinne ihrer Ergebnisse vorschlagen.

Soziologisch betrachtet, stellt der Scherfede-Fall ein weiteres Beispiel für den Einstellungswandel gegenüber unerklärlichen Phänomenen in einer naturwissenschaftlich konzipierten Welt dar: Die weitverbreitete Information über Spuk-Phänomene veranlaßt offizielle Stellen, eine parapsychologische Untersuchung zu beantragen.

Wie durch einen sinnvollen Zufall fand ich bei meiner Rückkehr aus Scherfede auf meinem Schreibtisch eine Ausgabe der italienischen Zeitschrift «Annabella» mit einem Artikel «In questo bambino c'è il demonio?» («Ist dieses Kind vom Teufel besessen?») – der Geschichte eines neunjährigen Jungen, der, wegen einer infektiösen Hepatitis in der Klinik San Francesco in Nuoro (Sardinien) untergebracht war und dort «Wasser aus dem Boden spritzen und Möbelstücke umfallen ließ, ohne sie zu berühren». Dies geschah Ende November 1972. In dem Artikel kommt der Direktor der Klinik, Prof. Giuseppe Marras, zu Wort. Er schreibt: «Das Phänomen der Wasserspritzer auf dem Boden ist zweifellos echt. Ich habe es mit eigenen Augen gesehen. Ich verstehe, daß die Leute eine Erklärung verlangen; aber ich muß gestehen: Ich habe keine. Soll ich von Psychokinese, Parapsychologie und derlei sprechen? Ich könnte es, doch sie wissen sehr wohl, daß dieser neue Zweig der Wissenschaft diese Dinge auch nicht erklären kann.» Es wird auch über andere unerklärliche Wasser-Vorfälle berichtet. Es würde sich lohnen, diesen Fällen von RSPK gründlich nachzugehen.

Das wachsende Interesse an Psi-Phänomenen in der Bundesrepublik, das teilweise durch aufregende Berichterstattung in den Massenmedien geschürt wurde, führte zu öffentlichen Diskussionen mit namhaften Physikern. So lud z.B. die Katholische Akademie der Erzdiözese Freiburg zweimal Vertreter der theoretischen und der experimentellen Physik zu Podiumsdiskussionen mit Parapsychologen ein. Wolfgang Büchel (Bochum), Helmut Hönl (Freiburg i. Br.), Pascual Jordan (Hamburg), Jürgen Petzold (Marburg), alles bekannte Professoren der Physik – und Friedbert Karger (Max-Planck-Institut für Plasmaphysik, München) ließen ASW und PK faktisch gelten und nahmen sie als Herausforderung an ihre Wissenschaft an. Für die Integration von Psi in den gegenwärtigen Rahmen der Naturwissenschaft konnte kein wissenschaftlich schlüssiges Modell angeboten werden, und in bezug auf RSPK und PK wurde auf breiter Basis diskutiert, ob Phänomene in der Welt der Materie, die zusammen mit psychischem Geschehen auftreten, je Gegenstand der Physik als der Wissenschaft von der Materie werden können.

Lassen Sie mich mit zwei der abschließenden Statements, welche die Physiker bei der Podiumsdiskussion abgaben, zum Ende kommen. Prof. Jordan sagte:

> Wenn wir die parapsychologische Erscheinung des sog. ‹Hellsehens› als real beurteilen, dann wäre es physikalisch geradezu unfolgerichtig, die Möglichkeit von PK prinzipiell zu bezweifeln; denn es ist eine der allgemeinsten und tiefgründigsten Prinzipien der Physik, daß jede Wirkung von einer entsprechenden Rückwirkung begleitet ist. Wenn also in Form von Hellsehen eine paranormale Beeinflussung psychischer Zustände durch objektive Tatsachen der Außenwelt vorkommt, dann sollte es logischerweise auch als Umkehrung dazu eine Beeinflussungsmöglichkeit für psychische Kräfte, gerichtet auf Gegenstände der Außenwelt, geben.

Dr. Karger sagte:

> Wir haben einen Psychokinese-Fall besonders intensiv untersucht, das war 1967 der Fall Rosenheim. Bei diesen Untersuchungen kamen wir zu dem Schluß, daß er mit den heutigen Mitteln der theoretischen Physik nicht erklärbar ist, wir ihn aber dennoch mit den Mitteln der gleichen experimentellen Physik feststellen mußten. Ich kann wie mein Vorredner kein Mittel anbieten, das zur Erklärung dieser Phänomene geeignet ist. Daß es sie gibt, haben wir mit letzter Sicherheit feststellen können.

Spuk-Phänomene stellen, so glaube ich, eine «via regia» oder den Königsweg zu einem umfassenden Verständnis des Menschen, seiner Stellung in der Natur und der Natur selbst dar. Sicherlich ist die Zeit gekommen, unsere antiquierten Vorurteile über Bord zu werfen.

LITERATURHINWEISE

Artley, J. L., Roll, W. G.: Mathematical Models and the Attenuation Effect in Two RSPK (Poltergeist) Cases. Proc. of the Parapsychol. Assoc. Nr. 5 (1968) S. 29–31. [Vergl. dazu auch den Beitrag von Roll, W. G.: Kann man den Poltergeist mit dem Bandmaß fangen? In: Bauer, E. (Hrsg.): Psi und Psyche. Neue Forschungen zur Parapsychologie. Deutsche Verlagsanstalt Stuttgart 1974, S. 169–186]

Bender, H.: An Investigation of «Poltergeist» Occurences. Proc. of the Parapsychol. Assoc. Nr. 5 (1968) S. 31–33
Bender, H.: New Developments in Poltergeist Research. Presidential Address, Twelfth Annual Convention of the Parapsychological Association, New York City, Sept. 5, 1969. Proc. of the Parapsychol. Assoc. Nr. 6 (1969) S. 81–102. [Ebenfalls in Deutsch erschienen in Z.P.G.P. *12* (1970) S. 1–18. Eine von E. Bauer herausgegebene, wesentlich erweiterte Fassung findet sich in Moser, F.: Spuk – ein Rätsel der Menschheit. Walter-Verlag Olten, Freiburg i. Br. 1977, S. 349–387]
[Bender, H.: Der Rosenheim-Spuk – ein Fall spontaner Psychokinese. Z.P.G.P. *11* (1968) S. 104–112]
Bjerre, P.: Spökerier. Centrum Stockholm 1947
Glanvil, J.: Sadducismus Triumphatus, or, A Full and Plain Evidence Concerning Witches and Apparitions. In two parts, 4th edition, London 1721. [deutsch: Sadducismus triumphatus oder vollkommener und klarer Beweis von Hexen und Gespenster- oder Geistererscheinungen. (Zum erstenmal aus dem Englischen übertragen) Hamburg 1701)]
Karger, F., Zicha, G.: Physical Investigation of Psychokinetic Phenomena in Rosenheim, Germany 1967. Proc. of the Parapsychol. Assoc. No. 5 (1968) S. 33–35 [deutsch: Physikalische Untersuchung des Spukfalls in Rosenheim 1967. Z.P.G.P. *11* (1968) S. 113–131]
Mischo, J.: Personality Structure of Psychokinetic Mediums. Proc. of the Parapsychol. Assoc. No. 5 (1968) S. 35–37 [deutsch: Zur Persönlichkeitsstruktur psychokinetischer Medien. Z.P.G.P. *12* (1970) S. 19–25]
Moser, F.: Spuk – ein Rätsel der Menschheit. Walter Verlag Olten, Freiburg i. Br. 1977. [Nachdruck des Werkes: Spuk – Irrglaube oder Wahrglaube. Mit einem Vorwort von C. G. Jung. Gyr-Verlag, Baden bei Zürich 1950. Mit einem Nachwort von H. Bender]
Owen, A. R. G.: Can we explain the Poltergeist? Garrett Publications New York 1964
Pratt, J. G., Roll, W. G.: The Seaford Disturbances. J. Parapsychol. *22* (1958) S. 79–124 [Gekürzte deutsche Übersetzung: Die Vorfälle in Seaford. Z.P.G.P. *2* (1958/59) S. 86–103]
Roll, W. G.: The Poltergeist. Nelson Doubleday, New York 1972 und New American Library PB, New York 1973 [Ins Deutsche übertragen von Ch. Lübke: Der Poltergeist. Aurum-Verlag, Freiburg i. Br. 1976]
Sitwell, S.: Poltergeists. Faber, London 1940
Thurston, H.: Ghosts and Poltergeists. Henry Regnery, Chicago 1954 [deutsch: Poltergeister. Räber Verlag, Luzern 1955]
Tizané, E.: Sur la piste de l'homme inconnu. Les phénomènes de hantise et de possession. Amiot – Dumont, Paris 1951
[Wimmer, W.: Die merkwürdige Wissenschaft der Spukprofessoren. Neue Erkenntnisse der Parapsychologie. Kriminalistik *24* (1970) S. 329ff.]

WILLIAM G. ROLL

Das Problem des Weiterlebens nach dem Tod in neuer Sicht*

ÜBERBLICK

Vielen zeitgenössischen Philosophen, die den Begriff der personalen Identität untrennbar verknüpft mit der Identität des Körpers ansehen, erscheint es zweifelhaft, ob es überhaupt sinnvoll ist, von entkörperlichten Existenzen zu sprechen [disembodied existence]. Der Autor übernimmt jedoch seinen Ausgangspunkt von dem späten C. D. Broad, dem berühmten Philosophen aus Cambridge, der, wie auch ein Großteil der Menschheit, keine Schwierigkeiten darin sah, die logische Möglichkeit des Überlebens seines eigenen körperlichen Todes zuzugestehen und der sogar glaubte, daß hinreichende empirische Beweise vorlägen, um eine solche Annahme plausibel zu machen. Als Pessimist, was die Bedingungen, unter denen Menschen leben [müssen], anbetrifft, und als Agnostiker war Broad nicht gerade von dieser Aussicht begeistert, aber als Philosoph war es sein prinzipielles Anliegen, einen solchen Zustand des Daseins begrifflich zu fassen.

Der Autor, der Direktor eines Institutes ist, das sich in besonderer Weise der wissenschaftlichen Erforschung des Problems des Überlebens gewidmet hat, unternimmt keinen Versuch, das Beweismaterial für ein Leben nach dem Tode zu bewerten. So bezieht er sich beispielsweise nicht auf die Literatur der berühmten «Kreuzkorrespondenz», die im ersten Teil dieses Jahrhunderts von der S.P.R. [*S*ociety for *P*sychical *R*esearch] zusammengetragen worden ist, noch bezieht er sich auf irgendeinen der klassischen Fälle, die im Lauf der Jahre gesammelt worden sind. Statt dessen beginnt er mit einer Diskussion über neue Zugänge zu [diesem] Problem und über eine neue Art und Weise, über das Problem nachzudenken. Im besonderen befaßt er sich mit der Frage nach der traditionellen Annahme, wonach «das Selbst, das überlebt, die Persönlichkeit ist, die uns aus den alltäglichen sozialen Kontakten und unserer eigenen Introspektion her vertraut ist». Er weist auf die häufigen Verwirrungen und Widersprüche hin, die bei der Kommunikation in Seancen dann im Überfluß auftreten, wenn die Mitteilenden selbst sich ihrer eigenen Identität nicht sicher sind. Vielleicht sind wir, so vermutet er, auf der falschen Spur, wenn wir «das Überleben des Bewußtseins mit dem Überleben der Persönlichkeit gleichsetzen».

Roll führt seinen hypothetischen Begriff des «Theta-Bewußtseins» ein, das definiert wird als die Form des Bewußtseins, die nach der Loslösung vom lebenden Organismus noch weiter bestehen bleibt. Er stellt dann die Frage, ob irgendwelche Anzei-

* Zitate aus C. D. Broad (1962): Lectures von Psychical Research. Humanities Press, Inc., New York und Routledge & Kegan Paul, Ltd., London.

chen eines solchen Theta-Bewußtseins bei den Erfahrungen noch Lebender ausfindig gemacht werden können. Von diesem Gesichtspunkt her werden zwei Arten von Erfahrungen überprüft. Zum ersten sind da die sogenannten außerkörperlichen Erfahrungen [AKE, auch früher Seelenexkursionen genannt; in englisch: out-of-body-experiences (OBE)], für die es viele Belege gibt. Solche, die das Glück haben, derartige Erfahrungen machen zu können, behaupten zu wissen, was es heißt, in der Lage zu sein, die Welt, einschließlich des eigenen Körpers, von einem Punkt irgendwo im äußeren Raum sehen zu können. Obwohl man sich dies mit hoher Wahrscheinlichkeit als nichts anderes als eine eher besondere Art von Halluzination denken kann, gibt es doch einige Hinweise dafür, daß Information in Übereinstimmung mit der Wirklichkeit unter dieser Bedingung paranormal erworben werden kann.
Zum zweiten gibt es die verschiedenen mystischen Erfahrungen, zu denen immer ein Aufgehen des eigenen Selbst in eine größere Wesenheit [entity] zu gehören scheint, obwohl sie verschiedene Formen in Abhängigkeit vom kulturellen oder religiösen Hintergrund der Versuchsperson annehmen können. Im letzteren Falle beschreibt das Individuum im Nachhinein seinen Zustand als ein Einssein mit dem Kosmos als Ganzem. Eben diese Auflösung der Grenzen des Selbst nennt der Verfasser «Transpersonales Bewußtsein» (TC) [transpersonal consciousness], und er erörtert den Zusammenhang mit der medialen Begabung, mit dem Wahrnehmen der Gedanken anderer Personen und mit den Emotionen, die in tiefer Hypnose auftreten, und den Wirkungen psychedelischer Drogen.
Wie der Autor jedoch selbst ausführt, bedeutet die Aussage, daß «das Bewußtsein sich *über* den Körper *hinaus* erstrecken kann», nicht, daß das Bewußtsein «*unabhängig* vom Körper wäre, daß es gesondert vom physikalischen Organismus existieren könne». Was wir vom Standpunkt der Überlebensproblematik wirklich brauchen, ist sowohl für den Fall der Seelenexkursion wie des transpersonalen Bewußtseins irgendeinen Beweis dafür, daß die Aktivitäten des Zentralen Nervensystems, die bei der normalen Perzeption und Kognition eine Rolle spielen, während solcher Erfahrungen nicht oder zumindest reduziert vorhanden sind. Insoweit ist, das gibt er zu, kein definitiver Beweis erbracht worden, obwohl neuere psychophysiologische Untersuchungen geringfügige Hinweise gebracht haben, daß etwas von dieser Art zutreffen könnte. Geschieht beispielsweise eine Seelenexkursion [out-of-body experience] während des Schlafes, so wird sie nicht, wie dies beim normalen Träumen der Fall ist, von REM-Phasen [rapid-eye-movement] begleitet. Er hätte auch erwähnen können, daß es einige anekdotische Hinweise darauf gibt, daß out-of-body-Erfahrungen auftreten können, wenn die Versuchsperson unter Narkose steht oder nach einem Unfall und einer Gehirnerschütterung offenkundig bewußtlos ist. Was das transpersonale Bewußtsein anbelangt, so führt er Belege an, die zeigen, daß es eine globale Abnahme der EEG-Amplitude während tiefer Hypnose gibt, allerdings gibt er zu bedenken, daß dies nicht mehr als ein Nachlassen der Synchronisation der kortikalen Zellengruppen widerspiegeln könnte. Er erwähnt auch die Ergebnisse gewisser japanischer Untersucher, wonach während der Zen-Meditation ein allgemeiner Abfall der Energie des Stoffwechsels erfolgt. Dies können nicht mehr als bescheidene Anhaltspunkte sein, doch setzt sich der Autor dafür ein, daß zum gegenwärtigen Zeitpunkt durch eine solche Forschung an lebenden Versuchspersonen der aussichtsreichste Weg für die jahrhundertealte Frage nach dem Überleben eröffnet wird.

Der Herausgeber

«Ich sollte eigentlich eher etwas ärgerlich als überrascht sein, sollte ich entdecken, daß mein Ich nach dem Tode meines derzeitigen Körpers in gewisser Weise weiter existieren würde. Man kann nur warten und sehen, oder, was nicht weniger wahrscheinlich ist, ebenfalls warten und nicht sehen» (Broad 1962, S. 430). Diese Bemerkung von C. D. Broad, die er am Ende einer Überprüfung der Überlebenshypothese und dessen, was dafür spricht, äußerte, lehrt uns zweierlei: Der Beweisstand war nach der Meinung von Broad bestenfalls suggestiv, und Broad wünschte nicht zu überleben.

Die meisten von uns würden wohl mit Broads Einschätzung der Evidenz des Überlebens einverstanden sein, aber warum wollte er nicht überleben? Das mag eine persönliche Angelegenheit sein, aber es läßt einen Glauben an die mögliche Welt nach dem Tod erkennen, der zeigt, wie Parapsychologen oftmals dieses Forschungsgebiet angehen: «Wenn es ein anderes Leben geben sollte, kann man seine Möglichkeiten nur durch Analogien mit den aktuellen Geschehnissen des Lebens auf der Erde beurteilen. Nichts, was ich vom Leben und den Umständen der meisten menschlichen Wesen in Gegenwart und Vergangenheit kenne, ermuntert mich dazu, den Wunsch zu hegen, ein Zusammentreffen mit ähnlichen Möglichkeiten nach dem Tode zu wagen.» (Broad 1962, S. 10).

Was ich hier herausstreichen möchte, ist die Ansicht, daß das Leben nach dem Tod – wenn es ein solches gibt – ähnlich dem Leben vor dem Tode ist, und daß das Selbst, das überlebt, die Persönlichkeit ist, die uns aus den alltäglichen sozialen Kontakten und unserer eigenen Introspektion her vertraut ist.*

Diese Art des Nachdenkens hat bis zum jetzigen Zeitpunkt die Möglichkeiten und Grenzen der Überlebensforschung bestimmt. Wenn es kein Überleben des Bewußtseins ohne Überleben von Gedächtnisinhalten, psychologischen Einstellungen, Fähigkeiten und so fort geben kann, dann ist es bei ihrem Fehlen offenbar nutzlos, nach einem überlebenden Bewußtsein zu forschen. Werden umgekehrt überlebende Gedächtnisinhalte, persönliche Züge usw. durch das Bewußtsein beseelt, würden wir einen Beweis für dieses Bewußtsein erhalten, wenn wir den Beweis für die Fortdauer der Gedächtnisinhalte usw. hätten.

* Siehe das Nachwort zu diesem Kapitel. [Der Verf.]

Auf der Grundlage solcher Überlegungen haben die Parapsychologen ihre Aufmerksamkeit auf Gedächtnisinhalte und andere Indizien der personalen Identität gerichtet. Um die Möglichkeiten und Probleme eines solchen Ansatzes zu illustrieren, nehme man als Beispiel ein Medium, das mit einer verstorbenen Person zu kommunizieren scheint, und lasse sich beispielsweise Ereignisse aus dem irdischen Leben dieser Person beschreiben. Der Untersucher muß sich zuerst vergewissern, daß das Medium die Information nicht auf normalem Wege erhalten haben kann. Ist es offenkundig, daß die Information anders als auf bekanntem Wege erhalten worden ist, also über ASW, erhebt sich eine andere Frage: Kam diese (ASW) Information von dem Verstorbenen, oder erhielt das Medium sie aus einer anderen Quelle? Die meisten Parapsychologen, die mit Medien arbeiten, haben sich nur um die erste Frage gekümmert – und damit hatten sie alle Hände voll zu tun. In kontrollierten Tests erreichen Medien selten die verblüffenden Ergebnisse mancher ungezwungener «Sitzungen» oder «Lesungen». Daher bekommt die Möglichkeit zufälliger Übereinstimmung für den Experimentator ebensoviel Bedeutung wie bei irgendeiner anderen Art des ASW-Tests. Wichtige Beiträge zur statistischen Abschätzung mediumistischer Aussagen sind von H. F. Saltmarsh und S. G. Soal (SALTMARSCH, SOAL 1930–31), von J. G. Pratt (PRATT 1948, 1969) und durch Mitglieder der Psychical Research Foundation (MORRIS 1972; ROLL und BURDICK 1969; BURDICK und ROLL 1971; sowie ROLL, MORRIS, DAMGAARD, KLEIN und ROLL 1973) geleistet worden. In Experimenten mit Medien, bei denen diese Methoden angewendet wurden, schien es unwahrscheinlich, daß die Ergebnisse dem Zufall zugeschrieben werden konnten. Dasselbe gilt für die von Ian Stevenson (STEVENSON 1966) gesammelten Reinkarnationsfälle. Und es gibt schließlich eine hinreichende Anzahl von Berichten über sichtbare Erscheinungen, um auch für diese die ASW-Hypothese in Betracht zu ziehen (HART 1956 und TYRELL 1961).

Es gibt gelegentliche Berichte über physikalische Ereignisse im Zusammenhang mit dem Sterben, d.h. Beispiele für Psychokinese. Neulich kam eine Frau zu mir, weil einige Bilder an der Wand ihres Hauses ständig herunterfielen. Sie brachte die Ereignisse in Verbindung mit ihrem verstorbenen Gatten, da beim ersten herabgefallenen Bild ihre Heiratsurkunde auf der Rückseite angebracht gewesen war. Solche Ereignisse übermitteln auch *Information*, d.h., sie enthalten ein ASW-Element. Im Fall des Bildes kommt die Information durch die

Auswahl eines Gegenstandes, der mit dem Verstorbenen assoziiert wird, aus Gegenständen zustande, die ebenfalls mittels Psychokinese hätten beeinflußt werden können.

Wenn wir nun offenkundige Fälle von Überleben, die eine Evidenz für ASW beinhalten, ernst nehmen, wird dieselbe Evidenz zur Quelle der hauptsächlichen Gegenhypothesen zum Überleben. Man kann leicht sehen, warum dies so ist. In dem Augenblick, in dem wir die früheren Umstände oder psychologischen Charakteristiken einer verstorbenen Person, die durch ein Medium zu kommunizieren scheint, verifiziert haben, haben wir auch schon eine existierende Quelle gefunden, von der das Medium diese Information mittels ASW hätte erhalten haben können, ohne sich auf den angeblichen Mitteiler [communicator] zu beziehen. Dasselbe gilt für andere augenscheinliche Manifestationen des Toten.

Die Theorie, wonach die augenscheinlichen Kommunikationen mit den ASW-Kräften des Mediums erklärt werden können, ist durch einige Eigentümlichkeiten bei diesem Typ des Materials wieder bekräftigt worden. Es herrscht eine erhebliche Verwirrung darüber, zu wem Gedächtnisinhalte nun «gehören» [ownership of memories]. Manchmal hat ein Mitteiler [communicator] einen klaren Gedächtnisinhalt über ein Ereignis, das nie stattfand, oder er mag sich an etwas «erinnern», was im Leben eines anderen Mitteilers vorgefallen ist. Es gibt gelegentlich Kommunikationen von Personen, bei denen sich nachher herausstellt, daß sie am Leben sind. Ein anderes Mal erscheinen völlig fiktive Mitteiler; diese werden nicht nur vom Medium als echt akzeptiert, sondern auch von den anderen Mitteilern. Manchmal stellt sich bei einem Mitteiler, der sich selbst zunächst als die eine Person bezeichnet, heraus, daß er jemand anderes ist.

Wenn die Persönlichkeit, die den Tod überlebt, im wesentlichen die Persönlichkeit ist, die vor dem Tode existierte, müßten wir Gedächtnislücken erwarten. Schwieriger ist es, die Verwirrung über die Eignerschaft der Gedächtnisinhalte und über die persönliche Identität zu erklären. In der Regel wird Material wie dieses als Beweis für das Überleben zurückgewiesen. Statt dessen wird generell angenommen, daß die vermischten Gedächtnisinhalte und die fiktiven Mitteiler Ergebnisse unbewußter Prozesse im Medium sind. Von da aus ist es dann nur noch ein kleiner Schritt zu sagen, daß dies auch für die bestätigten [verified] Mitteiler wahr ist und daß auch sie fiktive Charaktere darstellen, errichtet um einen Kern von ASW-Information, die das

Medium von existierenden Quellen erhalten hat. Es ist noch eine ganze Menge für und gegen einen Beweis gesagt worden, wonach die Gesamtheit von Gedächtnisinhalten, psychologischen Zügen usw., auf die zusammen wir uns als die menschliche Persönlichkeit beziehen, den Tod des Körpers überlebe. Aber es gibt eine Frage, die wir uns noch nicht ernsthaft gestellt haben. Es ist dies die Frage, ob wir das Überleben des Bewußtseins mit dem Überleben der Persönlichkeit gleichsetzen können.

Dies ist zu einem gewissen Grade das, was wir unter Überleben verstehen: daß das Bewußtsein, das überleben soll, vor dem Tode vorhanden war. Es sollte deshalb, wie Broad vorschlug, möglich sein, eine Vorstellung davon zu bekommen, wie das Leben nach dem Tode aussehen mag, indem man das Leben vor dem Tode einer Überprüfung unterzieht. Aber zu sagen, daß das post-mortem-Bewußtsein schon im Leben existiert, ist nicht gleichbedeutend damit, daß dies das Bewußtsein der alltäglichen, wachen Erfahrung sei; d.h. das Bewußtsein, das mit Neigungen, Gedanken, Fähigkeiten und dergleichen verknüpft ist, das das ausmacht, worauf wir uns als die Persönlichkeit eines Lebewesens beziehen.

ÜBERLEBENSFORSCHUNG MIT DEM LEBENDEN

Um die Diskussion zu erleichtern, sollte ich auf das Bewußtsein Bezug nehmen, das den Tod als Theta-Bewußtsein überlebt. (Theta ist der erste Buchstabe von Thanatos, dem griechischen Ausdruck für Tod, nicht die Gehirnwelle mit dieser Bezeichnung.) Es gibt verschiedene Arten von Bewußtsein, von denen das Wachbewußtsein, das den meisten von uns die meiste Zeit der Erfahrung gegenwärtig ist, nur eine Art ist. Zum Traumbewußtsein, von dem mehrere Typen existieren, kommen Zustände des Bewußtseins hinzu, die Ergebnisse des Hypnotisiertwerdens sind, dem sich Einlassen auf Meditation, der Einnahme von Drogen usw. Die bestehende Frage ist nun, welches die Charakteristiken des Theta-Bewußtseins sein könnten.

Erstens muß das Theta-Bewußtsein fähig sein, ohne lebenden Organismus existieren zu können. Zweitens muß das Theta-Bewußtsein, wenn es eine Wechselwirkung zu den Verstorbenen nach dem Tode und vielleicht zwischen dem Toten und dem Lebenden als einer mediumistischen Kommunikation gibt, psychische Fähigkeiten besitzen

(oder vielleicht selbst ein Zustand der psychischen Aufmerksamkeit oder Aktivität sein).
Bei dem Bewußtseinszustand, den wir im Auge haben, ist die Kenntnisnahme nicht durch die Grenzen des Körpers beschränkt, und es wird möglich, Ereignisse jenseits der Reichweite der sinnlichen Wahrnehmung an den Stellen zu erfassen, bis zu denen das Bewußtsein «reicht» [extend].
Immer wieder berichteten Personen davon, daß sich ihr Selbst oder «Ich» über die Grenzen des Körpers hinaus bewegte. Die Erfahrungen reichen von dem Gefühl, daß etwas mit dem Wachbewußtsein Vergleichbares den physikalischen Körper verläßt und einen anderen bestimmten Platz in Raum und Zeit einnimmt bis hin zu dem Gefühl, daß das Selbst gleichzeitig alle Räume und Zeiten besetzt. Die erste Art der Erfahrung findet sich in den sogenannten Out-of-body-Erfahrungen (OBE), auch reisendes Hellsehen [travelling clairvoyance], ASW-Projektion* usw. genannt. Die zweite Art der Erfahrung kennt verschiedenste Namen, in Abhängigkeit von dem kulturellen und religiösen Hintergrund der jeweiligen Person. Zen-Buddhisten nennen es «satori» [Erleuchtung/enlightment], und Hindus bezeichnen es als «satchidananda» [existence-knowledge-bliss = Existenz-Wissen-Glückseligkeit]. Von Abraham Maslow (Maslow 1964) wurde es das Gipfelerlebnis [peak-experience] genannt. Ich werde hier den Ausdruck transpersonales Bewußtsein [transpersonal consciousness (TC)] verwenden, wobei transpersonal definiert ist (durch Webster) als eine Ausdehnung über das Personale oder Individuelle hinaus.

AUSSERKÖRPERLICHE ERFAHRUNGEN (OUT-OF-BODY EXPERIENCES)

Eine siebenundvierzig Jahre alte Frau berichtete mir über die folgenden Erfahrungen in einem Brief:

Während meines ganzen Lebens bin ich in der Lage gewesen, meinen Körper während des Schlafens zu verlassen... Die ungewöhnlichste Erfahrung ... geschah im August 1971. Ich wußte, daß ich schlief und daß es Zeit zum Aufstehen war und daß ich in den Körper zurückkehren mußte, um ihn zu wecken. Ich kam durch die Luft,

* Anmerkung des Übersetzers: d.h. Seelenwanderung oder Seelenexkursion

schwebte knapp unter der Decke, ging durch meine Küche und Flur und in mein Schlafzimmer, wo ich meinen eigenen Körper in einer vertrauten Stellung auf dem Bauch liegen sah, das Gesicht nach Westen gedreht. Was für ein Schreck, auf sich selbst herunter zu blicken und sein eigenes Gesicht und die Haare zu sehen! Ich kam schnell herunter und trat in meinen Körper von rückwärts wieder ein. Es ist ein noch größerer Schreck, mit dem eigenen Körper in Berührung zu kommen. Es braucht für den fliegenden Körper wenige Sekunden, um sich derselben Stellung wie der des schlafenden Körpers anzupassen, dann sagt der Verstand dem Körper, daß er seine Hände bewegen und die Augen öffnen solle. Ich wachte auf und fand mich in derselben Stellung, wie ich sie von der Luft aus gesehen hatte.

Die Erfahrung der Seelenwanderung mag einen Menschen davon überzeugen, daß sein Bewußtsein außerhalb des Körpers existieren kann, wie aber kann ein solcher Glaube nachgeprüft werden?
Im Augenblick können wir solche Erfahrungen von privaten Träumen und Phantasien nur dann unterscheiden, wenn sie mit ASW- oder PK-Phänomenen verbunden sind, d.h., wenn es einen Hinweis dafür gibt, daß die Person in der Lage ist, tatsächlich Ereignisse an dem Ort zu beobachten, zu dem das Bewußtsein gereist ist, oder wenn es Beweise dafür gibt, daß sie mit physikalischen Gegenständen dort wechselwirken kann. Es ist jedoch selten, daß jemand auf Verlangen eine solche Out-of-body-Erfahrung hervorbringen kann. Im ganzen sind bis vor kurzem nur wenige experimentelle Untersuchungen auf diesem Gebiet durchgeführt worden. Eine davon war eine exploratorische Untersuchung von Charles T. Tart (Tart 1969) mit einer jungen Frau, die bisweilen nachts das Gefühl hatte, nahe der Decke ihres Schlafzimmers zu schweben und auf ihren Körper herunter zu schauen. Tart schlug ihr vor, sie möge die Zahlen eins bis zehn auf zehn Papierzettel schreiben und einen davon zufälligerweise, ohne darauf zu schauen, nehmen und ihn auf ihren Schlafzimmertisch legen, ohne daß er vom Bett aus sichtbar wäre, wohl aber von der Decke aus. Als die Frau berichtete, sie habe dies siebenmal getan, jedesmal erfolgreich, lud Tart sie ein, dasselbe in einem psychophysiologischen Laboratorium zu versuchen. In jeder der vier Nächte, die sie dort schlief, schrieb Tart eine fünfstellige Zahl, die er aus einer Zufallszahlentabelle entnahm und plazierte sie auf ein Wandregal, etwa 2,10 m über ihrem Bett. Die junge Frau berichtete mehrere Male über Out-of-body-Erfahrungen, aber erst während der letzten Nacht glaubte sie die Zahl zu sehen und gab sie korrekt als 25132 an. Obwohl nur *ein* [Hervorhebung vom Übersetzer] Rateversuch gemacht wurde, ist dieses Ergebnis statistisch hochsignifikant. Tart beobach-

tete sie während der ganzen Zeit nicht, so daß Betrug nicht mit Bestimmtheit ausgeschlossen war. Sie war jedoch an einen Elektroenzephalographen angeschlossen, der ihre Hirnwellen registrierte, so daß sie in betrügerischer Absicht das Bett nicht verlassen haben konnte, ohne die Aufzeichnung zu unterbrechen. Eine andere OBE-Versuchsperson [OBE als Abkürzung für Out-of-Body Experience], die von Tart untersucht wurde, ergab weniger definite Hinweise für ASW. Tart verwendete in beiden Untersuchungen Aufzeichnungen von Hirnwellen, erhielt aber keine in sich stimmigen gemeinsamen Merkmale.

Forschungen auf dem Gebiet der außerkörperlichen Erfahrungen werden nunmehr sowohl von der American Society for Psychical Research in New York als auch der Psychical Research Foundation in Durham, North Carolina, durchgeführt. Eindeutige Ergebnisse sind bisher noch nicht zu verzeichnen, aber es mag von Interesse sein, die verwendeten Prozeduren zu skizzieren. An beiden Orten werden Versuche unternommen, die entscheiden sollen, ob das Selbst in irgend einem Sinne den physikalischen Körper «verläßt» oder aber die Möglichkeit besteht, daß die ASW-Eindrücke dem Körper zugetragen werden und der Aspekt des «Reisens» nur eine Einbildung ist. Bei der American Society benutzt Dr. Karlis Osis eine besonders aufgebaute Zielbox, um diese Frage aufklären zu helfen. Einer der Targets, die bisweilen in dieser Box verwendet werden, ist der kleine Buchstabe «d». Die Box ist umschlossen bis auf eine Seite, wo sich eine Öffnung befindet. Eine Spiegeleinrichtung bewirkt, daß das «d» von der Öffnung her wie ein «b» erscheint. Die Versuchsperson, die sich in einem anderen Raum aufhält, wird angewiesen, sich auf außerkörperliche Weise in den Targetraum «zu begeben» und über das Target zu berichten. Die Annahme besteht nun darin, daß, wenn die Versuchsperson normale ASW verwendet, das abdeckende Material, aus dem die Box besteht, kein Hindernis darstellt und sie den Buchstaben «d» «sieht». Ist sie jedoch in einem Out-of-body-Zustand, wird die Targetbox undurchsichtig erscheinen. In diesem Falle wird sie nur in der Lage sein, den Buchstaben von dem offenen Ende [der Box] her zu «sehen» und daher ein «b» angeben.

Während der Experimente wurden von der Versuchsperson die Hirnstromkurven aufgezeichnet und mit den Aufzeichnungen vor und nach der OBE verglichen. An der Psychical Research Foundation wurden ebenfalls Hirnwellen von den OBE-Versuchspersonen abgenommen. Gegenwärtig verwenden wir mehr oder weniger herkömmliche ASW-Targets. Unsere Hauptanstrengung gilt dem Aufspüren der OBE-Versuchsperson am Ort des Targets. Es gibt anekdotische Berichte, daß eine Person, die ihren Körper verlassen hatte, an dem Ort gesehen oder gefühlt worden sei, zu dem sie sich begeben hatte, und daß sie zufälligerweise einen Gegenstand an diesem Ort physikalisch beeinflußte, sagen wir ein Buch aus dem Bücherregal zog. Als Detektoren verwenden wir gegenwärtig hauptsächlich Personen, aber wir beginnen ebenso Tiere und physikalische Instrumente für diesen Zweck zu explorieren.

Die mögliche Relevanz der Out-of-body-Erfahrungen zum Überlebensproblem ist von vielen Parapsychologen angeführt worden. Das Thema war von besonderem Interesse für den späteren Hornell Hart. Er erstellte einen Überblick (Hart 1956) über die Berichte von Erscheinungen Verstorbener und verglich diese mit Erscheinungen lebender Personen, wenn diese ihre Out-of-body-Erfahrungen hatten. Hart kam zum Schluß, daß die «projizierten Persönlichkeiten Träger ganzer Gedächtnisse und Absichten» seien. Da bewußte OBE-Erscheinungen lebender Personen in vieler Hinsicht den Erscheinungen Verstorbener glichen, glaubte Hart, daß die letzteren ebenso «die Gedächtnisse und Absichten der Persönlichkeiten, die sie repräsentieren, mit sich tragen und so einen Beweis für das Überleben der Persönlichkeit über den körperlichen Tod hinaus konstituieren».

Wenig Parapsychologen sind bereit, die Überlebenshypothese aufgrund der Sichtungen von Erscheinungen zu akzeptieren. Die Fälle sind zu spärlich und unsicher, als daß man sie als Beweis für irgend etwas akzeptieren könnte. Jedoch scheint die Überlegung von Hart, daß wir etwas über das mögliche Leben nach dem Tode durch Untersuchungen der Out-of-body-Erfahrungen Lebender erfahren könnten, vernünftig zu sein. Die Ergebnisse, die meiner Meinung nach einen Ausschlag zugunsten des Überlebens sein könnten, würden Klarheit darüber schaffen, ob die Aktivitäten des zentralen Nervensystems, die zu den Wahrnehmungs- und anderen Bewußtseinsleistungen gehören, während der Out-of-body-Erfahrung reduziert sind. Insofern gibt es keine Anzeichen dafür, daß dies der Fall sein könnte. Es scheint jedoch, daß die schnellen Augenbewegungen (REM-Phase), aus denen man ablesen kann, ob eine Person visuelle Träume hat oder nicht, während des Out-of-body-Zustandes nicht oder nur reduziert vorhanden sind. Sollte sich dies bestätigen, würden

die Out-of-body-Erfahrungen zumindest eine vom gewöhnlichen Träumen verschiedene Art mentaler Aktivität darstellen.
Ob nun das Bewußtsein, das den Körper zeitweise während einer Out-of-body-Erfahrung zu verlassen scheint, dasselbe Bewußtsein ist, das den Körper für immer nach dem Tode verläßt oder nicht, so ist das OBE-Bewußtsein doch von derselben Art, die wir gewöhnlich im Auge haben, wenn wir an das Überleben nach dem Tode denken. Aber das ist nicht die einzige Möglichkeit. Für den restlichen Teil dieses Aufsatzes werde ich die Möglichkeit erörtern, ob der ausgedehnte Typ des Bewußtseins, den ich als transpersonales Bewußtsein bezeichnet habe, den Tod überleben kann. Diese Möglichkeit ist von den Parapsychologen vernachlässigt worden, und ich glaube, daß es nützlich ist, dies mit den anderen Bewußtseinszuständen, die den Tod überleben mögen, zu einem Bilde zu vervollständigen.

TRANSPERSONALES BEWUSSTSEIN

Nach sechs Jahren der Zen-Meditation hatte eine kanadische Hausfrau ein «Erleuchtungserlebnis», bei dem die Welt «eine ausgedehnte ‹Geometrie des Daseins› von unaussprechlicher Tiefe» wurde, ein «... mehrdimensionaler... Komplex von dynamischen Kräften, dem zu begegnen man seine normale Bewußtseinsebene verlassen muß». So wie zur gleichen Zeit «die Körper-Welt eine Unendlichkeit an Bewegung ist, von Zeit-Existenz,... ist sie eine Unendlichkeit des Schweigens und der Leere. Jedes Ding ist auf diese Weise transparent. Alles hat seinen eigenen besonderen inneren Charakter, sein eigenes karmades ‹Leben in der Zeit›, aber zugleich gibt es keinen Ort, an dem Leere wäre, an dem nicht ein Ding ins andere überginge». Sie fühlte «ein Bewußtsein, das weder ich selbst bin noch nicht ich selbst bin... es ist wie ein Strom, in dem ich eingeströmt bin und der mich freudig über mich selbst trägt» (Kapleau 1965). Diese Erfahrung veranlaßte sie nicht, ihre vertraute Welt als unreal von sich zu weisen, sondern ließ sie erkennen, daß letztere weniger «vollständig» und auch weniger «wichtig» war als die Welt, die ihr offenbart worden war.
Wie läßt sich die subjektive Ansicht von Transpersonalem Bewußtsein (TC) mit der Welt der Wissenschaft und der gewöhnlichen Erfahrung vergleichen? TC-Erfahrungen zeigen interessante Ähnlichkeiten zu den Beschreibungen der Welt durch den modernen Physiker. Der

Gedanke, daß die gewöhnliche sinnliche Wahrnehmung nur Teile der physikalischen Welt offenbart, erinnert an Aussagen wie die von James Jeans (JEANS 1947), daß die materielle Welt nur ein «Querschnitt der Welt des Wirklichen» ist. Andere Aspekte der TC-Erfahrungen der kanadischen Hausfrau fügen sich der Behauptung A. S. Eddingtons, daß «... der Stoff der Welt geistiger Stoff ist» (EDDINGTON 1931), und Werner Heisenbergs Beschreibung der Realität als «...einem komplizierten Gewebe von Ereignissen» (HEISENBERG 1958), in dem nicht «die geometrischen Formen, sondern die dynamischen Kraftgesetze immerwährenden Bestand haben» (HEISENBERG 1966). Lawrence LeShan (LESHAN 1966) hat auf diese und andere Ähnlichkeiten zwischen der Welt, wie sie von «Mystikern» erfahren wird, und der Welt, wie sie die Physiker beschreiben, aufmerksam gemacht.

Wird die physikalische Welt während der TC-Erfahrung unmittelbar erfaßbar, könnten wir erwarten, daß die Person gelegentlich zusätzlich zu den gewöhnlichen Ereignissen des «Komplexes der dynamischen Kräfte» der physikalischen Welt gewahr wird. Eine solche Wahrnehmung mag dann als Beispiel erscheinen, das wir ASW nennen.

Es ist interessant, daß von ASW-Fähigkeiten oft behauptet wird, daß sie sich bei Meditierenden oder solchen Personen entwickeln, die nach TC-Erfahrungen suchen. Es ist gewöhnlich nicht ihr Ziel, solche Fähigkeiten zu entwickeln. Wenn man ASW-Vorkommnisse ernst nimmt, tut man dies in der Regel, weil sie als objektive Anzeichen dafür angesehen werden, daß der Meditierende den TC-Zustand erreicht hat oder dabei ist, ihn zu erreichen. Eine Geschichte aus dem Leben des späteren chinesischen Zen(Ch'an)-Meisters Hsu Yun illustriert dies: Nach vielen Jahren der Meditation «gelang es dem Meister, die Einsamkeit des Geistes zu verwirklichen, und in seinem 56. Jahr öffnete er an einem Abend im Kao-Ming-Kloster zu Yangtschau nach einer langen Meditation seine Augen und sah alles innerhalb und außerhalb des Klosters. Durch die Wand hindurch sah er außerhalb einen Mönch urinieren, er sah einen Mönch, der zu Besuch weilte, auf der Latrine und weit entfernt sah er die Boote..., die den Fluß befuhren und Bäume auf beiden Seiten des Ufers» (YU 1969).

TC-Erfahrungen werden auch von Medien und anderen berichtet, die augenscheinlich mit ungewöhnlichen paranormalen Fähigkeiten ausgestattet sind. Das Medium Coombe Tennant (bekannt als Mrs. Willett) sagte einmal nach einer mediumistischen Sitzung aus: «Der Raum schien erfüllt von unsichtbaren Mächten und ihren Segenswünschen; es war, wie wenn Schranken hinweggefegt wurden und ich und sie eins wurden. Ich hatte im unsichtbaren Element kein Gefühl für [meine] Persönlichkeit [mehr] – es war eben da und äußerst befriedigend» (BALFOUR 1935).

Rosalind Heywood, einem Mitglied des Council of Society of Psychical Research, die in ihrem Buch angebliche ASW-Erlebnisse beschrieben hat, schien es, «... als ob das eigene Bewußtsein die ganze Natur durchdringt und nicht nur durch die sichtbaren Bäume und Blumen und Vögel und Tiere seinen Ausdruck findet, sondern auch durch Myriaden von unsichtbaren Wesenheiten, die einen inneren Teil des ganzen Lebens in der freien Wildbahn formen» (HEYWOOD 1964).

Der einheitlichen Erfahrung des Transpersonalen Bewußtseins geht bisweilen das Gefühl des Verlustes der eigenen personalen Identität voraus. Die vorhin erwähnte kanadische Hausfrau hatte ein traumatisches Erlebnis, das dem Gefühl des Einsseins mit der Welt voranging: «... geheimer Unwille und versteckte Ängste ... flossen aus mir wie Gift. Tränen brachen hervor und schwächten mich, so daß ich mich hinlegen mußte. Doch da war ein tiefes Glücksgefühl... Langsam änderte sich der Mittelpunkt meiner Aufmerksamkeit: ‹Ich bin tot! Es gibt nichts mehr, was sich noch *Ich* nennen könnte. Es gab niemals ein *Ich*. Es ist eine Allegorie, eine geistige Vorstellung, ein Muster von etwas, was niemals entworfen wurde›. Mir wurde schwindlig, und das entzückte mich. Feste Gegenstände erschienen als Schatten, und alles, auf was mein Auge fiel, war strahlend schön» (KAPLEAU 1965).

Mrs. Coombe Tennant sagte einmal, als sie aus einer anscheinenden Kommunikation in Trance mit dem verstorbenen Frederick Myers erwachte: «Oh... Fred. Es ist so seltsam, jemand anders zu sein. Des anderen Herz in Dir schlagen zu fühlen, und jemandes Geist zu spüren!» (BALFOUR 1935). Mrs. Eileen Garrett, ein anderes, weithin vielfach untersuchtes Medium, sagte über ihre mediale Praxis aus: «Ich habe ein inneres Gefühl der Teilnahme, in einer sehr vereinheitlichten Weise, mit dem ich beobachte – damit meine ich, daß ich kein Gefühl des Ichs oder irgend eines anderen habe, sondern eine enge Verbundenheit, ein Eintauchen in die Phänomene» (GARRETT 1943).

Experimentelle und klinische Untersuchungen

Psychologen und Psychiater zeigen sich zunehmend an der Natur des Transpersonalen Bewußtseins interessiert, und nur wenige exploratorische Untersuchungen sind durchgeführt worden, welche für unser Verständnis der TC-Erlebnisse und in dem Ausmaß relevant sind, in dem diese Erlebnisse mit Psi-Phänomenen verknüpft sind. Nicht nur Meditierende und Medien, sondern auch Versuchspersonen in tiefer Hypnose oder unter Drogeneinfluß haben von TC-Erlebnissen berichtet.

Beim Versuch, Hypnose in «ihrer klarsten und strengsten Form» zu verstehen, beschloß Spencer Sherman (SHERMAN 1971) zu untersuchen, «wie Hypnose existiert, wenn sie ungetrübt von Suggestionen ist und wenn die Versuchsperson sich am tiefsten in ihr befindet».

Er entdeckte drei Typen von Erlebnissen, charakteristisch für die tiefsten Stadien der Hypnose, von denen seine Versuchspersonen berichteten. Diese waren: «Das Gefühl, alles zu sein ..., das Gefühl, mit allen Dingen eins zu sein» sowie «Inhaltslosigkeit; völlige geistige Stille: keine Gedanken, Vorstellungen usw.; Leere; es geschieht nichts; der Verlust des Wissens um die eigene Identität; kein Selbst oder kein Ego». Sherman berichtete von einigen ASW-Erfahrungen bei diesen Versuchspersonen während tiefer Hypnose, aber er lieferte keine Einzelheiten.

In einer Untersuchung über «gegenseitige Hypnose» gab Charles Tart zwei Versuchspersonen die Anweisung, dem jeweils anderen Suggestionen zu übermitteln, und erreichte dadurch bei beiden eine sehr tiefe Trance. Die Bewußtseinsveränderung, die die Versuchspersonen am meisten beeindruckte, «war das Gefühl, bisweilen miteinander zu verschmelzen, besonders in der letzten gegenseitigen Hypnosesitzung. Es schien wie eine teilweise Verschmelzung der Identitäten, ein teilweiser Verlust des Unterschiedes zwischen dem Ich und dem Du». Während der letzten Sitzung suggerierte Tart den beiden hypnotisierten Versuchspersonen, daß jede von ihnen einen Traum habe. Die Träume begannen unterschiedlich, aber jeder Traum endete damit, daß die Versuchsperson an einem schwankenden Halt hochkletterten, in einem Fall an einer Strickleiter, im anderen Falle an einem goldenen Seil. Tart verlangte dann von den beiden Versuchspersonen, sich gegenseitig auszuforschen und ihre Erlebnisse laut zu beschreiben. Die Versuchspersonen fanden sich gegenseitig in einer halluzinatorischen

Welt, die sie als eine Art «Himmel» beschrieben. Einige der Einzelheiten der Erlebnisse, die später herauskamen, lassen die Möglichkeit zu, daß die Versuchspersonen mittels Telepathie miteinander kommunizierten oder daß sie in der Tat miteinander «in» einer anderen Welt gewesen waren.

Stanislaw Grof (GROF 1972)* ist Leiter eines Forschungsprojekts, bei dem Patienten im Endstadium der Krebserkrankung LSD verabreicht wird, um die Wirkung der Droge zur Erleichterung der Todesangst zu testen. Grof berichtet, daß das LSD bisweilen zu «Erlebnissen der kosmischen Einheit» führt. Er schreibt: «Die Grundcharakteristiken dieser Erfahrungen bestehen in einer Überschreitung der Subjekt-Objekt-Dichotomie, ausnehmend starken positiven Affekten (Friede, Ruhe, Heiterkeit, Glückseligkeit), einem besonderen Gefühl der Heiligkeit, dem Überschreiten von Zeit und Raum, dem Erleben des reinen Seins (‹Ewigkeit jetzt und Unendlichkeit hier›) und einem Reichtum an Einsichten über kosmische Zusammenhänge». Es wird auch über Veränderungen der persönlichen Identität berichtet. «Die Versuchsperson vollführt eine vollständige Identifikation mit einer anderen Person und verliert zu einem hohen Grad das Bewußtsein ihrer eigenen ursprünglichen Identität. Diese Identifizierung ist total und komplex, sie beinhaltet mit die Vorstellung über den Körper, die vollständige Skala der Emotionen und der psychologischen Haltung, den Gesichtsausdruck, die Gesten und Manierismen, Posen, Bewegungen und selbst die Veränderung der Stimme ... die Versuchsperson kann diese Identifikation mit ihren nahen Verwandten, mit Freunden, mit Bekanntschaften, Lehrern, politischen Größen und dergleichen erfahren.»

Bisweilen treten ASW-Ereignisse auf. In der Regel sind sie mehr augenscheinlich als real, jedoch kann die LSD-Versuchsperson gelegentlich «in der Gewißheit über das Vorstellungsvermögen und die Emotionen des Sitzungsteilnehmers ungewöhnlich genau sein, ohne diesen auch nur anzusehen. Zwei Versuchspersonen, die zur selben Zeit an einer Sitzung teilnehmen, können viele Gedanken oder parallele Erfahrungen ohne viel verbale Kommunikation und Austausch gemeinsam haben. Ausnahmsweise kann eine Behauptung einer LSD-Versuchsperson über telepathischen Kontakt mit einer ent-

* Zitate von Stanislaw Grof (GROF 1972) sind aus: Journal of Transpersonal Psychology *4* Nr. 1, Wiedergabe mit Genehmigung des Transpersonal Institute, 2637 Marshall Drive, Palo Alto, Ca. 94303.

fernten Person durch objektive Beweise, die aus unabhängiger Untersuchung gewonnen worden sind, bestätigt werden» (GROF 1972).

Parapsychologische Untersuchungen

In den frühen Tagen der Society for Psychical Research glaubte man an eine enge Verbindung zwischen ASW und Hypnose. In der Tat wurden die ersten systematischen Untersuchungen über die Hypnose von Mitgliedern dieser Society unternommen. Es gab jedoch nur wenige ASW-Tests, bei denen es geeignete Vorkehrungen gegen sensorische Lecks gab. Unter diesen waren Experimente, bei denen der Hypnotiseur eine Trance aus Entfernungen induzierte, die von 1/2 bis 1 km zwischen ihm und der Versuchsperson lagen (MYERS 1886–87, S. 129ff.; GURNEY 1888–89, S. 221ff.).

Vom gegenwärtigen Standpunkt sind die frühen Experimente über die «Gemeinsamkeit der Empfindung» von besonderem Interesse, obwohl sie experimentell gesehen schwach sind, da der Hypnotiseur und die Versuchsperson im selben Raum waren. Einige dieser Versuche werden von J. Fraser Nicol erwähnt (NICOL 1968). Bei den Experimenten, über die Edmund Gurney 1883 berichtete, konnte die Versuchsperson angeblich Substanzen schmecken, die der Hypnotiseur in seinem Munde hatte. Hatte der Hypnotiseur zum Beispiel irgend ein bitteres Abführmittel im Mund, spürte die Versuchsperson: «als ob ich saure Drops essen würde». Bei einem anderen Experiment entschloß sich Gurney zu einem spontanen Versuch und kniff den Hypnotiseur plötzlich in den Arm. Die in Trance versetzte Versuchsperson, die etwa 2,5 Meter entfernt mit ihrem Rücken zu ihnen gewandt dasaß, «sprang augenblicklich auf, wie in großer Erregung, rieb sich *genau* die entsprechende Stelle an ihrem eigenen Körper und beklagte sich über heftige Schmerzen».

In einem Überblick über jüngere und besser durchgeführte Experimente mit Hypnose kamen Charles Honorton und Stanley Krippner (HONORTON, KRIPPNER 1969) zu dem Schluß, daß es für ASW-Ergebnisse eine durchgängige Tendenz gibt, unter Hypnose verbessert zu werden. Sie schreiben dies nicht der spezifischen Suggestion zu, unter der die Versuchsperson steht, sondern der Entspannung und der Verminderung der «Realitätsüberprüfung» sowie der «Aktivität der Aufmerksamkeit».

Meditation ist eine der ältesten und weit verbreitetsten Methoden, transpersonales Bewußtsein zu entwickeln. Bei den meisten Arten der TC-Meditation versucht die Person zuerst, in einen tiefen Zustand der Ruhe einzutreten, bleibt aber voll wach (WALLACE und BENSON 1972). Der Geist wird gewöhnlich entweder freigehalten oder mit irgendwelchen einfachen Aufgaben wie dem mentalen Wiederholen eines Wortes oder der Betrachtung eines Gegenstandes beschäftigt; das geschieht in der Hoffnung, daß dieses Vorgehen das diskursive Denken reduziert und dem Meditierenden gestattet, die Einheit zwischen sich selbst und dem Rest der Welt zu erfahren. Statt stiller Meditation werden manchmal auch rhythmisches Singen oder Bewegungen verwendet. Es ist interessant, daß Medien und paranormal Begabte manchmal vergleichbare Prozeduren verwenden, um ASW-Eindrücke in sich hervorzurufen.

Einer dieser Begabten, der von W. H. C. Tenhaeff untersucht wurde, «begann oftmals damit, mit seinem Fuß mehr oder weniger rhythmisch zu klopfen. Dies brachte offensichtlich einen Zustand der Entspannung zuwege, der den ‹Aufbau› telepathischer Eindrücke erleichterte. [Er] ... pflegte sich auch selbst die Augen zu verbinden, wenn der Eindruck nicht ohne weiteres zu ihm gelangte; ‹Ich muß mich selbst für einen Augenblick aus der äußeren Welt ausschließen›, pflegte er zu sagen. Mit verbundenen Augen begann er dann so mit den Füßen zu klopfen» (TENHAEFF 1966).

In einem Überblick über höchst erfolgreiche ASW-Versuchspersonen ergab sich für Rhea White (WHITE 1964), daß diese zur Vorbereitung für die gestellte Aufgabe zuerst in einen Zustand der Entspannung einzutreten versuchten. Gleichzeitig blieben sie wachsam und reinigten ihr Bewußtsein von äußerlichen Gedanken, indem sie entweder ihre Gedanken frei hielten oder ihre Aufmerksamkeit auf irgendeinen Gegenstand wie auf ein inneres Bild richteten. Nach einem Zeitraum des Abwartens konnte dieses innere Bild losgelassen werden, und der ASW-Eindruck konnte dann ins Bewußtsein treten.

In einer exploratorischen ASW-Untersuchung mit einer Meditationsgruppe bei der Amerikanischen Society for Psychical Research kamen Karlis Osis und Edwin Bokert zum Schluß, daß diejenigen, die die besten ASW-Leistungen erbrachten, ein «Gefühl der Verschmelzung mit den anderen» hatten und «ein Gefühl des Einsseins, wie wenn sich die Grenzen zwischen ‹noch-Ich und nicht-mehr-Ich› auflösten» (OSIS, BOKERT 1967). In der Foundation for Research on the Nature

of Man [FRNM] fanden Francine Matas und Lee Pantas (MATAS, PANTAS 1971) in einem Vorversuch heraus, daß Versuchspersonen für Psychokinese, die Meditation oder ähnliche Arten der Selbstentwicklung betrieben, erfolgreicher als die Kontrollgruppe waren.
In einer kurzen Sitzung mit Studenten der City University New York erhielt Gertrude Schmeidler (SCHMEIDLER 1970) einen signifikanten Anstieg der ASW-Trefferraten, nachdem Swami Madhavananda Saraswati eine kurze Unterweisung über Meditation und richtiges Atmen gegeben hatte.

Psychophysiologische Untersuchungen

Es gibt eine für das Überlebensproblem entscheidende Frage zum transpersonalen Bewußtsein, die wir bisher noch nicht in Erwägung gezogen haben. Wenn die TC-Erfahrungen mit dem ASW-Bewußtsein verknüpft oder vielleicht identisch sind, so legt dies nahe, daß die Grenzen des Körpers nicht die Grenzen des Geistes sind. Zu sagen, daß das Bewußtsein sich über den Körper *hinaus* erstrecken kann, bedeutet nicht, daß das Bewußtsein *unabhängig* vom Körper sei, daß es getrennt vom physikalischen Organismus existieren könne. TC-Erfahrung und ASW-Bewußtsein könnten beide Funktionen des zentralen Nervensystems sein. Gibt es irgendeine Möglichkeit zu entscheiden, ob das transpersonale Bewußtsein getrennt von diesem System existieren kann oder nicht?
Insofern sind die Gehirnwellen die besten objektiven Indikatoren für Bewußtseinszustände. Eine Gehirnwelle weist, wie andere elektrische Wellen auch, zwei Eigenschaften auf, nämlich Frequenz und Amplitude.
Die meisten Gehirnwellenuntersuchungen haben sich mit der Frequenz befaßt. Untersuchungen mit Meditierenden (WALLACE et al. 1972) legen nahe, daß die Alpha-Welle (und manchmal auch die Theta-Welle) mit TC verbunden sein könnte. Ein Gehirn, das Alpha aufweist, ist mit einem leerlaufenden Motor verglichen worden. Mit anderen Worten: Das Gehirn ist in einem Bereitschaftszustand, bei dem es eine Verringerung der kortikalen Aktivität zeigt.
T. Hirai entdeckte eine Abnahme der Atemfrequenz und eine Verlangsamung der EEG-Muster während der Zen-Meditation. Y. Sugi und andere fanden ebenfalls eine Reduktion der Atemhäufigkeit sowie

des Atemvolumens und des Sauerstoffverbrauchs während der Zen-Meditation, was die Abnahme des energetischen Stoffwechsels zu einem niedereren Niveau als dem Grundumsatz anzeigte. Sugi meinte, daß dies das Ergebnis einer Abnahme des Energieumsatzes im Gehirn sein könnte (Kasamatsu und Hirai 1969).

Bezüglich der Amplitude fand Sherman (Sherman 1971), daß «sehr tiefe Hypnose oftmals durch eine kontinuierliche globale Abnahme der EEG-Amplitude charakterisiert [ist] und daß sie immer charakterisiert ist durch kürzere Perioden von globaler EEG-Amplitudenabschwächung zu sehr niedrigem Niveau». Wie andere Untersucher fand Sherman keine EEG-Unterschiede zwischen dem Wachzustand und dem, was man gewöhnlich als tiefe Hypnose ansieht. Er setzt dies mit einer «geringen hirnelektrischen Aktivität [gleich] ... Es ist möglich, daß diese Phänomene darauf hindeuten, daß die Versuchspersonen mit allen normalen Aktivitäten aufgehört haben; die übrigbleibende minimale elektrische Aktivität mag einen undifferenzierten Wachzustand oder Vorgänge von tiefer oder niedriger liegenden Schichten des Nervensystems, die keinen Widerhall im Bewußtsein finden, widerspiegeln». Dies scheint die Art von Hinweis zu sein, nach der wir suchen. Unglücklicherweise läßt Shermans Interpretation die Frage offen, da eine Verminderung der EEG-Amplitude nur eine Verminderung der Synchronisation der kortikalen Zellgruppen anzeigen kann.

Ein davon verschiedener Befund ist bei der Zen-Meditation beobachtet worden. Kasamatsu und Hirai berichten, daß bei fortschreitender Zen-Meditation die Alpha-Wellen in der Amplitude zunehmen, in der Frequenz jedoch abnehmen – manchmal treten Theta-Anteile im letzten Stadium der Meditation auf (Kasamatsu et al. 1969). Zen ist jedoch eine aktive und intensive Form der Meditation, die eher eine Rekonstruktion der sinnlich wahrnehmbaren Welt beinhaltet als ein Rückzug von ihr. Gegenwärtig kennen wir die tatsächliche Bedeutung der Amplitudenveränderungen nicht. Begreiflicherweise könnten verschiedene Meditationsarten verschiedene EEG-Amplituden zum Ergebnis haben.

Ein anderes vielversprechendes Thema für die Erforschung der Psychophysiologie des transpersonalen Bewußtseins ist die Exploration der Unterschiede zwischen den beiden Hirn-Hemisphären. Es gibt beträchtliches Beweismaterial dafür, daß die beiden Hemisphären des Kortex an vielen Aspekten der Informationsverarbeitung in unterschiedlicher Weise beteiligt sind. In spezifischer Weise ist die linke Hemisphäre (für Rechtshänder) mit mehr Sprache und linearer oder sequentieller Informationsverarbeitung verbunden; die rechte Hirnhälfte ist offenbar mehr mit globaler, räumlicher und gleichzeitiger Informationsverarbeitung verknüpft, vergleichbar der Aktivität eines synchronisierten Motors (SPERRY 1968; ORNSTEIN 1972; KINSBOURNE 1972). Eine Dessynchronisation oder Blockade des Alpha-Rhythmus wird als Hinweis für eine hemisphärische Aktivierung angesehen; so würde eine asymmetrische Reaktivierung eine relative Beteiligung der beiden Hirnhälften [out-of-body experiences] und bei transpersonalem Bewußtsein könnten beide Externalisationen des Selbst vom Körper darstellen, wobei die ersteren primär die linke Hirnhälfte (lineare, sequentielle Informationsverarbeitung) und die letztere die rechte Hirnhälfte (globale, nicht-sequentielle Informationsverarbeitung) mit einbeziehen würden. Eine solche Möglichkeit könnte zum Teil durch den Vergleich der rechten und linken hemisphärischen okzipitalen EEG-Aufzeichnungen bei Personen abgeschätzt werden, die OB-[out of body] und TC-Erlebnisse haben. Die Entdeckung einer augenscheinlichen Beziehung zwischen Alpha-Wellen, transpersonalem Bewußtsein und ASW macht den Alpha-Biofeedback zu einem möglichen Instrument für die Entwicklung von TC und ASW. Den Anfang haben Charles Honorton (HONORTON 1971) und andere gemacht, indem sie Biofeedback als einen Weg untersuchten, wie man ASW-Fähigkeiten entwickeln kann.

SCHLUSSFOLGERUNG

Broads Überlegung, wonach wir als ein mehr oder weniger gut definiertes «Feld»* überleben, paßt gut zu den Möglichkeiten, die wir hier überprüft haben. Broad schränkt dieses Feld durch die Annahme ein, daß Bewußtsein das Ergebnis der Wechselwirkung zwischen einer Persönlichkeit und ihrer Umwelt ist. Es scheint jedoch, daß das Bewußtsein ohne irgendeine der anderen Komponenten der Persönlichkeit existieren kann. Die Beschreibungen des transpersonalen Bewußtseins legen in der Tat nahe, daß je mehr das Wachbewußtsein

* Vergl. Nachwort zu diesem Kapitel [der Verf.].

von der Perzeption, den Gedächtnisinhalten und den Emotionen der personalen Existenz «abgetrennt» wird, dieses Nachbewußtsein um so reicher und lebhafter wird.

Bei den Out-of-body-Erfahrungen ist das «Feld des Bewußtseins» gewöhnlich auf die vertraute Persönlichkeit beschränkt, die an einem gegebenen Punkt in Raum und Zeit existiert. Bei transpersonalen Zuständen scheint manchmal das Bewußtsein alles Existierende zu umfassen. Diese beiden Formen des Bewußtseins mögen die Extreme in einem weiten Spektrum möglicher Zustände vor und nach dem körperlichen Tod sein.

Wenn das transpersonale Bewußtsein den postmortalen Zustand wenigstens für einige Menschen zu einigen Zeiten darstellt, könnte uns dies helfen, einige Einzelheiten der Daten aus der Überlebensforschung zu verstehen. «Gehören» die Gedächtnisinhalte, Neigungen und Fähigkeiten der Verstorbenen nicht notwendigerweise zu dem mit ihnen im Leben verbundenen Bewußtsein, sondern können diese auch durch andere aktiviert werden, dann ist die Verwirrung zwischen Gedächtnisinhalten und personaler Identität, wie sie in mediumistischen Untersuchungen gewöhnlich vorkommen, leichter zu verstehen.

Es ist nicht meine Absicht gewesen, die Stärke des Beweismaterials für ein Leben nach dem Tode zu beurteilen. Aussichtsreiche psychophysiologische und andere Untersuchungen von Personen während ihrer OBE- und TC-Erlebnisse sollten entscheiden helfen, ob es Erfahrungen unabhängig vom Zentralnervensystem geben kann oder nicht. Paradoxerweise können wir eher bessere Hinweise für oder gegen das Überleben durch Untersuchungen an lebenden Versuchspersonen erhalten als an angeblich verstorbenen Kommunikatoren. Wichtiger noch: Lebende Versuchspersonen erlauben eher einen Zugang zu den Charakteristiken des Bewußtseins, das überleben könnte, und des Raumes, in dem es überlebt. Dies sollte sich in einem effektiveren Modell des postmortalen Überlebens, mit dem neue Daten zu erheben und alte zu interpretieren sind, als Ergebnis herausstellen.

EIN NACHWORT ZU BROADS THEORIE DES ÜBERLEBENS

Broad führt aus: «Es scheint mir eine *notwendige*, wenngleich in keiner Weise hinreichende Bedingung für das Überleben zu sein, daß die ganze Persönlichkeit oder einige beträchtliche Teile der *dispositionellen* Grundlage der Persönlichkeit des menschlichen Wesens weiter bestehen müßten und daß schließlich die Grundzüge ihrer charakteristischen Art der Organisation für einige Zeit nach dem Zerfall des Gehirns und des Nervensystems beibehalten werden» (Hervorhebungen vom Autor, Broad 1962, S. 414).

Genau diese überlebende dispositionelle Grundlage der Persönlichkeit war es, die Broad die «ψ-Komponente» nannte. Er wies darauf hin, daß eine solche Komponente analog einem weiterbestehenden Wirbel im herkömmlichen Äther aufgefaßt werden könnte, der die von den Erfahrungen der Person aufgeprägten Modulationen weiterträgt, mit deren physikalischem Körper er früher als eine Art Feld assoziiert war. Er [Broad] zog in Erwägung, daß der Begriff des Überlebens voraussetze, daß das Selbst irgendeine Art von Körper im nächsten Leben in Besitz nimmt: «Wenn ich für mich selbst sprechen darf» erklärt er, «so finde ich es um so schwieriger, je mehr ich es versuche und ins konkrete Detail gehe, mir von einer Person eine Vorstellung zu machen, die, wie es eine entkörperlichte Person unvermeidlich sein würde, so verschieden von der einen [Person] ist, von der ich irgend etwas weiß und von der sich notwendigerweise mein ganzer Begriff der Persönlichkeit ableitet» (ebenda, S. 414). Wenn wir jedoch annehmen, «daß eine leibfreie [discarnate] ψ-Komponente *ganz entkörperlicht* ist, dann wären viele der wahrscheinlichsten Alternativen (wobei wir für den gegenwärtigen Zweck die vollständige Auslöschung ausschließen wollen) ohne irgendeine Art von assoziierten Erfahrungen kaum mehr von weiterem Bestand. Denn wir wissen, daß, wenn sensorische Stimuli von außen auf den menschlichen Körper einwirken und von ihm auf ein Minimum reduziert werden, dieser dazu neigt einzuschlafen. Und wir wissen, daß, wenn zusätzlich sensorische Stimuli von innerhalb des Körpers auf ein Minimum reduziert werden, sein Schlaf dazu neigt, traumlos zu werden» (ebenda S. 422).

So führt Broads Absicht, daß das Bewußtsein nur aus der Stimulation resultieren kann, ihn zu der Meinung, daß das körperlose Überleben wahrscheinlich unbewußt sein wird. Aber das in diesem Kapitel zur Übersicht zusammengestellte Material legt im Gegenteil nahe, daß eine Einschränkung der äußeren und inneren Stimuli zu einem erhöhten Zustand des Wachbewußtseins einschließlich des transpersonalen Bewußtseins führen kann und daß in solchen Zuständen die Versuchsperson höhere Grade des Bewußtseins erlangen kann, als wenn sie sich selbst und die Welt im Rahmen ihrer individuellen Persönlichkeit erlebt.

LITERATURHINWEISE

Balfour, G.W.: A study of the psychological aspects of Mrs. Willett's mediumship and of the statements of the communicators concerning process. Proc. S.P.R. *43* (1935) S. 43–318

Broad, C. D.: Lectures on Psychical Research. Routledge, London; Humanities, New York 1962 neuere Auflage 1966

Burdick, D. S., Roll, W. G.: Differential weighting of ESP responses. J.A.S.P.R. *65* (1971) S. 173–184

Eddington, A. S.: The Nature of the Physical World. Macmillan, New York 1931

Garrett, E.: Awareness. Creative Age Press Inc., New York 1943, S. 113

Grof, S.: Varieties of transpersonal experiences: Observations from LSD psychotherapy. J. Transpersonal Psychol. *4* (1972) S. 45–80

[Grof, S.: Topographie des Unbewußten. LSD im Dienst der tiefenpsychologischen Forschung. (Aus dem Amerikanischen von G. H. Müller. Klett-Cotta, Stuttgart 1978]

Gurney, E.: Hypnotism and telepathy. Proc. S.P.R. *5* (1888–1889) S. 216–259

Hart, H. et al.: Six theories about apparitions. Proc. S.P.R. *50* (1956) S. 153–239

Heisenberg, W.: Physics and Philosophy. Harper, New York 1958 [deutsch: Physik und Philosophie. Ullstein (Taschenbuch Nr. 65) Berlin 1973]

Heisenberg, W.: Philosophic Problems of Nuclear Science. Faucett, Greenwich (Conn.) 1966

Heywood, R.: The Infinite Hive. Chatto and Windus Ltd., London 1964

Honorton, C., Davidson, R., Bindler, P.: Feedback-augmented EEG alpha, shifts in subjective state, and ESP card-guessing performance. J.A.S.P.R. *65* (1971) S. 308–323

Honorton, C., Krippner, S.: Hypnosis and ESP performance. A review of the literature. J.A.S.P.R. *63* (1969) S. 214–252

Jeans, J.: Some problems of philosophy. In: Cummings, S., & Linscott, R. (Eds.): Man and the Universe: The Philosophers of Science. Random, New York 1947

Kapleau, Ph.: The Three Pillars of Zen. Beacon Press, Boston 1965, S. 267–268 [Ins

Deutsche übertragen von B. D'Ortschy: Die drei Pfeiler des Zen. Verlag Weilheim 1972. Die Zitate finden sich hier auf der S. 366]

Kasamatsu, A., Hirai, T.: An electroencephalographic study on the Zen meditation (Zazen). In: Tart, C. T. (Ed.): Altered States of Consciousness. Wiley, New York 1969 [Erschienen zuerst in Folia Psychiatrica et Neurologica Japonica *20* (1966) S. 315–336]

Kinsbourne, M.: Eye-head turning indicates cerebral laterialization. Science *176* (1972) S. 539–541

Le Shan, L.: Physicists and mystics: Similarities in world view. J. Transpersonal. Psychol. *1* (1969) S. 1–20

Maslow, A.: Religions, Values and Peak Experiences. Ohio State University Press, Columbus 1964

Matas, F., Pantas, L.: A PK experiment comparing meditating versus non-meditating subjects. Proc. Parapsychol. Assoc. *8* (1971) S. 12–13

Morris, R. L.: An exact method for evaluating preferentially matched free-response material. J.A.S.P.R. *66* (1972) S. 401–407

Myers, F. W. H.: On telepathic hypnotism and its relation to other forms of hypnotic suggestion. Proc. S.P.R. *4* (1886–1887) S. 127–188

Nicol, J. F.: Experiments of Telepathy under Hypnosis. In: Cavanna, R., Ullman, M. (Eds.): Proc. of an International Conference on Hypnosis, Drugs and Dreams, and Psi (1967) Parapsychol. Foundation, New York 1968

Ornstein, R. E.: The Psychology of Consciousness. Freeman, San Francisco 1972. [Ins Deutsche übertragen von H. Hermann: Die Psychologie des Bewußtseins. Kiepenheuer & Witsch, Köln 1974]

Osis, K., Bokert, E.: ESP and changed states of consciousness induced by meditation. J.A.S.P.R. *65* (1971) S. 17–65

Pratt, J. G.: On the evaluation of verbal material in parapsychology. Parapsychological Monographs Nr. 10, Parapsychol. Foundation, New York 1969

Pratt, J. G., Birge, W. R.: Appraising verbal test material in parapsychology. J. Parapsychol. *12* (1948) S. 236–256

Roll, W. G., Burdick, D. S.: Statistical models for the assessment of verbal and other ESP responses. J.A.S.P.R. *63* (1969) S. 287–302

Roll, W. G., Morris, R. L., Damgaard, J. A., Klein, J., Roll, M.: Free verbal response experiments with Lalsingh Haribance. J.A.S.P.R. *67* (1973) S. 197–207

Saltmarsh, H. F., Soal, S. G.: A method of estimating the supernormal content of mediumistic communications. Proc. S.P.R. *39* (1930–31) S. 266–271

Schmeidler, G. R.: High ESP scores after a Swami's brief instruction in meditation and breathing. J.A.S.P.R. *64* (1970) S. 100–103

Sherman, S. E.: Very Deep Hypnosis: An Experimental and Electroencephalographic Investigation. Doctoral Dissertation, Stanford University 1971

Sperry, R. W.: Hemisphere deconnection and unity in conscious awareness. Amer. Psychologist *23* (1968) S. 723–733

Stevenson, I.: Twenty Cases Suggestive of Reincarnation. Proc. Amer. S.P.R. *26* (1966) [Deutsche Übersetzung der 1974 erschienenen erweiterten zweiten Auflage lautet: Reinkarnation. Der Mensch im Wandel von Tod und Wiedergeburt. Aurum Verlag, Freiburg i. Br. 1976]

Tart, C. T. (Ed.): Altered States of Consciousness: A Book of Readings. Wiley, New York 1969

Tenhaeff, W. H. C.: Some aspects of parapsychological research in the Netherlands. Int. J. Neuropsychiatry *2* (1966) S. 408–419

Tyrrell, G. N. M.: Apparitions. University Books, New York 1961 [Deutsch von Ch. Gräfin von Klinckowstroem: Erscheinungen und Visionen im PSI-Feld. Walter Verlag Olten/Freiburg i. Br. 1979]

Wallace, R. K., Benson, H.: The physiology of meditation. Scientific American *226* (1972) S. 84–91

White, R. A.: A comparison of old and new methods of response in targets in ESP experiments. J.A.S.P.R. *58* (1964) S. 21–56

Yu, L. K.: The Secrets of Chinese Meditation, Rider, London 1969.

ARTHUR KOESTLER

Nachwort

Üblicherweise wird ein Nachwort zu einem Symposium geschrieben, um dem Leser eine Zusammenfassung oder einen Überblick der verschiedenen und manchmal zusammenhanglosen Beiträge an die Hand zu geben – um aus dem Mosaik ein Bild herauszuarbeiten. Im vorliegenden Falle wäre ein solches Unternehmen überflüssig, da der Herausgeber selbst jedem Kapitel prägnante Zusammenfassungen vorangestellt hat, und sollte der Leser, nachdem er dieses Buch gelesen hat, diese sieben Zusammenfassungen hintereinander [noch einmal] sorgfältig durchlesen, so wird er, wie aus der Vogelperspektive, den Gehalt dieses Buches zufriedenstellend erfassen können. Anstatt noch einmal alles zusammenzufassen, werde ich mich auf wenige persönliche Bemerkungen beschränken.

Der Titel «Neue Wege der Parapsychologie» klingt nach Tatsachen, jedoch scheint er auch zu bedeuten, daß es mit den alten Wegen nicht rundum gut bestellt gewesen war, daß sie in eine Sackgasse geführt haben. Die meisten Altgedienten dieses Forschungsgebiets werden wahrscheinlich zustimmen, daß dies in der Tat der Fall ist. Einer der Gründe hierfür wurde im Beitrag von Charles Honorton unterstrichen: «Bis vor kurzem :.. ist jedoch wenig systematische Forschung zur Aufhellung der subjektiven Zustände in Verknüpfung mit paranormalen Funktionen getrieben worden. Angesichts des behavioristischen Zeitgeistes ist es vielleicht nicht verwunderlich, daß frühere Vertreter des Paradigmas des Kartenratens... weithin die inneren Zustände ihrer Versuchsperson außer acht ließen...»

Man könnte sagen, daß sich die Parapsychologie mehr um das Para als um die Psychologie gekümmert hat. Bei den herrschenden Umständen war dies meist unvermeidlich. So bemerkt Beloff: «Die Rhinesche Schule der Parapsychologie suchte den Behaviorismus auf dem eigenen Felde zu schlagen, indem sie zeigte, daß antibehavioristische Schlüsse auf der Grundlage einwandfreier objektiver Daten gezogen werden konnten.» Diese Daten mit beharrlicher Ausdauer, un-

beeindruckt von akademischer Feindschaft und ignorantem Gespött, erhalten zu haben ist das historische Verdienst der Rhineschen Schule. Dies wurde nur durch die selbst auferlegten Beschränkungen, die Honorton erwähnt, möglich gemacht. Einer der Eckpfeiler der wissenschaftlichen Methodologie ist die Formel «ceteris paribus» – «... wenn die anderen Dinge gleich bleiben». Aber die anderen Dinge sind nicht gleich, wo Menschen als Versuchsobjekte mit berücksichtigt werden. Nicht einmal ihre Reaktionen auf die immense chemische Wucht von Drogen sind gleich. Klinische Studien haben gezeigt, daß über einunddreißig Prozent der amerikanischen stationären Patienten auf den Placebo-Effekt reagieren (COLE 1961). Gibt man ihnen die geeigneten Suggestionen, so reagieren sie auf Barbiturate wie auf Amphetamine oder auf Amphetamine wie auf Barbiturate und auf Placebos genauso wie auf das jeweils eine oder andere. Ihr Bewußtseinszustand wechselwirkt mit dem Einfluß des chemischen Mittels, oft überwindet er diesen Einfluß. Es scheint offensichtlich, daß die Wirkung eines Einflusses von Psi auf die Person [psi-input] – aus was immer dieser bestehen mag – doch mehr von den «verborgenen Parametern» der allgemeinen charakterlichen Disposition der Versuchsperson und dem besonderen Geisteszustand zur Zeit des Experiments oder des spontanen Auftretens abhängig ist.
So möchte man gerne wissen, ob nicht das Bestreben der Parapsychologen nach dem idealen Experiment – willentlich wiederholbar, was zu vorhersagbaren Ergebnissen führt – zu einem vergeblichen Unterfangen gerät. Trotz seiner gewohnten Vorsicht drückt John Beloff in seiner Einleitung die Hoffnung aus, daß [sich] die Parapsychologie «ihren Weg zu einer Lösung des Problems der Wiederholbarkeit bahnt». Er mag recht haben, aber ich bin mir der Sache nicht so sicher. Eine Parabel bahnt sich ihren Weg zu ihren Asymptoten, ohne je mit ihnen eins zu werden. Dem wiederholbaren Experiment am nächsten dürften wir auf dem Gebiet der automatischen Tierexperimente kommen, wie sie von John Randall im vierten Kapitel beschrieben werden. Vielleicht bleiben die «anderen Dinge» bei Ratten, Wüstenmäusen und Küken gleich und stören weniger das Funktionieren der Psi-Fähigkeit. Aber man verlange doch einmal von einem Schriftsteller, Maler oder Wissenschaftler, daß er die genauen Bedingungen definiert, unter denen der schöpferische Funke wiederholbar und voraussagbar den genialen Geistesblitz zündet. Und Kreativität ist eine weniger schwer erfaßbare und weniger mysteriöse Fähigkeit als Psi.

Das Gesagte ist nun keinesfalls als eine Schmälerung der geduldigen Bemühungen der Parapsychologen beabsichtigt, die persönlichen Strukturen und Bewußtseinszustände, welche Psi-Fähigkeiten verstärkt hervorbringen, und die experimentellen Bedingungen, die am besten geeignet sind, diese Fähigkeiten in Gang zu setzen, aufzuhellen. Im Gegenteil, ich betrachte diese Anstrengungen – beschrieben in den Kapiteln von Rao und Honorton – als den vielleicht signifikantesten unter den «neuen Wegen» in der Parapsychologie. Ich erinnere mich noch, mit welcher Begeisterung ich über die Pionierarbeit von Gertrude Schmeidler vor ungefähr 20 Jahren las; Schafe (Sheep) und Böcke (Goats) erschienen als ein erster Schritt zur Taxinomie der möglichen Versuchspersonen. In mehr als einer Viertelmillion Kartenversuchen mit mehr als 1100 Versuchspersonen hatten die Sheep signifikant und durchgängig höhere Trefferraten als die Goats. Es sah alles so herrlich einfach aus, fast selbstverständlich: Wurde uns nicht immer beigebracht, daß der Glaube Berge versetzen, also Großtaten der Psychokinese vollbringen, könne? Unglücklicherweise stellte sich heraus, daß die Dinge nicht so einfach lagen. Beloff und die anderen entdeckten, daß in einigen Untersuchungen die Goats, vielleicht aus schierem Eigensinn, besser als die Sheep waren; und eine sorgfältige Durchsicht von Raos Bericht ergibt, daß das Heraussuchen irgendeines anderen persönlichen Faktors zu ähnlichen widersprüchlichen und unstimmigen Ergebnissen führte. Die Kombination von mehreren Faktoren, so versucht von Rao und Kanthamani, schien ein ganzheitlicher und versprechender Zugang zu sein. Ironischerweise ist jedoch Raos zusammengesetzte Vorstellung von einer potentiellen Versuchsperson mit hoher ASW-Trefferleistung (S. 113) in fast jeder Hinsicht das genaue Gegenteil von Pratts Beschreibung (S. 169f.) einer der Personen mit der derzeitig bekannten höchsten Trefferleistungen – Pavel Stepanek. Die Situation erinnert an eine Bemerkung des Science-Fiction-Schriftstellers Paul Anderson: «Ich muß doch jedes Problem so sehen, daß es, egal wie kompliziert es ist, nicht noch komplizierter wird, wenn man es nur in der richtigen Weise anschaut.» Aber das braucht die Parapsychologen nicht ungebührlich in Verwirrung zu stürzen; andere Wissenschaften haben sich in der Vergangenheit oder Gegenwart in ähnlich mißlichen Lagen befunden. Die subatomare Welt, zusammengesetzt aus Elektronen und Protonen, sah schon genügend kompliziert aus, aber als die Physiker sie gründlich betrachteten, wurde sie noch komplizierter, mit hundert Elementarteilchen anstatt mit zwei. Die Schwierigkeiten des Physikers liegen darin, daß die subatomaren Erscheinungen, mit denen er umgeht, nicht mehr länger in den raumzeitlichen Rahmen des naiven Realismus und der konventionellen Physik einzuordnen sind. Die Schwierigkeiten des Parapsychologen sind in gleicher Weise fundamental. Auch er kann, bis zu einem gewissen Punkt, mit den Manifestationen von Psi in seinem Laboratorium umgehen, aber er ist nicht in der Lage, sie in das Gerüst der konventionellen Psychologie einzubauen, und er weiß fast gar nichts über ihre physiologischen Korrelate, über ihren evolutionären Ursprung und biologischen Wert – wozu Psi in der allgemeinen Ordnung der Dinge eigentlich da ist. Wir wissen noch nicht einmal, ob Psi, ausgedrückt in der evolutionären Sprechweise, eine sich entwickelnde Fähigkeit ist – in irgendeiner Weise auf die geistige Natur des Menschen bezogen –, die sich stufenweise wie Empfindungsvermögen und Bewußtsein mit jeder Sprosse der evolutionären Leiter entfaltet, oder ob im Gegenteil die außersinnliche Wahrnehmung eine archaische und primitive Form der Kommunikation ist, die durch wirkungsvollere Formen der sinnlichen Wahrnehmung verdrängt worden ist. (Wie steht es dann in diesem Fall mit Psychokinese?) Es ist eigentlich unnötig zu sagen, daß diese Frage von fundamentaler Wichtigkeit ist, nicht nur für den Parapsychologen, sondern auch für den Philosophen und Metaphysiker. Dies allein schon macht das Betreiben der Parapsychologie zu einem ungeheuer wertvollen Unterfangen; und die verschiedenen Kapitel des vorliegenden Bandes verweisen darauf, daß die Forscher der jungen Generation, selbst wenn sie nicht zu endgültigen Antworten gelangt sind, gelernt haben, die richtigen Fragen zu stellen.

Eine dieser Fragen ist kurz, vielleicht allzu kurz im Bericht von Helmut Schmidt angeschnitten: Die offensichtlich nichtkausale Natur der subatomaren Physik auf der einen Seite und die parapsychologischen Phänomene auf der anderen Seite. «Es war», bemerkt Schmidt, «einer der kühnsten Schritte in der modernen Physik, die Möglichkeit des reinen Zufalls im Gegensatz zur strengen Kausalität der klassischen Physik als ein Grundelement der Natur ernst zu nehmen.» Wenn der Physiker keine Angst davor hat, ein nicht kausales Substrat, auf dem die Welt der alltäglichen Erscheinungen begründet ist, zu postulieren, warum sollte sich dann der Parapsychologe schämen, seinem Beispiel zu folgen? In der Tat war es der Zusammenarbeit von C. G. Jung und Wolfgang Pauli – einem der größten Physiker unseres

Jahrhunderts – zu verdanken, daß eine spekulative Theorie über diese Grundzüge in Jungs Essay über «Synchronizität als ein Prinzip akausaler Zusammenhänge» [Jung, Pauli 1952] formuliert wurde: Es versucht, nicht nur die Phänomene der Parapsychologie, sondern ebenso sinnvolle Zufälle dem Wirken akausaler Kräfte im Universum zuzuschreiben, «ein Erklärungsfaktor, der ebenbürtig der Kausalität gegenübersteht». Es ist hier nicht der Ort, die Jungsche und andere Theorien, die auf dieser Linie liegen, zu erörtern; das habe ich an anderer Stelle niedergeschrieben, als der vorliegende Band im Druck war (Koestler 1972; Hardy, Harvie und Koestler 1973).

Sollten jedoch die Parapsychologen gewillt sein, die akausale Natur der Psi-Phänomene anzuerkennen, hieße das auch, den Wunschtraum des vollständig wiederholbaren und vorhersagbaren Experiments aufzugeben. Keine zwei nachfolgende Photographien eines Quantenereignisses, die in einer Blasenkammer photographiert werden, sind jemals genau gleich – nur der gesamte Ausgang einer großen Zahl von unvorhersagbaren physikalischen Ereignissen ist durch die Gesetze der Wahrscheinlichkeit vorhersagbar. *Mutatis mutandis* werden sich die Parapsychologen weiterhin hauptsächlich auf das statistische Beweismaterial stützen müssen – auf die «schwache Verletzung», um den Schmidtschen Ausdruck zwischen Psi-Effekt und den Gesetzen der Wahrscheinlichkeit zu entlehnen. Intuitiv gesehen sind solche statistischen Beweise für solche, die nicht der Mathematik zuneigen, weniger überzeugend als präkognitive Träume oder Spukphänomene. Aber Poltergeister sind bekanntlich undisziplinierte Wesenheiten und in ihrem Verhalten genauso unvorhersagbar wie der Kern eines Strontium-90-Atoms. So lernen beide – Physiker wie Parapsychologe –, in einer Welt zu leben, die eine Substruktur nichtkausaler Wechselwirkungen aufweist – eine verschwommene Welt von zitternden Konturen, voll von kleinen Blasen der Unbestimmtheit, die eine Imitation einer unerwarteten Art von Freiheit liefern, für die in der Welt der klassischen Physik kein Platz war. Sobald diese Lektion eingetrichtert war, konnte «nichts in der Wissenschaft oder Philosophie jemals wieder ganz das gleiche sein», um Beloffs Einleitung zu zitieren. Ein wertvoller Schritt in Richtung auf dieses Ziel scheint mir die Kombination aus Tatsachen (als experimenteller Ausgangspunkt dieses Buches) und einigen aufregenden Spekulationen zu sein.

LITERATURHINWEISE

Cole, J.: [Beitrag über den Placebo-Effekt]. In: Farber, S. M., Wilson, R. H. L. (Ed.): Control of the Mind. New York 1961.

Hardy, Sir A., Harvey, R., Koestler, A.: The Challenge of Chance – Experiments and Speculations. Hutchinson, London 1973

Koestler, A.: The Roots of Coincidence. Hutchinson, London 1972 [Ins Deutsche übertragen von J. Schoppmeir und H. J. Grünzig: Die Wurzeln des Zufalls. Suhrkamp Verlag Frankfurt 1974]

[Jung, C. G., Pauli, W.: Naturerklärung und Psyche. Rascher, Zürich 1952]

ZU DEN AUTOREN

BENDER, HANS, geb. 1907, Freiburg im Breisgau, Dr. phil., Dr. med., em. Professor für Psychologie und Grenzgebiete der Psychologie an der Universität Freiburg, Direktor des unabhängigen Instituts für Grenzgebiete der Psychologie und Psychohygiene, Eichhalde 12, Freiburg im Breisgau. Er ist Herausgeber der Zeitschrift für Parapsychologie und Grenzgebiete der Psychologie, zu der er zahlreiche Artikel beisteuerte. Unter seinen Veröffentlichungen sind zu nennen: Verborgene Wirklichkeit (1973, 4. Aufl. 1975), Telepathie, Hellsehen und Psychokinese (1972, 4. Aufl. 1977), Unser sechster Sinn (1971, 6. Aufl. 1978), Parapsychologie (1953, revidierte Neuauflage 1970), Zum Problem der Außersinnlichen Wahrnehmung (1936), Psychische Automatismen (Dissertation 1936), Herausgeber von Parapsychologie: Entwicklung, Ergebnisse, Probleme (1966, 4. verb. Aufl. 1976).
Bender promovierte an der Bonner Universität 1934 zum Dr. phil. und schloß ein medizinisches Studium 1939 ab. Er bekleidete akademische Stellungen in Psychologie und klinischer Psychologie an den Universitäten Bonn und Straßburg, bevor ihm in seiner Heimatstadt Freiburg ein Lehrstuhl für Psychologie und Grenzgebiete der Psychologie 1954 übertragen wurde. Er führte die Parapsychologie in den akademischen Rahmen ein und ist bekannt für sein Interesse an den spontanen Erscheinungsformen von Psi und experimentellen Untersuchungen. Den sozialen Schäden eines unkritischen Umgangs mit dem „Okkulten“ tritt er mit der Devise einer „positiven Kritik des Aberglaubens“ entgegen. 1969 wurde er zum Präsidenten der Parapsychological Association gewählt. Er ist Korrespondierendes Mitglied der Society for Psychical Research.

HONORTON, CHARLES, geb. 1946 in Deer River in Minnesota, USA. Honorton ist Senior Research Associate an der Abteilung für Parapsychologie und Psychophysik am Department für Psychiatrie des Maimonides Medical Health Center in Brooklyn, New York. Er ist Autor einer großen Zahl von experimentellen Arbeiten im Journal of Parapsychology und im Journal of the American Society of Psychical Research [J.A.S.P.R.].
Honortons Laufbahn als Parapsychologe begann, als er als ungraduierter Student an der Universität in Minnesota von 1965–1966 Forschungssekretär der Society for Psychical Research von Minnesota war. Er war Research Fellow am FRNM (Foundation for the Nature of Man)-Institut für Parapsychologie von 1966–1967, bis er in seine gegenwärtige Stellung überwechselte. Er ist Mitglied des Vorstandes des Amerikanischen Society of Psychical Research und des Gardner Murphy Research Institute und hat beiden Institutionen als Sekretär und Vizepräsident der Parapsychological Association gedient.

Honortons hauptsächliche Forschungsinteressen umfassen die psychophysischen Korrelationen der Psi-Vorgänge, die veränderten Bewußtseinszustände sowie die Entwicklung von Techniken zur Stimulation von Psi-Fähigkeiten.

PRATT, J. GAITHER, geb. 1910 in Winston-Salem in North Carolina, USA. Dr. Pratt gehört zum Forschungsstab der Abteilung für Parapsychologie des Departments für Psychiatrie an der Universität Virginia, Charlottesville, an der er ordentlicher Professor ist. Er ist Autor folgender Titel: «ESP Research Today: A Study of Developments in Parapsychology since 1960»[2] (1973); «Parapsychology: An Insider's View of ESP» (1964); Koautor mit J. B. Rhine von «Parapsychology: Frontier Science of the Mind» (1957)[3] und zusammen mit J. B. Rhine und Mitarbeitern Koautor von «Extrasensory Perception after 60 years» (1940/1966). Ebenfalls ist er Autor dreier Monographien und zahlreicher experimenteller Arbeiten in den Fachzeitschriften der Parapsychologie und anderer wissenschaftlicher Zeitschriften einschließlich *Science* und *Nature*.
Pratt studierte Psychologie an der Duke University, wo er 1933 seinen M. A. erhielt, anschließend 1936 Promotion mit einer Dissertation über das Lernen beim Wahlverhalten der weißen Ratte. Doch schon 1932 wurde er Assistent bei J. B. Rhine in dem neu gegründeten Duke University Parapsychological Laboratory, wo er bis 1963 blieb, als sich mit Rhines Emeritierung vom Lehrstuhl abzeichnete, daß das Laboratorium seine Verbindung mit der Universität trennen und ein selbständiges Institut werden würde. Eine Auswirkung dieser Veränderung war, daß Pratt zu seiner heutigen Stellung an der Universität Virginia überwechselte. Während der früheren Jahre des Duke-Laboratoriums wurde sein Name mit so historischen Experimenten wie den sogenannten «Pearce-Pratt»-Reihen von 1933/34 und den «Pratt-Woodruff»-Reihen in Verbindung gebracht.
Pratt war unter den Gründern der Parapsychological Association 1957 und war 1960 deren Präsident. Seither ist er einer ihrer rührigsten Vertreter gewesen. Er ist ebenfalls Vorstandsmitglied der Amerikanischen SPR. Pratt gilt heute als der vielleicht international aktivste unter den Parapsychologen, und er scheut sich nie, in irgendeine Ecke des Erdballs zu reisen, wenn immer etwas parapsychologisch Interessantes ansteht. Neben seinen häufigen Besuchen in Prag während des letzten Jahrzehnts hat er viele Male die Sowjetunion besucht.
In erster Linie ist Pratt zunächst Experimentator, aber die Reichweite seiner Aktivitäten ist ebenso breit wie die Parapsychologie selbst, und man könnte kaum irgendein Psi-Phänomen erwähnen, mit dem er es nicht direkt zu tun gehabt hätte – sei es vom Spuk bis zu wieder heimfindenden Tauben. Pratt starb am 3. 11. 1979.

RANDALL, JOHN, L., geb. 1933 in Warwick, England. Randall ist Biologielehrer am Leamington College, einer Oberschule für Jungen. Nachdem er seinen akademischen Grad in Chemie und zusätzlich in Biologie am Leicester College of Technology erworben hatte, erhielt er sein Graduate Certificate für Erziehung von der Leicester University. Er lehrte dann vier Jahre an einer Secondary Modern School[4], bevor er seine gegenwärtige Stellung antrat. Er hat ein schon lange bestehendes Interesse an Parapsychologie und hat kürzlich dabei mitgearbeitet, einen allgemeinen Studiengang

für Ehemalige einzurichten, der philosophische Themen und Parapsychologie umfaßt. Er hat auch parapsychologische Experimente in der Schule durchgeführt, wobei seine Schüler Versuchspersonen und Gehilfen waren. Von einigen dieser Experimente wurde im Journal der SPR und im Journal of Parapsychology berichtet, wo er auch Artikel von allgemeinem und theoretischem Interesse veröffentlicht hat.
Unter seinen vielen verschiedenen Interessen zählt er auf: Jugendarbeit, das Pfadfinderwesen, Schwimmen, Yoga und Musik (er ist Organist in der Kirche). Er studierte Philosophie und Theologie und schreibt seine Motivation als Parapsychologe dem Umstand zu, daß «er durch die mechanistische Sicht des Lebens nicht befriedigt wird». Während er zugibt, daß dies ihn als objektiven Experimentator (sofern es so etwas überhaupt gibt) disqualifiziert, hofft er doch, daß dies ihn nicht am Bemühen hindert, allezeit ein «ehrlicher und wissenschaftlicher» Experimentator zu sein.

Rao, K., Ramakrishna, geb. 1932 in Enikepadu, Krishna District, Andhra Pradesh, Indien. Dr. Rao war Professor und Leiter des Departments für Psychologie und Parapsychologie der Andhra-Universität. Er [war] auch örtlicher Präsident der Indischen Akademie der angewandten Psychologie und Sitzungsleiter der Parapsychological Society of India. Rao ist der Autor von «Experimental Parapsychology» (1966), ein weithin benutztes Lehrbuch der Parapsychologie, wie auch von «Mystic Awareness» (1972) und «Gandhi and Pragmatism» (1968). Er hat zahlreiche Beiträge für parapsychologische und andere wissenschaftliche Zeitschriften verfaßt und ist, zusammen mit P. Sailaja, Koautor einer Monographie «Experimental Studies of the Differential Effect in Life Setting» (Parapsychological Foundation, 1973).
Rao studierte sowohl an der Andhra University, wo er promovierte und wo er Dozent am Department für Philosophie von 1953 bis 1958 war, als auch an der University of Chicago, wo er Fullbright-Scholar und Rockefeller-Fellow von 1958 bis 1960 war. Er arbeitete am Duke University Parapsychological Laboratory von 1962–1965, bis er zur Andhra University zurückkehrte. Er war Präsident der Parapsychological Association im Jahre 1965 [und 1978][5]. Seine Laufbahn und seine Weltanschauung stellen eine einzigartige Mischung von Psychologie und Parapsychologie, von westlicher Wissenschaft und östlicher Weisheit dar.

Roll, William G. Jr., geb. 1926 in Bremen. Roll ist Direktor der Psychical Research Foundation Inc., einem privaten Institut, das zur Erforschung der Probleme des Überlebens nach dem Tode 1961 gegründet wurde. Er gibt die vierteljährlich erscheinende Zeitschrift «Theta» heraus.
Roll ist der Autor des Buchs «The Poltergeist» (1973)[6] und zahlreicher Artikel in parapsychologischen Zeitschriften, wobei er eine Fülle von Themen behandelt. Roll graduierte 1946 an der Universität von Kalifornien in Berkely und erhielt 1960 den Bachalaureus (B. Litt.) von der Universität Oxford. Er war Mitglied des Duke University Parapsychological Laboratory von 1957–1960, bevor er seine gegenwärtige Aufgabe, ebenfalls in Durham, North Carolina, übernahm. Roll war eines der Gründungsmitglieder der Parapsychological Association 1957 und wurde seither wiederholt in ihren Beirat gewählt, in dem er öfters amtierte. Als Höhepunkt wurde er 1964 zum Präsidenten gewählt.

Roll, eine Autorität auf dem Gebiet des Problems des Überlebens, ist bekannt für seine Arbeiten über Spuk; er hat an der Untersuchung zahlreicher solcher Fälle teilgenommen. Er ist ferner an der philosophischen Tragweite von Psi interessiert und beteiligte sich viele Jahre engagiert an der theoretischen Spekulation über die Natur der Psi-Phänomene. Insbesondere ist sein Name mit dem Begriff des quasi-physikalischen «Psi-Feldes» verbunden.

Schmidt, Helmut, geb. 1928 in Danzig. Dr. Schmidt [war] Assistent am FRNM-Institut für Parapsychologie[7]. Seine Experimente mit automatisch arbeitenden Geräten eigener Konstruktion haben in den letzten Jahren ein weitgefächertes Interesse auf beiden Seiten des Atlantik hervorgerufen. Dr. Schmidt kam vom Hintergrund der theoretischen Physik und der Quantentheorie zur Parapsychologie. Nach der Promotion 1954 an der Kölner Universität hatte er eine Reihe von akademischen Stellungen in Deutschland, den Vereinigten Staaten und Kanada inne. Von 1965–1969 war er Senior Research Scientist an den Boeing Scientific Research Laboratories in Seattle, Wash. 1969 trat er dem FRNM-Institut bei, wurde hauptberuflich Parapsychologe und war von 1970–1972 Forschungsdirektor an diesem Institut.

[Anmerkungen des Übersetzers:

1 Für die vorliegende deutsche Ausgabe wurden die biographischen Daten von Hans Bender aktualisiert.

2 Deutsche Übersetzung von E. und Ch. Bauer: J. G. Pratt, Psi-Forschung heute: Entwicklungen der Parapsychologie seit 1960. Aurum Verlag, Freiburg i. Br. 1976

3 Deutsche Übersetzung von H. Bender und I. Strauch: J. B. Rhine, J. G. Pratt, Parapsychologie. Grenzwissenschaft der Psyche. Francke-Verlag, Bern/München 1962

4 Dies entspricht etwa der Oberstufe an deutschen Gymnasien

5 K. R. Rao ist seit 1977 wieder Mitarbeiter des FRNM-Instituts in Durham, North Carolina, USA, und dessen Forschungsdirektor

6 Deutsche Übersetzung von Ch. Lübke: Der Poltergeist. Aurum-Verlag, Freiburg i. Br. 1976

7 Dr. Schmidt leitet heute die Mind Science Foundation in San Antonio in Texas, USA.]

NOMENKLATUR DER TECHNISCHEN UND STATISTISCHEN AUSDRÜCKE

Absinkungseffekt (decline effect)
Jede sequentielle Abnahme in der ASW-Trefferrate. Dies mag entweder ein kurzfristiges Absinken wie innerhalb eines einzelnen Durchlaufs [run] oder einer einzelnen Sitzung [session] sein oder eine längerfristige Abnahme über einen längeren Zeitraum hinweg. Sie stellt einen typischen Zug der PSI-Leistung im allgemeinen dar.

Abweichende Trefferrate (deviation score, abgek. d)
Die abweichende Trefferrate d ist bei einem standardisierten ASW oder PK-Test:

$$d = x - \text{MCE},$$

wobei x die Anzahl der Treffer ist. Die Trefferrate d kann entweder positiv oder negativ sein.
[Siehe auch Mittlere Zufallserwartung = *M*ean *C*hance *E*xpectation (MCE)]

Agent (agent)
Im Falle der Telepathie wird von der Versuchsperson gesagt, daß sie über eine andere Person oder den Agenten Information erhält. Im telepathischen Experiment wird der Agent oftmals als Sender oder Übermittler bezeichnet, und seine Aufgabe ist im allgemeinen die Übertragung seiner Gedanken auf die Versuchsperson. Dies ist jedoch nur eine Sprechweise zur Beschreibung.

Allgemeine Außersinnliche Wahrnehmung, AASW (general ESP)
Telepathie und/oder Hellsehen. Der Ausdruck Telepathie wird in der experimentellen Parapsychologie mit Rücksicht auf die Schwierigkeiten, Hellsehen ausschließen zu können, nur mehr selten verwendet. Daher der unverbindliche Ausdruck AASW.

Alpha
Eine charakteristische Hirn-Welle oder Hirn-Rhythmus (vgl. EEG), der vorwiegend in der occipetalen Region des Cortex einen Zustand des Vor-sich-hin-Dämmerns kurz vor dem Einschlafen, der Entspannung oder Unaufmerksamkeit anzeigt. Sie ist von geringer Amplitude und hat einen Frequenzbereich von 8–10 Hz (Durchgänge, Zyklen pro Sekunde). Für Parapsychologen ist Alpha ein mögliches Anzeichen für eine Psi-günstige Bedingung bei der Versuchsperson. (Vgl. Veränderter Bewußtseinszustand.)

ASPR (American Society for Psychical Research)
(Amerikanische Gesellschaft für psychische Forschung, New York) Die Society wurde ursprünglich 1885 hauptsächlich auf das Betreiben von William James gegründet. Sie lief jedoch 1887–1904 als ein der Londoner Society (siehe SPR) zugehö-

riger Zweig, so daß sie in der gegenwärtigen Form von 1904 datiert. Sie gibt eine vierteljährliche Zeitschrift, das Journal of the American Society for Psychical Research (JASPR) heraus und in unregelmäßigen Abständen einen Band mit Konferenzberichten. Der gegenwärtige Forschungsdirektor ist Dr. Karlis Osis.

ASW (Extrasensory perception ESP)
Außersinnliche Wahrnehmung. Das Erlangen von Information auf andere Weise als durch die bekannten sensorischen Kanäle. Paranormales Erkennen (paranormal cognition). Die beiden Hauptkategorien von ASW sind

1. Telepathie
2. Hellsehen

ASW kann entweder retrokognitiv [rückwärtsgerichtet] oder präkognitiv [in die Zukunft gerichtet] oder gleichzeitig sein, in Abhängigkeit von der zeitlichen Position des Targets.

ASW-Karten (ESP-cards)
Ein spezielles Päckchen von Karten, das für ASW-Versuche weithin benutzt wird und 25 Karten mit 5 Symbolen enthält: Stern, Kreis, Quadrat, Kreuz und Wellenlinie.

In einem sogenannten geschlossenen Päckchen [closed pack] ist jedes Symbol genau fünfmal vorhanden, in einem sogenannten offenen Päckchen [open pack] basiert die Folge der Symbole auf einer Folge von Zufallszahlen. Ein Test, der diese ASW-Karten verwendet, ist typisch für eine Situation der forcierten Wahl. Manchmal auch Zener-Karten genannt.

Auslösende Person (poltergeist focus)
Die vermutete auslösende Person eines Spuks, gewöhnlich ein Kind oder ein Heranwachsender.

Aussage (call)
[call hat sich auch im deutsch-sprachigen Raum in der Parapsychologie eingebürgert] In einem ASW-Versuch, bei dem Karten verwendet werden, stellt der call (resp. die Aussage) die Antwort oder die geäußerte Vermutung (Ratefolge) der Versuchsperson dar.

Außerkörperliche Erfahrung (AKE) (Out-of-Body-Experiences, OBE)
(Erfahrung, außerhalb des Körpers zu sein, exsomatische Erfahrung) Die Erfahrung, die Welt einschließlich des eigenen Körpers von einem außerhalb günstig gelegenen Punkt in Raum und Zeit zu sehen und bisweilen durch den Raum in einer Art entkörperlichtem Zustand zu reisen. Mit hoher Wahrscheinlichkeit eine Halluzination von besonderem Interesse für Parapsychologen wegen ihrer vermuteten Verbindung mit Hellsehen. Dies ist ebenso für Erforscher der Vorstellung des Überlebens nach dem Tode von Interesse, da es ein lebendes Beispiel dessen liefert, was einer entkörper-

lichten Existenz gleichkommen könnte. In der älteren Literatur figuriert sie unter solchen Namen wie: Astralprojektion oder Astralwanderung, Hellsehreisen. [Im deutschen auch «Seelenexkursion».]

Binominal-Verteilung (binominal distribution)
So nennt man die zugrunde liegende Verteilung beim Signifikanztest der Rate eines jeden Tests der Art der forcierten Wahl [forced choice], der eine feste a-priori-Wahrscheinlichkeit p für einen Treffer [hit] und q für einen Fehler [miss] aufweist (wobei q=1-p). Die Verteilung erhält man durch Entwicklung des Ausdrucks:

$$(p+q)^n,$$

wobei n die Anzahl der Versuche ist. In einer binominalen Verteilung ist der Durchschnitt (MCE) immer durch

$$n \cdot p$$

und die Varianz durch $n \cdot p \cdot q$

gegeben. Außer dem Fall, daß $p = 1/2 = q$, ist die Verteilung nicht symmetrisch und der Grad der Schiefe wächst an mit der Zunahme der Differenz zwischen p und q. Die Verteilung ist, wie in einem Histogramm, diskret mit $n + 1$ Intervallen entlang der x-Achse aufgetragen.
Ist eine binominale Verteilung gegeben, so kann gezeigt werden, daß die Wahrscheinlichkeit, genau x Treffer in n Versuchen zu erhalten, durch die Formel:

$$P_n(x) = \frac{n!}{x!} \cdot (n-x)\,! \cdot p^x \cdot q^{n-x},$$

wobei x jeden Wert zwischen O und n annehmen kann. Da wir jedoch normalerweise nicht an der Wahrscheinlichkeit, eine bestimmte exakte Anzahl von Treffern zu erhalten, interessiert sind, sondern eher an der Wahrscheinlichkeit, nicht weniger als eine bestimmte Anzahl von Treffern zu erhalten, wird es notwendig, die Wahrscheinlichkeiten für jeden Wert von x gleich oder größer als der gegebene Wert bis zu $x = n$ aufzusummieren. Für große n wird dieses Vorgehen unglücklicherweise derart aufwendig, daß es sich in bezug auf eine Computerauswertung selbst verbietet. Deshalb geht man in der Praxis von der Annahme aus, daß die Binominalverteilung als Approximation zur kontinuierlichen Normalverteilung angesehen werden kann und daß daher der CR-Wert (vgl. CR) als Äquivalent zur normalen Abweichung z behandelt wird. Ist jedoch p sehr klein (d.h., daß das Ereignis sehr selten ist), sollte besser die sogenannte *Poisson-Verteilung* als die Normalverteilung benutzt werden, da sie dann die bessere Approximation abgibt.

Biofeedback
Eine neuere Technik, die eine Versuchsperson in die Lage versetzt, aktuell ablaufende Veränderungen in eigenen physiologischen Prozessen (z.B. Blutdruck, EEG-Aktivitäten und dgl.) zu überwachen. Indem man diese Technik ausnützt, kann man ein bestimmtes Maß an Kontrolle über innere Prozesse erlangen, die sonst außerhalb des Bereiches der willentlichen Beeinflussung liegen. Die Technik hat eine Anzahl wichtiger Anwendungen in der Medizin, aber für Parapsychologen ist sie hauptsächlich in Verbindung mit veränderten Bewußtseinszuständen und der Möglichkeit, das Auftreten von Alpha-Wellen zu kontrollieren, von Interesse.

Blinde Zuordnung (blind-matching-technique)
Eine Methode, Hellsehen zu testen, in welcher die Versuchsperson aufgefordert wird, die Karten blind in ihre jeweiligen Kategorien einzuordnen.

Chi-Quadrat-Test (chi-square χ^2)
Einer der meistverbreiteten Signifikanztests, der anwendbar ist, wo immer man es mit diskreten Häufigkeitszählungen im Gegensatz zu variablen Raten zu tun hat. Der Chi-Quadrat-Wert wird durch folgenden Ausdruck errechnet:

$$\chi^2 = \Sigma \frac{(o-e)^2}{e}$$

für alle Zellen, wobei O die beobachtete Häufigkeit pro Zelle und e die erwartete Häufigkeit pro Zelle ist. Um die Signifikanz eines gegebenen Chi-Quadratwertes zu finden, ist es erforderlich, in der Tabelle der Chi-Quadrat-Verteilung nachzusehen, die den → P-Wert für die dazugehörigen Freiheitsgrade angibt. Die letzteren hängen mit der Anzahl der unabhängigen, mit dazugehörenden Zellen zusammen, die jedoch, wenn die Datei in Matrixform vorliegt, zu

$$\text{d.f.} = (R\text{-}1) \cdot (C\text{-}1)$$

werden, wobei R die Anzahl der Zeilen und C die Anzahl der Spalten bedeutet.

CR-Wert (critical ratio)
Critical ratio = kritischer Bruch, wobei gilt:

$$CR = d/\sigma$$

Er stellt die bequemste Methode dar, die Trefferrate eines ASW- oder PK-Tests der forcierten Wahl auszudrücken. Nimmt man die binominale Verteilung als Approximation der Normalverteilung, dann kann der CR-Trefferwert als äquivalent der normalen Abweichung oder dem z-Wert angesehen werden, und den P-Wert erhält man dann durch Nachschlagen in einer Tabelle der Normalverteilung (für größere Genauigkeit ist es ratsam, vom absoluten Wert des d-Treffers die Zahl 1/2 abzuziehen, um die Diskontinuität der Binominalverteilung zu korrigieren).
Beispiel: Bei 4 Durchläufen [runs] mit ASW-Karten (offenes Päckchen) hat eine Versuchsperson 30 Treffer. Berechne seinen CR-Wert und den P-Wert. Man hat

$$p = 1/5$$
$$MCE = n \cdot p = 100 \cdot \tfrac{1}{5} = 20$$
$$x = 30$$
$$d = x - MCE = 30 - 20 = 10$$
$$\sigma = \sqrt{n \cdot p \cdot q} = \sqrt{100 \cdot \tfrac{1}{5} \cdot \tfrac{4}{5}}$$
$$= 16 = 4$$

Daher wird

$$CR = \frac{d}{\sigma} = \frac{10}{4} = 2{,}5$$

Korrigiert für kontinuierliche CR-Werte ist

$$CR = \frac{9{,}5}{4} = 2{,}375$$

Aus der Tabelle der Normalverteilung geht für eine Abweichung von $z = 2{,}37$ der Wert $P = 0{,}009$ hervor.
Wir würden deshalb bei einem solchen Test eine über dem Zufall liegende Abweichung in dieser Höhe nicht öfter als einmal bei 100 Wiederholungen erwarten.

Als generelle Richtlinie zeigt die folgende Tabelle eine Reihe von CR-Werten und ihre zugehörigen P-Werte (einseitige Fragestellung). Für die zweiseitige Fragestellung muß der P-Wert verdoppelt werden.

CR	P	CR	P	CR	P
0	0,5	2,0	0,02	4,0	$3 \cdot 10^{-5}$
0,5	0,31	2,5	0,006	4,5	$3{,}4 \cdot 10^{-5}$
1,0	0,16	3,0	0,001	5,0	$2{,}87 \cdot 10^{-5}$
1,5	0,07	3,5	0,002	5,5	$1{,}9 \cdot 10^{-8}$

DT-Technik (down-trough technique)
Eine Methode, Hellsehen zu testen, in der die Versuchsperson die Anordnung in einem gemischten Päckchen von Karten nennt, bevor irgendeine Kontrolle stattgefunden hat.

EEG (electro-encephalography)
Elektroenzephalographie. Eine Technik zur Verstärkung und Wiedergabe der Schwankungen der elektrischen Spannungen im lebenden Gehirn, indem man an den geeigneten Punkten am Kopf der Versuchsperson angebrachte Elektroden verwendet. Das EEG hat sich von besonderer Wichtigkeit in der Schlaf-Traum-Forschung erwiesen, bei der verschiedene voneinander charakteristische Typen von Gehirnwellen oder Gehirn-Rhythmen identifiziert worden sind, die in Amplitude und Frequenz variieren und die in den aufeinanderfolgenden Stufen des Schlafzyklus zugeordnet werden konnten. (Siehe auch ALPHA.)

Einzelversuch (trial)
Auch Versuchsdurchgang oder einfach Versuch genannt. Die Einheit der Durchführung in einem psychologischen oder parapsychologischen Test. Für jeden Versuchsdurchlauf wird der Versuchsperson eine gewisse Trefferrate zugeordnet.

«Erzwungene» Wahl (forced choice test)
Siehe Forcierte Wahl

F
Der Quotient aus größerem und kleineren Wert zweier gegebener Varianzen. Er wird verwendet zum Test für die Signifikanz, besonders in Verbindung mit der Varianzanalyse. Der zugehörige P-Wert kann aus einer Tabelle der F-Verteilung unter den dazugehörigen Freiheitsgraden der jeweiligen Stichproben entnommen werden.

Faktorenanalyse (factor analysis)
Eine statistische Technik, die auf jede Korrelationsmatrix angewendet werden kann, um zu bestimmen, wie vielen gemeinsamen Faktoren die verschiedenen miteinander zur Korrelation gebrachten Variablen unterliegen. Ein Vorteil bezüglich der Anordnung und Verständlichkeit ist dann erreicht, wenn die Daten in Ausdrücken der *Ladung* jeder Variablen mit einer kleinen Anzahl gemeinsamer Faktoren dargestellt werden können. (Die Ladung ist mathematisch äquivalent zu einer Korrelation.)

Die Faktorenanalyse wurde in großem Umfang auf dem Gebiet der Persönlichkeitseinschätzung verwendet, wobei die Variablen die Merkmalsskalen sind und die Faktoren mit den Basisgrößen der Persönlichkeit korrespondieren. Jeder Versuchsperson kann so eine spezifische Faktorenrate (Profil), die über eine Bevölkerungsstichprobe für jeden vorhandenen Faktor standardisiert wurde, zum Zwecke des Vergleichs zugeordnet werden.

Fehler (miss)
Jede Angabe, die kein Treffer ist, wird miss oder Fehler genannt. In einem Test der forcierten Wahl mit der Trefferwahrscheinlichkeit p ist die Wahrscheinlichkeit q, keinen Treffer zu erhalten:

$$q = 1 - p.$$

[In der dt. Umgangssprache auch «Niete» genannt.]

Forcierte Wahl (forced choice test)
ASW-Test, bei dem die Versuchsperson aufgefordert wird, bei jedem Versuchsdurchgang eine aus einer festen Anzahl von Alternativen auszuwählen. Im Gegensatz zum Test der freien Wahl.
Vergleiche auch: «Erzwungene» Wahl

Freie Wahl (free response test)
ASW-Test, bei dem die Versuchsperson frei ist, bei jedem Versuchsdurchgang beliebige Eindrücke, die ihr zu Bewußtsein kommen, zu schildern. In diesem Zusammenhang werden häufig Bilder als Targets verwendet. Die Signifikanz eines Tests der freien Wahl kann genau bestimmt werden, wenn ein unabhängiger Beurteiler [judge] eine blinde Zuordnung der Antwort-Protokolle mit der Menge der verwendeten Targets durchführt. Im Gegensatz zum Test der forcierten Wahl.

Freiheitsgrade (degrees of freedom, abgek. d.f.)
Um den P-Wert (vgl. P-Wert), der mit jedem einzelnen Signifikanztest verbunden ist, zu finden, ist es im allgemeinen notwendig, die diesbezüglichen Freiheitsgrade zu kennen. Diese werden definiert als die Anzahl der unabhängigen Einheiten der Information, die die in Frage kommenden Größen ausmacht, und ist normalerweise gleich $n - 1$, wobei n die Anzahl der Einheiten oder Fälle in der Stichprobe darstellt.

FRNM (Foundation for Research into the Nature of Man)
(Stiftung zur Erforschung der Natur des Menschen) Durham, North Carolina, USA. Mit der Emeritierung J. B. Rhines von seinem Lehrstuhl an der Duke-Universität schloß das berühmte Duke University Parapsychology Laboratory 1965 seine Pforten und wurde unter privater Leitung des FRNM als Institut for Parapsychology außerhalb des Universitätsgeländes neu gegründet. Sein offizielles Organ ist das Journal of Parapsychology und sein gegenwärtiger Forschungsdirektor ist W. J. Levy.
[Anmerkung des Übersetzers: Jetziger Forschungsdirektor ist R. K. Rao. 1974 wurde W. J. Levy wegen nachgewiesener Fälschungen experimenteller Daten entlassen.]

Hellsehen (clairvoyance)
Eine Form der ASW, in der im Gegensatz zur Telepathie Information in direkter Weise von einer äußeren Quelle ohne die Vermittlung eines weiteren Bewußtseins oder einer zweiten Person erhalten wird.

Korrelation (correlation)
Ein Maß für den Grad, mit dem zwei Variable miteinander kovariieren. Von daher stellt der Korrelationskoeffizient einen Wert zwischen Null und 1 dar, wobei der Wert Null völlige Unabhängigkeit und der Wert 1 vollkommene Kovariation repräsentieren. Ein negativer Koeffizient bedeutet, daß beide Variablen einander genau entgegengesetzt variieren.
Der weitgehendst benutzte Korrelationskoeffizient ist der sogenannte Produktmomentkoeffizient r, wobei gilt:

$$r_{xy} = \Sigma \frac{dx \cdot dy}{n \cdot \sigma_x \cdot \sigma_y}$$

Die Korrelation r_{xy} zwischen zwei Tests oder zwei Variablen x und y erhält man, indem man n Paare von Trefferraten betrachtet, die von n Versuchspersonen, die sowohl für x wie für y getestet wurden, stammen. Die Trefferraten werden hier als von den jeweiligen Durchschnitten für x und y abweichende Trefferraten ausgedrückt. So gibt es für jedes Paar von Treffern ein Kreuzprodukt $d_x d_y$, und diese Kreuzprodukte werden über alle Paare aufsummiert. σ_x und σ_y sind dabei die jeweiligen Standardabweichungen für die x- und y-Mengen der Treffer.
Hat man es mit einer großen Anzahl von Tests oder Variablen zu tun, kann man eine Korrelationsmatrix erstellen, wobei jedes Matrixelement den r-Koeffizienten für ein bestimmtes Paar von Tests darstellt. *Multiple Korrelationen* können auch zwischen einer bestimmten Variablen und einer Kombination von anderen Variablen berechnet werden.

Lochstreifen (punch tape)
Papierstreifen, auf den die Reihe der abgewählten Targets automatisch Versuch für Versuch aufgezeichnet wird und dann in einen Computer für die Analyse direkt eingegeben werden kann. Wird bei automatisierten ASW- oder PK-Versuchen verwendet.

Mittlere Zufallserwartung (mean chance expectation, MCE)
Dies ist die theoretische Trefferrate, die in einem ASW- oder PK-Test unter der Nullhypothese erwartet wird, wonach außer zufälligen Faktoren keine weiteren Faktoren wirksam werden. In einem Test der forcierten Wahl von n Versuchen mit einer festen Trefferwahrscheinlichkeit pro Versuch von p ist

$$MCE = n \cdot p$$

n
Anzahl der Versuche in einem vorliegenden Test oder Anzahl der Fälle oder Raten in einer vorliegenden Stichprobe. Hat man es dabei mit verschiedenen Stichproben zu tun, könnten diese mittels Indices bezeichnet werden: n_1, n_2, n_3... etc.

Normal-Verteilung (normal distribution)
Dies ist die zugrundeliegende Verteilung, die bei der Anwendung sogenannter parametrischer Signifikanztests und der Anwendung statistischer Maße (vgl. F, t CR, r usw.) als geltend angenommen wird. Sie ist eine mathematische Funktion, die die bekannte Glockenkurve annimmt, wobei die vertikale Ordinate die Häufigkeit und die horizontale Ordinate Abszisse die Abweichung vom Durchschnitt oder der Norm darstellt. Bei der Normalverteilung wird die Varianz konventionellerweise

zu Eins, und so wird die theoretische Standardabweichung in gleicher Weise zu Eins, und der Z-Wert oder das normale Abweichen ist die Distanz vom Durchschnitt, ausgedrückt in Einheiten des mittleren quadratischen Fehlers, und dieser Z-Wert wird wiederum per Konvention zu Null gesetzt.

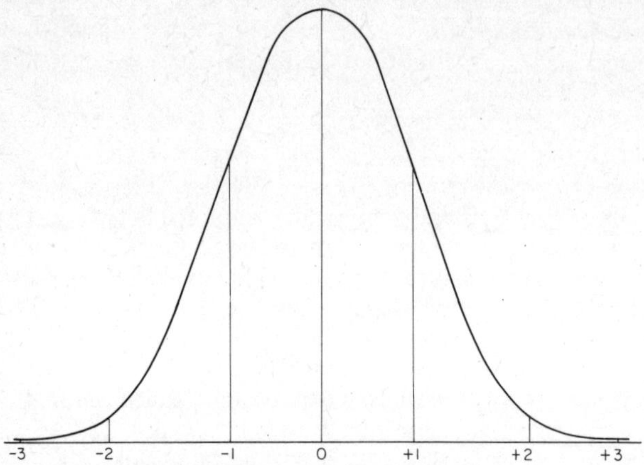

Man kann zeigen, daß jede Variable, die von einer großen Anzahl unabhängiger Parameter abhängt, die sich in der Zusammensetzung additiv verhalten, dazu tendiert, sich innerhalb einer Zufallsstichprobe als normalverteilt zu verhalten. Dies wird am Beispiel solcher vielen Einflüssen unterworfenen Variablen wie Körpergröße, Intelligenzquotient in einer menschlichen Population deutlich. Dies ist auch anwendbar für den Fall der Messung, bei der jede einzelne Beobachtung als Kombination aus dem wahren Meßwert mit irgendeinem zufälligen experimentellen Fehler, der ihn in die eine oder andere Richtung «schiebt», angesehen wird; daher ist die Normalverteilung auch unter dem Namen «Gaußsche Fehlerkurve» bekannt.
Die Normalverteilung kann als die Grenzfunktion der Binominalverteilung $(p + q)^n$ angesehen werden, wobei n gegen unendlich strebt, die Intervalle entlang der Basis [Abszisse] infinitesimal klein werden, und $p = 1/2 = q$ wird.

Nullhypothese (null assumption)
Bevor es möglich ist, irgendeinen gültigen Schluß aus dem Ergebnis eines Experimentes zu ziehen, ist es notwendig, die Nullhypothese in Betracht zu ziehen; d.h. die Annahme, daß das Resultat seine Entstehung allein zufälligen Faktoren verdankt. Es kann gezeigt werden, daß wir nur dann berechtigt sind, eine besondere Hypothese in Erwägung zu ziehen, auf die sich die Vorhersage über das Experiment bezog, wenn eine solche Nullhypothese sehr unwahrscheinlich ist (vgl. P-Wert).

P.A. (Parapsychological Association)
Ohne festen Standort, gegründet 1957, bleibt sie die einzige berufliche Organisation der Parapsychologen mit einer ausgewählten Mitgliedschaft von etwa 200 aktiven Mitgliedern. In der Zusammensetzung ist sie international, vorwiegend jedoch amerikanisch. Der Vorstand wird jährlich gewählt, ebenso der Präsident. Sie veröffentlicht Berichte ihrer jährlichen Konferenzen.

Paranormal (paranormal)
Ein Phänomen wird paranormal genannt, wenn es in einer oder mehreren Beziehungen die Grenzen dessen übersteigt, was man nach gängiger wissenschaftlicher Annahme als physikalisch möglich erachtet. Es hat ziemlich dieselbe Nebenbedeutung wie das Wort übernatürlich, obwohl selbstverständlich nicht derselbe religiöse Oberton mitschwingt.

Parapsychologie (parapsychology)
Das wissenschaftliche Studium des Paranormalen und, spezieller, der PSI-Phänomene (z. B. ASW, PK), mittlerweile hat es den älteren Ausdruck «Psychische Forschung» (Psychical Research) verdrängt. Daher auch die Wortbildungen Parapsychologe, parapsychologisch, usw.

PF (Parapsychological Foundation Inc., New York)
Eine private Organisation, die 1951 gegründet wurde, um das Studium der Parapsychologie in der ganzen Welt durch finanzielle Unterstützung der Forschung, Organisation jährlicher Konferenzen und durch Veröffentlichung von Büchern, Monographien und Konferenzberichten zu fördern. Von 1959 bis 1968 gab sie auch das International Journal of Parapsychology heraus. Eileen Garrett war bis zu ihrem Tode 1970 Präsidentin, ihre Nachfolgerin wurde ihre Tochter Eileen Coly.

PK (Psychokinese)
Vgl. Psychokinese

Polygraph (polygraph)
Gerät zur Aufzeichnung von Änderungen irgendwelcher physiologischer Variablen, wie der Atmung oder der EEG-Aktivität. Es besteht aus elektronisch gesteuerten Schreibstiften, die eine Kurve auf ein Papierband schreiben, das unter ihnen mit konstanter Geschwindigkeit vorbeigleitet. Wichtig im Zusammenhang mit der Erforschung von veränderten Bewußtseinszuständen.

Präkognition (precognition)
Eine Modalität der ASW, bei der angenommen wird, daß die Information direkt von einer in der Zukunft liegenden Quelle gespeist wird. Daher Präkognition (vgl. Retrokognition).

PRF (Psychical Research Foundation)
Incorp. Durham, North Carolina, USA. Eine private Organisation, die von Charles Ozanne 1961 zur Unterstützung der wissenschaftlichen Erforderung der Frage des Überlebens nach dem Tode gegründet wurde. Ihr Direktor ist W. G. Roll, der auch Herausgeber der Vierteljahreszeitschrift «Theta» ist.

Psi
Paranormales Phänomen, das als vom menschlichen Geist abhängig angesehen wird, d. h. als in kritischer Weise abhängig von einer menschlichen Person oder einem Versuchstier. Die zwei Hauptkategorien von Psi sind
1. ASW oder paranormale Kognition
2. PK oder paranormale Handlung

Der Ausdruck wird in vielfacher Zusammensetzung gebraucht, z. B. Psi-Fähigkeit, Faktor Psi, Psi-Vorgang, Psi-Effekt. Vom griechischen Buchstaben ψ, wie in ψυχή (Psyche = Seele).

Psi-Fehler (Psi-missing)
Das Erzielen von Treffern in einem ASW- oder PK-Test, die durchgängig oder signifikant unter dem durchschnittlichen Erwartungswert liegen. Daher auch der Ausdruck Psi-misser (vgl. Psi-hitting oder Psi-Treffer)

[**Psi-Hitting** = Psi-Treffer (vgl. dort)]

[**Psi-Missing** = Psi-Fehler (vgl. dort)]

Psi-Treffer (Psi-hitting)
Das Erzielen von Treffern in einem ASW- oder PK-Test, die durchgehend und signifikant über dem durchschnittlichen Erwartungswert liegen. Psi-hitter steht für eine Person, die diese Tendenz aufweist (vgl. Psi-missing oder PSI-Fehler).

Psychokinese (psychokinesis, PK)
Paranormale Handlung. Bei einem PK-Versuch wird die Versuchsperson aufgefordert, einen vorher beschriebenen physikalischen Prozeß oder ein Objekt, das Target, mit anderen Mitteln als dem Gebrauch der bekannten Muskelkraft zu beeinflussen. Ein nicht-mechanischer Effekt des «Geistes über die Materie».

P-Wert (P-value)
Bei einem Versuchsergebnis sagt der P-Wert etwas darüber aus, wie groß die Wahrscheinlichkeit ist, daß ein Ergebnis vom Durchschnitt abweichend oder mehr vom Durchschnitt abweichend ist als das Ergebnis, das man auf Grund der Null-Hypothese erhalten hätte. Beträgt der P-Wert weniger als $P = 0{,}01$, ist es üblich, die Null-Hypothese zurückzuweisen und das Ergebnis als signifikant anzusehen. Den P-Wert erhält man, wenn man den verhältnismäßigen Anteil der relevanten Trefferverteilung betrachtet, der jenseits einer gegebenen Abweichung vom Durchschnitt liegt. Der P-Wert kann entweder für einseitige oder zweiseitige Fragestellungen gelten. Wenn wir im voraus vorhersagen wollen, daß die Abweichung in einer bestimmten Richtung, sagen wir auf dem Gebiet, das über dem Zufall liegt, stattfinden soll, und wenn wir übereinkommen, jedes andere Resultat – gleichgültig wie groß die Abweichung sei –, das in der entgegengesetzten Richtung liegt, zu ignorieren, dann sind wir berechtigt, die einseitige Fragestellung oder den einseitigen Test anzuwenden. Andernfalls ist der zweiseitige Test zu verwenden. Für eine Abweichung mit gegebenem absolutem Wert ist P zweiseitig = 2 × P einseitig. Beispiel: P einseitig = 3×10^{-5} würde bedeuten, daß wir nicht erwarten können, eine Abweichung von durchschnittlichem Erwartungswert in der vorhergesagten Richtung zu finden, die so groß oder größer ist als ein mehr als Dreifaches bei 100 000 Wiederholungen des Versuchs; unter Voraussetzung der Null-Hypothese, daß das Resultat allein durch Zufall zustande kommt.

p-Wert (p-VALUE)
In einem standardisierten ASW- oder PK-Versuch ist der p-Wert die a-priori-Wahrscheinlichkeit, einen Treffer bei einem Versuchsdurchlauf zu machen. Sind alternative Targets gegeben und hat jedes eine gleiche Auftretenswahrscheinlichkeit bei jedem vorgegebenen Versuchsdurchlauf, dann gilt $p = 1/a$.

Beispiel: Bei einem geschlossenen Päckchen von ASW-Karten ist $p = 1/5$. Bei einer binären PK-Aufgabenstellung, z. B. dem Versuch, einen Münzwurf zu beeinflussen, ist $p = 1/2$.

Retrokognition (retrocognition)
Eine Modalität der ASW, bei der angenommen wird, daß die Information aus Quellen stammt, die in der Vergangenheit liegen. Daher *retrokognitiv* (vgl. Präkognition).

[**RNG** (random number generator)
Siehe Zufallszahlengenerator]

Sheep-Goat-Hypothese (sheep-goat-hypothesis)
[Eigentlich: die Hypothese von den Schafen und den Böcken] Ursprünglich von Gertrude Schmeidler eingeführt, besagt sie, daß jene, die an die Realität von ASW glauben (sogenannte Schafe, sheep), dazu neigen, überzufällige Trefferraten zu erzielen, während jene, die nicht an die Realität von ASW glauben oder daran zweifeln (goats, Böcke), zu unterdurchschnittlichen Trefferraten neigen. Der Ausdruck supersheep oder weißes Schaf (white sheep) wird manchmal für jene verwendet, die nicht nur an ASW glauben, sondern auch glauben, diese Fähigkeit zu besitzen.

Signifikanz (significance)
Die Unwahrscheinlichkeit eines erhaltenen Ergebnisses bezüglich der Nullhypothese. Daher Signifikanztest. Je niedriger der P-Wert bezüglich einer vorliegenden Trefferrate ist, desto größer ist ihre Signifikanz. Andererseits kann die Signifikanz ausgedrückt werden als Abweichung vom Zufall, wobei die Differenz mit dem Kehrwert des P-Wertes korrespondiert. In diesem Fall gilt: je höher die Differenz, desto größer die Signifikanz des Ergebnisses.

Sitzung (session)
Folge von Versuchsdurchläufen, die während einer einzelnen Gelegenheit oder während einer Versuchssitzung vollständig durchgeführt wurde.

Speichereffekt (stacking-effect)
Eine unecht hohe oder niedrige Trefferrate bei einem ASW-Test, die vorkommen kann, wenn eine große Anzahl von Versuchspersonen eine gemeinsame Sequenz von Targets zu raten hat. Dies kommt durch eine zufällige Beziehung zustande, die zwischen der Vorliebe der Gruppen der Versuchspersonen, etwas Bestimmtes zu raten, und den Eigentümlichkeiten der Sequenzen von Targets bestehen kann, und kann daher nicht als Indiz für ASW gewertet werden. Verschiedene statistische Korrekturen werden zur Abschwächung des Speichereffektes herangezogen.

Spontan wiederkehrende Psychokinese (recurrent spontaneous PK, RSPK)
Ein Ausdruck, der kürzlich von W. G. Roll zur Bezeichnung von Spuk resp. Poltergeistphänomenen eingeführt wurde.

SPR (Society for Psychical Research)
London. Die Keimzelle aller nachfolgenden gelehrten Gesellschaften, deren Ziel es ist, die unvoreingenommene Erforschung der Evidenz paranormaler Phänomene zu unterstützen. 1882 wurde sie mit dem Philosophen Henry Sidgwik als ihrem ersten Präsidenten gegründet. Sie hat eine gewählte Mitgliederschaft und einen gewählten

Konvent, der turnusmäßig jährlich einen Präsidenten stellt. Seit 1882 hat sie in unregelmäßigen Abständen Konferenzberichte (Proceedings) herausgegeben und seit 1884 das vierteljährliche Journal of SPR.

Spuk (poltergeist)
Ein spontaner Ausbruch von klassifizierten paranormalen physikalischen Phänomenen von eigentümlich bizarrem Charakter, in deren Mittelpunkt eine Person steht, die im Fachausdruck als «auslösende Person» [Poltergeistfocus] bekannt ist, der gewöhnlich einige Monate dauert. Gelegentlich in der Fachliteratur als spontan wiederkehrende Psychokinese (RSPK = recurrent spontaneous psychokineses) bezeichnet. Aus dem Deutschen ins Englische übernommen wurde der Ausdruck «Poltergeist».

Standard-Abweichung (standard deviation SD)
Die Quadratwurzel aus der Varianz. Ein Maß der Streuung, das weitverbreitet bei Signifikanztests und für die Standardisierung noch unausgewerteter Trefferraten verwendet wird. Bei der Binominalverteilung ist die theoretische Standard-Abweichung σ durch folgende Formel zu berechnen:

$$\sigma = \sqrt{n \cdot p \cdot q}$$

Target (siehe auch Zielobjekt)
[Target hat sich auch im dt. Sprachgebrauch eingebürgert.]

Telepathie (telepathy)
Eine Modalität der ASW, bei der von der Versuchsperson gesagt wird, daß sie Informationen über das Target von einer anderen Person, dem Agenten erhält, der vom Target eine normale Kenntnis besitzt. Steht im Gegensatz zu Hellsehen (siehe auch AASW).

Theta
Ein neuerer, von W. G. Roll eingeführter Ausdruck, um das zu bezeichnen, was wie auch immer als Überleben im Fall des postmortalen Überlebens angenommen wird. Vom griechischen Buchstaben θ abgeleitet, nach dem griechischen Ausdruck für Tod θάνατος (thanatos).

Transpersonales Bewußtsein (transpersonal consciousness, TC)
Eine Art des veränderten Bewußtseinszustandes, in dem die Wahrnehmung des Selbst sich in einer Wahrnehmung der Welt im großen oder anderer Wesenheiten verliert. Der Ausdruck wird gebraucht, um gewisse mystische Zustände, die durch Meditation herbeigeführt werden können, zu charakterisieren.

Treffer (hit)
Ein Treffer wird in einem Standard ASW- oder PK-Test registriert, wenn die Antwort irgendeines Versuchsdurchlaufs mit dem Target übereinstimmt. Eine Angabe, die keinen Treffer darstellt, ist ein Fehler (miss) oder Nicht-Treffer.

t-Wert (t-value)
Der t-Wert wird ausgedrückt durch den Quotienten aus der Differenz zwischen den Durchschnitten zweier Mengen von Trefferraten und dem zusammengesetzten mittleren quadratischen Fehler (Standardfehler; siehe auch Standardabweichung) eben

dieser Durchschnitte. Die vollständige Formel entnehme man einem Lehrbuch für Statistik. Er kann daher als Signifikanztest für den Vergleich der Differenz zwischen zwei unabhängigen Stichproben, im allgemeinen einer Kontrollgruppe und einer Experimentalgruppe, herangezogen werden. Der zugehörige P-Wert (vgl. P-Wert) für einen gegebenen t-Wert kann der Tabelle der t-Verteilung [Student-Verteilung] unter dem richtigen Freiheitsgrad entnommen werden.

U-Kurve (U-curve)
Ein Trend im Verhalten der Trefferrate, der einen anfänglichen Abfall der Ratefolgen, gefolgt von einem Wiederanstieg, zeigt. In ähnlicher Weise gibt es eine invertierte U-Kurve, wobei ein ursprünglicher Anstieg der Trefferleistung von einem Abfall gefolgt wird.

Varianz (variance)
Die mittlere quadratische Abweichung, also

$$V = \Sigma \frac{d^2}{n}$$

ist das grundlegende Maß für die Streuung bei allen parametrischen Statistiken. Sie hat die nützliche Eigenschaft der Additivität, so daß, wenn V die Varianz einer Stichprobe vom Umfang n ist, $2 \cdot V$ die Varianz einer Stichprobe vom Umfang 2 n ist. Im Falle der binominalen Verteilung gilt für die theoretische Varianz σ^2 die Formel:

$$\sigma^2 = n \cdot q \cdot v \qquad \text{(Vgl. p-Wert)}$$

(Vgl. auch Varianzanalyse und Standardabweichung)

Varianz-Analyse (analysis of variance)
Eine statistische Technik, die in der experimentellen Psychologie weitgehend benutzt wird und die erlaubt, die totale Varianz einer gegebenen Datenmenge in ihre zusammengesetzten Varianzen aufzubrechen. Auf diese Weise ist es möglich, die Signifikanz der Verteilung von jeder der verschiedenen Variablen oder Ursachen der Variation, die in dem experimentellen Aufbau begründet liegen, sowohl unabhängig als auch in Kombination miteinander zuzuordnen. Der relevante Signifikanztest ist hier der F-Quotient (vgl. F-Quotient). In der parapsychologischen Literatur ist die Varianzanalyse eher selten, da sie einen in etwa ausgearbeiteten faktoriellen Plan des Experiments voraussetzt und die Unsicherheit und Besonderheit der Psi-Effekte sich nicht unbedingt einer solchen etwas groben Behandlungsweise fügen.

Veränderter Bewußtseinszustand (altered state of consciousness, ASC)
Der Ausdruck kann gebraucht werden, um mehr oder weniger jeden mentalen Zustand, der anders als der normale Wachzustand ist (unter normalen Wachbedingungen), zu bezeichnen. Veränderte Bewußtseinszustände, die den Parapsychologen besonders interessieren, sind unter anderem: Traum, Hypnose, Traumzustände, drogeninduzierte psychedelische Zustände und Meditation des Yoga oder der Tradition des Zen.

Versuchsperson (subject)
In der Psychologie oder Parapsychologie ist die Versuchsperson diejenige Person, die untersucht wird, und deren Reaktionen respektive Antworten die Daten des Versuchs oder Experiments liefern.

Versuchsreihe (run)
Eine feste Gruppe von Versuchsabläufen, in die eine Versuchssitzung zum Zwecke der Analyse unterteilt wird. Gewöhnlich liegt zwischen jedem Durchlauf eine Pause. Beim standardisierten ASW-Versuch mit ASW-Karten beträgt die Länge eines Durchlaufs 25 Versuche, entsprechend der Größe des Standardpäckchens. Durchschnittliche Trefferzahl [mean run score] ist die durchschnittliche Anzahl der Treffer pro Durchlauf.

Zielobjekt (target)
Ein Target stellt im ASW-Experiment den extrasensorischen Stimulus dar, im allgemeinen den Gegenstand, das Symbol, das Ereignis etc., das die Versuchsperson zu erraten oder in Erfahrung zu bringen hat. Bei einem PK-Versuch ist das Target der vorgeschriebene Ausgang, den die Versuchsperson mental zu beeinflussen oder hervorzubringen hat. Daher spricht man auch von Target-Reihe oder Target-Sequenz.

Zufallszahlengenerator (random number generator, RNG)
Elektronische Anordnung, die ein Element enthält, das zufällig arbeitet und so in der Lage ist, eine zufällige Serie von Ausgängen zu erzeugen. Wird in automatisierten ASW- oder PK-Tests zur Erzeugung von Target-Sequenzen verwendet. Ein binärer Zufallszahlengenerator hat zwei gleichwahrscheinliche Ausgangszustände.

Personenindex

Kursive Seitenzahlen verweisen auf die Nennung der Personen in den jeweiligen Literaturverzeichnissen.

Sachindex

* Kursive Seitenzahlen verweisen auf die Nennung als Sachwort in der Nomenklatur (vgl. S. 235 ff).